हिंदुओं की संघर्ष गाथा

"पाकिस्तान की राष्ट्रीयता बिना राष्ट्र की है और मूलत: हिंदू विरोधी होने के कारण भारत विरोध पर टिकी है।"

—प्रसिद्ध लेखक क्रिस्टोफर जेफ्रेलिट

~ H ~

"पाकिस्तानी होने का मतलब है हिंदू विरोधी होना, इसलिए हिंदू, इंडिया का विरोध करना ही पाकिस्तानी राष्ट्रवाद की पहचान बन गया है।"

—प्रसिद्ध पाकिस्तानी लेखक खालिद अहमद

~ H ~

यदि हम इस्लाम के सिद्धांत को छोड़ दें तो किसी दूसरे तरीके से पाकिस्तान को एक राष्ट्र के रूप में नहीं बचा सकते, खुदा न करे, यदि अरब, तुर्की या ईरानी इस्लाम छोड़ दें तो भी अरब, तुर्की या ईरानी बने रहेंगे, लेकिन हम अगर इस्लाम छोड़ दें तो हमारा क्या होगा।

—पाकिस्तानी विद्वान् वहीद उन जमाँ

हिंदुओं की संघर्ष गाथा

कहानी पाकिस्तान की

लक्ष्मी नारायण अग्रवाल

विद्या विहार, नई दिल्ली

प्रकाशक : विद्या विहार,
19, संत विहार (पहली मंजिल) गली नं. 2, अंसारी रोड, नई दिल्ली–110002
 / संस्करण : 2025 / मूल्य : चार सौ रुपए
मुद्रक : आर–टेक ऑफसेट प्रिंटर्स, दिल्ली ISBN 978-93-86871-86-2

HINDUON KI SANGHARSH GATHA
by Shri Laxmi Narain Agarwal ₹ 400.00
Published by **VIDYA VIHAR**
19, Sant Vihar (First Floor), Street No.2, Ansari Road, New Delhi-2

चर्चित तथा लोकप्रिय कथाकार

एवं बाल साहित्यकार

40 वर्षों से मेरे सुख-दुख में शामिल मेरी जीवनसंगिनी

पवित्रा अग्रवाल

को समर्पित

प्रस्तावना

वास्तव में पाकिस्तान न कोई देश है न राष्ट्र, यह केवल हिंदू विरोधी उग्र इस्लामी मानसिकता का गढ़ है। 1947 में हुआ बँटवारा कोई दो भाइयों के बीच हुआ जमीन का बँटवारा नहीं था, यह हिंदुओं के प्रति इस्लाम के अनुयायी मुल्लाओं की तीव्र घृणा का परिणाम था। अंग्रेजों के भारत से जाने के बाद मुस्लिम नेता पूरे भारत पर मुस्लिम आधिपत्य चाहते थे, उनका मानना था कि अंग्रेजों ने सत्ता मुसलमानों से छीनी थी, इसलिए मुसलमानों को ही सौंपकर जाना चाहिए। मुस्लिम नेता यह सच्चाई स्वीकार करने को तैयार नहीं थे कि अंग्रेजों के आने के समय भारत में मुस्लिम सत्ता अंतिम साँसें गिन रही थी। लेकिन जब उन्होंने देखा कि बदली परिस्थितियों में ऐसा संभव नहीं है, उलट बालिग मताधिकार पर आधारित व्यवस्था में भारत पर हिंदुओं का शासन होना तय है तो उन्होंने देश के मुस्लिम बहुल क्षेत्रों को इस्लाम का गढ़ बनाने का षड्यंत्र रच डाला। अंग्रेज भी नहीं चाहते थे कि पूरा देश एक झंडे के तले एकजुट होकर रहे, इसलिए मुसलमानों के इस षड्यंत्र पर अपनी मुहर लगा दी।

कांग्रेस के बहुत से नेताओं ने सोचा कि चलो, मुसलमानों का अपना देश बन गया तो क्लेश कटा, अब हम चैन से लोकतंत्र चला सकेंगे। लेकिन विभाजन के कुछ महीनों में ही पाकिस्तान ने कश्मीर पर हमला कर दिया, घोर लूटपाट और कत्लेआम करते हुए मुख्य शहर श्रीनगर की ओर बढ़ने लगे। उनका नारा था—'हँस के लिया है पाकिस्तान, लड़ के लेंगे हिंदुस्तान'; लेकिन भारतीय फौज की समय पर काररवाई के कारण उनका यह सपना तो पूरा नहीं हो सका, पर तब से अब तक लगातार भारत का खून बह रहा है। भारत की आधी शक्ति उनसे बचने में ही खर्च हो रही है, इस्लामी शक्तियाँ बाहर से ही नहीं, भीतर से

भी भारत को तोड़ने में लगी हैं। अफसोस की बात यह है कि इतना हो जाने के बाद भी भारत के हिंदू इस्लाम के मूल लक्ष्य और उसकी हिंसक वृत्ति को समझने को तैयार नहीं हैं। इस्लाम के आधारभूत तत्त्वों को समझे बिना न तो पाकिस्तान का इलाज संभव है, न आंतरिक इस्लामी समस्या से निपटा जा सकता है। कितने आश्चर्य की बात है कि नया जन्मा पाकिस्तान अपना इतिहास 712 ईसवी में उस समय से शुरू करता है, जब सिंध पर पहली मुस्लिम सेनाओं ने हिंदुओं को परास्त किया था। मुस्लिम नेता भारत के समूचे गौरवशाली इतिहास से अपने को अलग रखने में गर्व महसूस करते हैं।

आज समय की आवश्यकता तो यह है कि स्वयं मुस्लिम भी इस्लाम की गिरफ्त से बाहर निकलें, लेकिन यह मुस्लिम समुदाय में बहुत बड़ी क्रांति से ही संभव है, पर जब तक यह नहीं होता, तब तक हिंदुओं को समझ लेना चाहिए कि इस्लाम के सीधे निशाने पर केवल हिंदू हैं। यद्यपि इस्लाम की कट्टरपंथी शक्तियाँ अपने से भिन्न किसी भी सत्ता को स्वीकारने को तैयार नहीं हैं, वे अपनी परंपरा के निकटवाले यहूदी, ईसाइयों के साथ कुछ रियात बरत भी सकते हैं, लेकिन हिंदुओं के लिए तो कहीं किसी रियायत की गुंजाइश नहीं है। पैगंबर मुहम्मद ने भी अपने समय में यहूदियों और ईसाइयों को जजिया देकर जिंदा रहने की छूट दी थी, पर अन्य लोगों के लिए दो ही रास्ते थे, इस्लाम कबूल करो या मौत। उसके बाद के खलीफाओं ने भी यही परंपरा जारी रखी। भारत के मुस्लिम शासकों ने हिंदुओं को जजिया देकर प्राण बचाने की छूट दी थी, पर सूफियों और मौलवियों ने हमेशा इस छूट का विरोध किया था। सूफी अमीर खुसरो जैसे लेखक को अपने बादशाहों से यह शिकायत थी कि उन्होंने जजिया लेकर हिंदुओं को जीने का अधिकार दे दिया, जिससे भारत से हिंदुओं का सफाया नहीं हो सका।

आज यह बात ठीक से समझ लेने की जरूरत है कि इस्लाम का जन्म ही मूर्तिपूजा और बहुदेववाद को नष्ट करने के लिए हुआ है। उनके अनुयायियों ने भी मूर्तिपूजकों को जड़ से समाप्त करने का बीड़ा उठा रखा है। दुनिया में ईसाई और मुस्लिम एक ही परंपरा की उपज हैं, इसलिए लाख शत्रुता के बाद भी एक-दूसरे के लिए दिल में स्थान है, इसीलिए हिंदू दोनों के ही निशाने पर है। इनमें फर्क बस इतना है कि ईसाई मुसलमानों की तरह सीधे हिंसा का इस्तेमाल नहीं कर रहे हैं। मुद्दा यहाँ पर आम हिंदू या मुसलमान का नहीं है, बल्कि सिद्धांतों का है, इसलिए आवश्यकता वैचारिक युद्ध लड़ने की है, पर यह भी सही है कि

जब तक भारतीय क्षेत्र में पाकिस्तान का अस्तित्व है, तब तक इस क्षेत्र में शांति स्थापित नहीं हो सकती।

इसके साथ यह भी नहीं भूलना चाहिए कि इस्लाम का दुनिया के अन्य विश्वासों के साथ संघर्ष के पीछे कारण केवल उसका एकेश्वरवाद या मूर्तिपूजा का विरोध नहीं है। हिंदुओं के कई संप्रदाय, समूह एकेश्वरवादी और मूर्तिपूजा के विरोधी हैं, किंतु यहाँ उनको लेकर कोई संघर्ष नहीं है। इस्लाम के साथ संघर्ष का मूल कारण उसका सर्वग्राही होना है, उसके अंतर्गत उसके एकमात्र ईश्वर (अल्लाह) के प्रति पूर्ण अंध समर्थन अनिवार्य है। जो इसके लिए तैयार न हो, उसे जीने का अधिकार नहीं है। यही नहीं, इस्लाम अब एक ऐसे साम्राज्यवाद का रूप ले चुका है, जिसमें किसी अन्य सोच या व्यवस्था के लिए स्थान नहीं है। लोकतंत्र की तो इसमें कल्पना ही नहीं की जा सकती। इस्लामी लोकतंत्र की चर्चा अवश्य होती है, पर उसका अर्थ केवल इस्लामी व्यवस्था के भीतर कार्यकारी नेता चुनना है, जिसका काम केवल शरीयत को कार्यान्वित करना है।

अब यदि धरती पर मानवीय स्वतंत्रता, उसकी स्वतंत्र सोच तथा बहुलतावादी (प्लूरलिस्ट) लोकतांत्रिक व्यस्वथा को बचाए रखना है तो इस्लाम जैसी अंध आस्था के प्रभाव में हिंसा से अपना विस्तार करनेवाली हर सोच को पराजित करना होगा। जहाँ तक भारत के हिंदुओं का प्रश्न है तो उनके सामने एक ही विकल्प है, या तो पाकिस्तान को नक्शे से मिटा दें या फिर उसका आधिपत्य स्वीकार कर लें, बीच का कोई रास्ता नहीं है।

प्रस्तुत पुस्तक ऐतिहासिक परिप्रेक्ष्य में इस्लाम का परिचय कराने के साथ-साथ हिंदुओं के संघर्ष को इस तरह पेश करती है कि सामान्य पाठक भी उसे सहज ही समझ ले। यह यद्यपि सुगठित ग्रंथ के बजाय अलग-अलग लेखों का संग्रह अधिक है, जो एक शृंखला की कड़ी की तरह जुड़े हैं। इस्लाम का यथातथ्य पूरी बेबाकी के साथ परिचय करानेवाली हिंदी की यह शायद पहली पुस्तक है। इसमें काफी साहसपूर्ण ढंग से अनेक ऐसे सत्य उद्घाटित किए गए हैं, जिनको जानना किसी भी जागरूक भारतीय के लिए आवश्यक है।

आज के संदर्भ में भारत और हिंदुओं के साथ सबसे बड़ी विडंबना यह जुड़ गई है कि वह न्याय और मानवीय गरिमा की रक्षा के लिए प्राण देने का साहस खो बैठा है। वह समझौतावादी बन गया है और कुछ ले-देकर शांति तथा न्याय खरीदने में विश्वास करने लगा है। आश्चर्य है कि इन हिंदुओं को यह भी

अहसास नहीं है कि उनके सामने कितना बड़ा खतरा खड़ा है। यह पुस्तक आगे यदि इस खतरे का कुछ अहसास करा सके और प्रतिकार के लिए प्रेरित कर सके तो माना जाएगा कि लेखक का परिश्रम सार्थक हुआ।

—डॉ. राधेश्याम शुक्ल

स्वतंत्र पत्रकार, संपादक, भास्वर भारत

मेरी बात

यों तो भारत का इतिहास काले और सुनहरे पन्नों से भरा हुआ है, पर 14 अगस्त, 1947 जितना काला पन्ना कोई नहीं है। यही वह दिन है, जब भारत का विभाजन और पाकिस्तान का जन्म हुआ। पाकिस्तान के बनने से ज्यादा अटपटी बात यह थी कि यह विभाजन मजहब के आधार पर हुआ, जो दुनिया के इतिहास में शायद पहली बार हुआ था। इससे पहले (अब म्याँमार) 1935 में बर्मा भारत से अलग हुआ, पर उसमें कोई कड़ुवाहट नहीं थी, आज तक संबंध अच्छे हैं, दोनों एक-दूसरे का सम्मान करते हैं, अच्छे पड़ोसियों की तरह रह रहे हैं। लोगों ने सोचा था कि विभाजन के बाद पाकिस्तान में मुसलमान और भारत में हिंदू चैन से रहेंगे, तरक्की करेंगे, मगर ऐसा कुछ नहीं हुआ, पाकिस्तान में मुसलमान-मुसलमान के बीच झगड़े हो रहे हैं तो भारत में हिंदू-मुसलमान। विभाजन से कम-से-कम भारत के लिए तो समस्याएँ कम होने के बजाय और बढ़ गईं, नई-नई समस्याएँ पैदा हो गईं, मुद्दा कोई भी हो, मुसलमानों का सवाल बीच में आकर खड़ा हो जाता है।

भारत के नेताओं की मूर्खता और पाकिस्तान के नेताओं की होशियारी से कश्मीर की समस्या भारत के लिए नासूर बन गई, जिसे पाकिस्तान ने 1965, 1971 और 1999 (कारगिल) के तीन युद्धों से हल करने की कोशिश की, मगर हर बार मात खानी पड़ी, बांग्लादेश के रूप में पूर्वी पाकिस्तान गँवाना पड़ा। तीनों युद्धों में भारतीय सैनिकों ने बलिदान देकर विजय प्राप्त की, लेकिन तीनों ही बार मुसलमानों ने भारत के नेताओं को गधा सिद्ध कर दिया। 1965 के युद्ध के बाद भारत में पाकिस्तानी और रूसी एजेंटों ने ताशकंद में न केवल जीती हुई भूमि वापस करवा दी, बल्कि शास्त्रीजी के प्राण भी ले लिये, सैनिकों की वीरता के बदले हमें अपने प्यारे प्रधानमंत्री की लाश मिली। 1971 में पकड़े गए 80 हजार पाकिस्तानी सैनिक तो वापस कर दिए, जीती गई जमीन भी शिमला समझौते में वापस कर

दी, पर पालने के लिए एक करोड़ बांग्लादेशी मुसलमानों को यहीं रख लिया, वही बांग्लादेशी अब असम और बंगाल को दूसरा कश्मीर बनाने की तैयारी में हैं। 1999 में पाकिस्तान ने फिर कारगिल से कश्मीर को काटने की कोशिश की, फिर सेनाओं ने भारी बलिदान देकर कारगिल को बचाया, हमारी बेशर्मी देखिए कि अपनी ही जमीन में घुस आए दुश्मन को खदेड़ने का जश्न मना रहे थे और हैं। कारगिल से पहले बांग्लादेश का बदला पाकिस्तान ने पंजाब में खालिस्तान आंदोलन को समर्थन देकर, भारत से अलग करने की कोशिश करके लेना चाहा। पंजाब तो बच गया, लेकिन इसकी कीमत इंदिरा गांधी जैसी दबंग नेता को खोकर चुकानी पड़ी। पंजाब और कश्मीर दोनों में ही हिंसा का आधार मजहब है।

यह कैसी विडंबना थी कि जो सिख 1947 में पाकिस्तान से गाजर-मूली की तरह कटकर, लुटकर, पिटकर और अपनी माँ-बहनों की इज्जत लुटवाकर आए थे, वही सिख 1980 आते-आते पाकिस्तान के उन्हीं क्रूर मुसलमानों की मदद से अलग खालिस्तान के लिए उन हिंदुओं पर हमले करने लगे, जिन हिंदुओं में से निकलकर वे आए थे, जिनकी रक्षा के लिए पंथ बना था और जिनके साथ उनका रोटी और बेटी का रिश्ता है। धर्म और सियासत का गठजोड़ जो न करा दे, कम है। भारत के नेताओं की नपुंसकता और नासमझी के कारण दोनों समस्याएँ आज भी जिंदा हैं। अब पाकिस्तान ने अपनी रणनीति बदल दी है। कश्मीर में आतंकवादी भेजकर कश्मीर को अलग करना चाहता है, जब कि पंजाब में उसने और भी खतरनाक खेल चला रखा है। पाकिस्तान की गुप्तचर एजेंसी आई.एस.आई. ने पंजाब के नौजवानों को नशीली दवाओं (DRUGS) की लत लगाकर पंजाब को बरबाद करने की साजिश चला रखी है, इसमें वे कुछ हद तक सफल भी हो गए हैं, आज पंजाब की अंदरूनी हालत बहुत खराब है।

आज भारत का हर हिंदू चिंतित है कि उनके बच्चों का भविष्य क्या होगा, जिस प्रकार मुस्लिम वोटो के दम पर 2012 में समाजवादी पार्टी की सरकार आई और कहने को अखिलेश मुख्यमंत्री थे, पर सत्ता मुसलमान चला रहे थे। उत्तर प्रदेश में हिंदुओं का जीना हराम होता जा रहा था, सरकार केवल मुसलमानों की ही हो कर रह गई थी। आबादी में बढ़ते हुए मुस्लिम प्रतिशत के कारण भविष्य में अगर केंद्र में भी इसी प्रकार मुस्लिम सरकार आ गई तो हिंदू कहाँ जाएँगे। पाकिस्तान और कश्मीर से भागकर तो भारत में आ गए, पर यहाँ से भागकर कहाँ जाएँगे।

2013 आते-आते पाकिस्तान में जनमा मुस्लिम आतंकवाद कश्मीर से निकलकर केवल भारत ही नहीं, बल्कि पूरे विश्व में फैल गया है, जिसके कारण मुसलमानों और गैर-मुसलमानों के बीच तनाव है, हिंसा हो रही है। और तो और इन आतंकवादियों ने उन मुस्लिम देशों को भी नहीं छोड़ा, जहाँ सेक्युलरिज्म और प्रजातंत्र है। इन देशों में भी वे शरियत का शासन चाहते हैं, इसलिए इन देशों में गृह युद्ध शुरू हो गए हैं, नतीजा यह कि आज पूरी दुनिया हिंसा की चपेट में आ गई है, परमाणु शस्त्रों के कारण पूर्ण विनाश का खतरा पैदा हो गया है। जिस प्रकार से 2013 में सीरिया में राष्ट्रपति असद ने अपने ही देश के विद्रोहियों पर रासायनिक हथियारों का प्रयोग किया, उससे मुसलमानों के विवेक और संयम पर प्रश्न खड़े हो जाते हैं, क्या वे परमाणु हथियार भी इतनी ही आसानी से इस्तेमाल करके दुनिया को बरबाद नहीं कर देंगे?

केवल भारत ही नहीं, पूरी दुनिया के सामने सवाल खड़े हो गए हैं कि क्यों मुसलमानों की एक जमात आतंकवादी बन गई है और मानव बम बनने को तैयार हैं, क्यों मुसलमान और गैर-मुसलमान साथ-साथ शांति से नहीं रह सकते, क्यों दूसरे धर्मों में ऐसे आतंकवादी नहीं हैं, क्यों मुसलमानों की देशभक्ति पर सवाल उठाए जाते हैं, दोनों ही पैगंबर अब्राहम के वंशज होने के बावजूद क्यों मुसलमान यहूदियों को अपना दुश्मन नं. एक मानते हैं, क्यों मुस्लिम देशों में गैर-मुसलमानों को नागरिकता नहीं मिलती, क्यों मुस्लिम देशों में गैर-मुसलमानों को मुसलमानों के बराबर अधिकार नहीं मिलते, जबकि गैर-मुस्लिम देशों में मुसलमान केवल बराबर का दर्जा ही नहीं, बल्कि विशेष दर्जा देने की माँग करते रहते हैं। विभाजन के बाद पाकिस्तान में हिंदुओं का प्रतिशत लगातार गिरता जा रहा है, जबकि भारत में मुसलमानों का प्रतिशत लगातार बढ़ता जा रहा है। क्यों भारत में हिंदू-मुस्लिम दंगे विभाजन से पहले भी होते थे और विभाजन के बाद भी हो रहे हैं, क्यों मुसलमान वंदे मातरम् गाने से मना करते हैं, क्यों वे गौमांस खाने की जिद्द करते हैं? उर्दू पढ़ने से अब कोई रोजगार नहीं मिलता, छात्र भी कम होते जा रहे हैं, फिर भी मुसलमान ज्यादा-से-ज्यादा उर्दू टीचर लगाने की माँग करते हैं। क्यों मुसलमानों की सभाओं में गांधी और भगत सिंह की न तो तसवीरें होती हैं और न ही जिक्र होता है? कैसे दस साल तक ओसामा पाकिस्तान में छुपा रहा, पर किसी को पता नहीं चला? क्यों जिस बांग्लादेश को शेख मुजीब और भारत की सेनाओं ने मिलकर पाकिस्तान के अत्याचारों से मुक्ति दिलाई थी, उसी बांग्लादेश ने शेख

मुजीब की हत्या कर दी और बेगम खालिदा जिया के राज में भारत विरोधी हो गया? भारतीय फौजियों को मारकर उनके मृत शरीर के साथ छेड़छाड़ की? क्या कारण है कि करोड़ो बांग्लादेशी भारत में आकर बस रहें हैं, पर उनको या असम के घुसपैठियों को निकालने की बात करते ही मुस्लिम नेता आतंकवाद की धमकी देते हैं? कश्मीर से तीन लाख हिंदू, जो कि वहाँ इस्लाम आने से पहले से रह रहे थे, मारपीट तथा बेइज्जत करके निकाल दिए गए, लेकिन हिंदुओं ने कोई दंगा नहीं किया? क्यों कोई भी पार्टी हिंदुओं को वहाँ वापस बसाने की बात नहीं करती है। क्यों सुरक्षा की जरूरत हिंदू नेताओं को अधिक पड़ती है, क्यों मुसलमान नेताओं पर हमले तब तक नहीं होते, जब तक वो हिंदुओं के पक्ष में नहीं बोलते?

यह भी पड़ताल का विषय है कि क्यों भारत में हर हिंदू सांप्रदायिक है और क्यों कोई मुसलमान सांप्रदायिक नहीं है? धर्म निरपेक्षता का सर्टिफिकेट देने का अधिकार मुसलमानों को किसने दिया, अर्थात् मुसलमान जिसे सांप्रदायिक कहें, वह सांप्रदायिक और जिसे धर्मनिरपेक्ष कहें वह धर्मनिरपेक्ष। भारत विभाजन के समय लगभग 25 प्रतिशत मुसलमान थे, क्या फिर 25 प्रतिशत होते ही एक और विभाजन होगा। क्या मुसलमान बदल गए हैं या इस्लाम के सिद्धांत बदल गए?

सवाल अंतहीन हैं, विकराल हैं। इन्हीं सवालों का उत्तर मैं इन लेखों में ढूँढ़ने का प्रयत्न करूँगा। मुसलमानों के लिए कुरान के बाद पैगंबर मुहम्मद के शब्द, किए गए काम और दिए गए फैसले दुनिया के हर देश (मुस्लिम देश भी) के संविधान, दुनिया की किसी भी नैतिकता से पहले हैं। बाइबल, गीता, रामायण या वेद आदि में क्या लिखा है, उससे उनको मतलब नहीं है, कुरान ही पहली और अंतिम है। पैगंबर मुहम्मद का जन्म अरब में हुआ, कुरान का ज्ञान अरब में सबसे पहले उतरा अर्थात् पूरा किस्सा अरब से ही शुरू हुआ तो इसे ठीक से समझने के लिए उसे भी समझना जरूरी है। वैसे भी यह बहुत आश्चर्य की बात है कि लगभग 800 सालों से हिंदू और मुसलमान साथ-साथ रह रहे हैं, पर हिंदुओं को मुसलमानों और इस्लाम के बारे में जानकारी या तो नहीं है या फिर अकसर गलत है। जैसे एक आदमी के नारे को हजारों लोग दोहरा देते हैं, वेसे ही हिंदू अकसर यही दोहराते रहते हैं कि सारे मजहब एक हैं, केवल पूजा-पद्धति अलग-अलग हैं, पर यह नहीं सोचते कि सारे मजहब अगर एक ही बात कहते हैं तो मजहब के नाम पर पूरी दुनिया में इतना खून-खराबा क्यों हो रहा है? क्यों समस्या कम होने की बजाय और गंभीर होती जा रही है?

□

भारत कभी भी एक वैसा राजनैतिक राष्ट्र नहीं रहा, जैसा कि आज के देश हैं, हमेशा एक सांस्कृतिक राष्ट्र रहा है, जिसकी सीमाएँ अफगानिस्तान से लेकर मलेशिया तक रही हैं, जिसका निर्माण-काल रामायण काल है। भारत राजनैतिक राष्ट्र नहीं था, इसलिए राजाओं के बीच युद्ध होते थे, राजा बदलता था, पर प्रजा की स्थिति में विशेष बदलाव नहीं आता था। यह वह समय था, जब मानव ने घोड़े, हाथी, ऊँट आदि पशुओं की सवारी करना नहीं सीखा था, इसलिए हजारों मील दूर जाकर किसी दूसरे राज्य पर हमला करके उसे जीत लेना संभव नहीं था, इसलिए प्राकृतिक रूप से विकसित भौगोलिक क्षेत्र का विकास हुआ, लेकिन उनके बीच युद्ध तब शुरू हुए, जब घुड़सवारी और घुड़सवार सेना का विकास हुआ। भारत भी इसका अपवाद नहीं है, घुड़सवार सेना के विकास के बाद ही आर्य, शक, हूण, कुषाण तथा यूनान आदि के हमले शुरू हुए। हजारों साल तक ऐसे हमलों से बचे रहने के कारण भारत में एक ओर संपन्नता आई, विज्ञान और दर्शन का विकास हुआ तो दूसरी ओर भारतवासियों को यह भ्रम हो गया कि भारत अजेय है। 712 में मुहम्मद बिन कासिम के हमले से पहले हमले राजनैतिक सत्ता के लिए थे, उनके पीछे कोई विचारधारा नहीं थी, इसलिए इन युद्धों में आए लोग हारकर या जीतकर यहाँ के दर्शन के प्रभाव से समाज में घुल-मिल गए।

अरबवासियों ने मुहम्मद साहब के जन्म से कम-से-कम 1500 साल पहले घोड़ों और ऊँटों की सवारी करना तथा युद्ध में उनका उपयोग करना सीख लिया था, लेकिन वे कहीं दूर जाकर किसी राज्य पर हमला करने की स्थिति में नहीं थे, क्योंकि उनको कबीलों की आपसी लड़ाई से ही फुरसत नहीं रहती थी। कबीलों में प्राय: 200 से 400 तक सैनिक होते थे। मक्का जैसे बड़े कबीले के पास आपातकाल में 2000 सैनिक तक हो जाते थे। इस्लाम आने के बाद मुहम्मद साहब के नेतृत्व में सभी कबीलों का एकीकरण हो गया, अरब एक राष्ट्र की तरह हो गया और उसकी सेना 12000 तक पहुँच गई तथा आपस की लड़ाइयाँ भी खत्म हो गईं। तब इस्लामी सेनाओं ने आसपास के क्षेत्रों पर ध्यान देना शुरू किया, जिससे धीरे-धीरे ईरान, इराक, मिस्र आदि को जीत करके मुसलमान बना लिया। इस्लामी सेनाओं के साथ इस्लामी संस्कृति भी जाती थी। इस्लामी संस्कृति का मूल था, लोगों को युद्ध में परास्त करो, उनकी दौलत को लूट लो, पुरुषों को या तो मार डालो या फिर गुलाम बनाकर बाजार में बेच दो और स्त्रियों को गुलाम

बनाकर जब तक चाहो, उनका बलात्कार करो, फिर बाजार में बेच दो। चूँकि इस संस्कृति में भोग मूल तत्त्व है, इस्लामी सेनाएँ जब तक मिले गैर-मुसलमानों से लड़कर दौलत और औरत प्राप्त करती थी और जब गैर-मुसलमान नहीं मिले तो ताकतवर समूह किसी-न-किसी बात पर कमजोर मुसलमानों को काफिर घोषित करके उनके साथ वही करते थे, जो गैर-मुसलमानों के साथ किया, इसका सबसे बड़ा सबूत है पाकिस्तान जहाँ सत्ता पंजाबियों के हाथ में है और वे अपनी अय्याशी के लिए बाकी सब का शोषण करने में लगे हैं।

इसी संस्कृति के कारण मुस्लिम सभ्यता में विज्ञान तथा जीवनदर्शन का विकास नहीं हो सका, चूँकि भोगी समूह में पशुता ज्यादा होती है, मानवता कम। इसीलिए अरब की सेनाएँ इतिहास की क्रूरतम सेनाओं में रही हैं। जहाँ-जहाँ अरबी संस्कृति नहीं थी, इसी क्रूरता के दम पर वहाँ की संस्कृति को नष्ट करके अरबी संस्कृति थोपने का प्रयास किया और बहुत से देशों में सफल भी रहे। हर देश में हर समय एक-न-एक ऐसा वर्ग होता है, जो संपन्नता और सत्ता से वंचित होने के कारण अपमान और शोषण का शिकार होकर असंतुष्ट रहता है। इस्लामी सेनाएँ जब आईं तो सत्ता से जुड़ने का लोभ, सम्मानित होने का लोभ और स्त्री भोग की लालसा से इन वंचित लोगों ने इस्लाम स्वीकार कर लिया। मुसलमान बनते ही इनके हाथ में तलवार आ गई और इन्होंने चुन-चुनकर उनसे बदला लिया, जिन्होंने इनका शोषण किया था। इस प्रकार सत्ता और भोग के लालच तथा प्राणों के भय से लोग मुसलमान बनते गए और इस्लाम फैलता गया।

युद्ध करना, जीतना, लूटना और भोग करना, इस संस्कृति के कारण अरबवालों को युद्ध के अलावा कोई काम नहीं आता था। पाकिस्तान बनने के बाद वहाँ की सरकार, सेना और जनता ने भी इसी संस्कृति को अपनी पहचान बनाया, इसलिए पाकिस्तान की 70 साल की कहानी यही है कि उनको दूसरों को लूटकर खाने और लूटी गई स्त्रियों को भोग करने की आदत पड़ गई है, परिश्रम करके राष्ट्र-निर्माण करना उनको आता ही नहीं। विभाजन से पहले पाकिस्तान क्षेत्र में अधिकतर बड़े उद्योग-धंधे हिंदुओं के हाथ में थे, मुसलमान या तो कारीगर थे या मजदूर या फिर छोटे-मोटे व्यापारी, वे अपनी सीमित कमाई को खाने-पीने और मौजमस्ती पर खर्च कर देते थे, पूँजी बनाकर व्यापार को बड़ा करने की कोशिश नहीं करते थे। विभाजन के बाद 20 लाख हिंदू कत्ल कर दिए गए, करोड़ों भागकर भारत में आ गए तो हिंदुओं के कारखाने, मकान, खेत और दुकानें हराम

में ही मुसलमानों को मिल गईं। इसके अतिरिक्त लाखों अपहरण की गई हिंदू लड़कियाँ और औरतें भी उनके हाथ लग गईं, जिनको मुसलमानों ने जब तक चाहा, बलात्कार किया, बाद में अफगानिस्तान और अरब के बाजारों में बेचकर पैसे बना लिये।

इस प्रकार पाकिस्तान के लोग परिश्रम से राष्ट्र-निर्माण करने के बजाय लूट की दौलत और स्त्रियों से अय्याशी करने में लग गए, चूँकि बिना काम-धंधे इस तरह की दौलत ज्यादा दिन नहीं चलती है, इसलिए अगले कुछ ही वर्षों में यह दौलत खत्म होने लगी तो पाकिस्तानियों ने बचे हुए हिंदुओं को बरबाद किया, उसके बाद अहमदिया समाज को काफिर घोषित करके बरबाद किया, उसके बाद बांग्लादेश (तब पूर्वी पाकिस्तान) के लोगों को लूटा, सोवियत संघ का भय दिखाकर अमरीका से पैसा ऐंठा। इस प्रकार लूट और छल के पैसे से 1971 तक पाकिस्तानवालों की अय्याशी चलती रही। 1971 में बांग्लादेश बनने के बाद यह स्रोत भी समाप्त हो गया तो एक नया स्रोत ढूँढ़ लिया। यह स्रोत था, अरबवालों का पैसा, जो कि अरबवालों के पास पेट्रोल बेचनेवालों का गैंग बनाकर दुनिया को लूटने से आ रहा था और उनसे सँभाले नहीं सँभल रहा था। लेकिन अरब के पैसे के साथ ही पाकिस्तान और भारत दोनों में कट्टरता की आँधी आ गई। पाकिस्तान को यह पैसा भारत में इस्लाम फैलाने और कश्मीर में जेहाद फैलाने के नाम पर पाकिस्तान को आसानी से मिल गया। अभी यह पैसा आ ही रहा था कि रूस ने अफगानिस्तान पर कब्जा कर लिया, जिससे पाकिस्तान को एक और स्रोत बैठे-बिठाए मिल गया। रूस को बाहर निकालने के नाम पर अगले कई वर्षों तक पाकिस्तान अमरीका को दोनों हाथें से लूटता रहा। आजकल पाकिस्तानी चीन को निचोड़ने में लगे हैं, बलोचिस्तान और कश्मीर का एक हिस्सा चीन को बेचकर अय्याशी चला रहे हैं, इसके आगे स्वायत्त शासी क्षेत्र गिलगिट-बाल्टिस्तान को पाकिस्तान का पाँचवाँ प्रांत बनाकर चीन को बेचने की तैयारी चल रही है, आपस में ही लड़कर अपनी खून की प्यास बुझा रहे हैं, चूँकि भारत में लगभग 20 करोड़ मुसलमान हैं, जो इसी संस्कृति से जुड़े हुए हैं। चूँकि उनकी जनसंख्या में प्रतिशत और सत्ता में दखल लगातार बढ़ता जा रहा है, इसलिए यह विचार करना आवश्यक है कि भारत की संस्कृति भविष्य में बची रहेगी या समाप्त हो जाएगी।

□

मैं जब गांधीजी पर लेखमाला लिख रहा था तो हैरान करनेवाले तथ्य सामने

आए। प्रथम विश्वयुद्ध में तुर्की जर्मनी की ओर से लड़ रहा था, जर्मनी हार गया तो तुर्की भी हार गया और अंग्रेजों के कब्जे में आ गया। तुर्की का बादशाह उस समय मुसलमानों का खलीफा भी था, इसलिए इस्लाम के पवित्र शहर मक्का और मदीना भी उसकी देखभाल में थे, वे भी अंग्रेजों के कब्जे में आ गए। वास्तव में इतिहास में पहली बार ये शहर अरबवालों के कब्जे से निकले थे, इसलिए पूरी दुनिया के मुसलमान गुस्से में थे। भारत में भी मुसलमानों में अंग्रेजों के खिलाफ आक्रोश था, लेकिन लाचार थे, अंग्रेजों का कुछ बिगाड़ नहीं सकते। गांधीजी की तरह अहिंसक आंदोलन चलाना मुसलमानों को आता नहीं था, न ही इसके लिए उनके पास इसके लिए कोई लीडर ही था। ऐसे में गांधीजी ने जैसे ही खिलाफत को अपना समर्थन प्रकट किया, सुन्नी उलेमाओं (सुन्नी मुस्लिम धर्मगुरुओं) ने फौरन उनको पकड़ लिया और आंदोलन का नेता बना दिया। मुस्लिम नेताओं ने इतिहास में पहली बार अहिंसा की शक्ति को माना और गांधीजी को आश्वासन भी दिया कि हिंसा नहीं करेंगे। गांधीजी के नेतृतव में हिंदुओं के भी शामिल होने से आंदोलन इतना तेज हो गया कि लोगों को लगने लगा कि आजादी आसपास ही है। लेकिन तभी उत्तर प्रदेश के चौरी-चौरा में हिंसा हो जाने के कारण गांधीजी ने आंदोलन रोक दिया, अंग्रेजों ने भी गांधीजी को जेल में बंद कर दिया, जिससे मुसलमानों की उम्मीद पर पानी फिर गया। गांधीजी को इस्तेमाल करके फेंक देने का सपना टूटने पर उलेमा फिर पुराने रंग में आ गए, गांधीजी को हिंदुओं का लीडर बताना शुरू कर दिया। ये कैसे लोग थे, जिन्होंने गांधीजी को भी नहीं बक्शा।

गांधी तो गांधी, सुन्नी उलेमाओं ने जिन्ना को भी नहीं छोड़ा, उनका भी सफलतापूर्वक इस्तेमाल कर डाला। यह संयोग ही था कि शिया मुसलमान मुहम्मद अली जिन्ना और गांधीजी दोनों ही गुजरात के काठियावाड़ क्षेत्र से थे, दोनों ही बहुत अच्छे वकील थे। लेकिन जहाँ गांधीजी आखिर तक हिंदू-मुस्लिम एकता के लिए लड़ते रहे, वहीं जिन्ना ने सुन्नी उलेमाओं के जाल में फँसकर हिंदू-मुसलमान को हमेशा के लिए अलग कर दिया। मजे की बात यह है कि इसी जिन्ना ने गांधीजी को खिलाफत आंदोलन में इन उलेमाओं से बचकर रहने की सलाह दी थी। वैसे तो सुन्नी उलेमा कहते हैं कि शिया लोग हिंदुओं से भी गए-गुजरे हैं, दूसरी तरफ अपनी जरूरत थी, तब शिया जिन्ना को लंदन से बुलाकर मुस्लिम लीग का अध्यक्ष बना दिया। जिन्ना भी एक बार सुन्नी उलेमाओं के शिकंजे में फँसे तो निकल नहीं पाए, उलेमा जो चाहते थे, कराते रहे। जिन्ना को हिंदुओं के खिलाफ

हिंसा करने के लिए भी इन्हीं उलेमाओं ने मजबूर किया। पाकिस्तान बनने के बाद जिन्ना को महसूस हुआ कि ये सुन्नी उलेमा पाकिस्तान में जिस तरह हिंदुओं को मार रहे हैं, उसी तरह बाद में शियाओं को भी मार सकते हैं, इसी डर से जिन्ना ने पाकिस्तान की संविधान सभा में पहली बार बोलते हुए कहा कि पाकिस्तान बनने के बाद किसी भी व्यक्ति के साथ भेद-भाव नहीं होना चाहिए। यह भाषण सुनते ही सुन्नी उलेमाओं ने जिन्ना की पूछ कम कर दी। अगर बीमारी से जिन्ना की मौत नहीं हो जाती तो बहुत जल्द उनकी बेइज्जती होनेवाली थी। यह कैसी सोच है, कहाँ से आई?

बातों-बातों में मेरे एक सुन्नी मित्र ने बताया कि हैदराबाद के पुराने शहर में एक समय में लोग फिल्म स्टार धर्मेंद्र के बेटे सन्नी दिओल के दीवाने थे, लेकिन गदर फिल्म आने के बाद वे लोग सन्नी दिओल के खिलाफ हो गए। मैं सुनकर हैरान रह गया कि आखिर गदर फिल्म में ऐसा क्या था, जिससे मुसलमान चिढ़ गए और गदर फिल्म के बाद बॉलीवुड के माफियाओं ने सन्नी दिओल का पत्ता काट दिया और उसकी फिल्में आनी बंद हो गईं। विभाजन के समय गुंडों से बचाने के लिए एक मुस्लिम लड़की की माँग में सिंदूर भर देना, पाकिस्तान जाकर अपनी पत्नी को ले आना या फिर पाकिस्तान जिंदाबाद न कहना, आखिर क्या था, जो मुसलमानों को खराब लगा। यह मुसलमानों की अपनी सोच थी या उलेमाओं ने पढ़ाया। जो भी हो यह कैसी सोच है, कहाँ से आई ये सोच?

अगस्त सितंबर 2013 में उत्तर प्रदेश के मुजफ्फरनगर में हिंदू-मुसलमान दंगे हो गए, जिसमें सरकारी आँकड़ों के अनुसार लगभग 50 लोग मारे गए। कुछ दिन बाद पूरी कहानी सामने आई, जो इस प्रकार है: 27 अगस्त के आसपास कुछ मुसलमान लड़कों द्वारा हिंदू लड़कियों को छेड़ने का जब विरोध हुआ तो मुसलमानों ने तीन हिंदुओं को मार डाला। पुलिस ने उसी दिन हत्या में शामिल आठ लोगों को गिरफ्तार भी कर लिया, मगर मुसलमानों के नेता और उत्तर प्रदेश के सबसे शक्तिशाली मंत्री, जिनसे मुख्यमंत्री भी डरते हैं, क्योंकि उनकी सरकार मुसलमानों के समर्थन से बनी और चल रही है, ने फोन करके उन हत्यारों को पुलिस से छुड़ावा दिया। शहर होता तो शायद कुछ नहीं होता, मगर यह हिंदू जाटों का क्षेत्र था, वे चुप बैठनेवाले नहीं थे, इसलिए उन्होंने पंचायत की और बदला लेने की बात की, जिससे दंगा भड़क उठा। संयोग से उसमें मुसलमान ज्यादा मारे गए, जिससे फौरन पूरी सरकार हरकत में आ गई। जब हिंदुओं पर अत्याचार हो रहे

थे तो किसी को चिंता नहीं थी, लेकिन कुछ मुस्लिम मरते ही सेना बुला ली गई। इसमें सबसे ज्यादा चौंकानेवाली बात यह रही कि मीडिया में एक वीडियो आया, जिसमें चार एक-दूसरे के विरोधी दलों के मुस्लिम नेता एक ही मंच पर इकट्ठे होकर हिंदुओं के खिलाफ हिंसा करने की बात कह रहे थे, लेकिन हैरानी की बात देखिए कि सरकार ने पूरी जिम्मेदारी हिंदू नेताओं पर डालने की कोशिश की, अगर यह वीडियो जो कि 27 अगस्त का है, नहीं आता तो हिंदुओं की शामत आ गई थी। दिल्ली में बैठी सरकार भी धृतराष्ट्र बनकर देखती रही, मुसलमान लीडरों का कुछ नहीं किया, उलटे भारत सरकार ने आँकड़े जारी करके यह बताने की कोशिश की कि देखो, मुसलमान ज्यादा मारे गए हैं, इसलिए उनसे हमदर्दी होनी चाहिए।

इस बात से कोई मतलब नहीं कि शुरुआत किसने की, सारे दलों के मुसलमान मौलवी एक मंच पर आने का क्या मतलब है, जो मुसलमान मरे, उसमें से कितने सेना या पुलिस की गोली से मरे। हिंदू चिंतित हैं कि बढ़ती हुई आबादी के कारण उत्तर प्रदेश की सरकार की तरह अगर केंद्र में भी ऐसी सरकार बनती है, जो मुसलमानों के कब्जे में हुआ तो क्या पूरे भारत में हिंदुओं का यही हाल न होगा, क्या यही है मुसलमानों की धर्मनिरपेक्षता, जिसके लिए वे बढ़-चढ़कर बोलते हैं। पाकिस्तान से भागकर हिंदू भारत आ गए थे, भारत से भागकर कहाँ जाएँगे। 2012 से 2017 तक चली समाजवादी पार्टी की अखिलेश यादव की सरकार मुसलमानों के समर्थन से बनी थी, परिणाम ये हुआ कि साल भर में ही उत्तर प्रदेश में मुस्लिम गुंडों से पुलिसवाले भी डरने लगे। मुस्लिम बहुल इलाकों में शाम होते ही हिंदू अपनी दुकानें बंद कर देते थे। लड़कियों, स्त्रियों, विशेष रूप से हिंदू की स्त्रियों, लड़कियों की इज्जत जब चाहे कोई मुस्लिम गुंडा लूट सकता था, पुलिस कुछ नहीं करती थी। हालत इतनी खराब हो गई कि 2014 के चुनावों में सभी वर्गों के शरीफ लोगों और स्त्रियों ने बी.जे.पी. को 403 में से 325 सीटें देकर जिताया। कल को अगर मुसलमानों के समर्थन से कोई सरकार अगर दिल्ली में बनती है तो भारत का क्या होगा, हिंदुओं का क्या होगा ?

भारत के बुद्धिजीवी बार-बार यह कहते हैं कि आतंकवाद का कोई मजहब नहीं होता, लेकिन तालिबान द्वारा पाकिस्तान में हिंदुओं से जजिया वसूलना, न देने पर मार देना, कश्मीर से हिंदू और सिक्खों को मारकर भगा देना, आतंकवादी हमलों में जेहाद की बात करना, मंदिरों को निशाना बनाना आदि मजहबी आतंकवाद नहीं है तो क्या है ? 22-09-2013 को कीनिया में अलकायदा के आतंकवादियों ने एक

मॉल पर हमला करके लोगों को बंधक बना लिया। आतंकवादियों ने बंधकों से पूछा कि पैगंबर मुहम्मद की माँ का क्या नाम है, जो नहीं बता पाया, उसे गोली मार दी गई। अरबी में लिखे पर्चे को पढ़ने को कहा गया, जो नहीं पढ़ पाया, उसे गोली मार दी गई। यह इस्लामी आतंकवाद नहीं है तो क्या है ? यह सोच कहाँ से आई ?

—लक्ष्मी नारायण अग्रवाल

संपर्क सूत्र : 4-7-126
ईसामिया बाजार
हैदराबाद-500027 (तेलंगाना)
मोबाइल : 8121330005, 9848093151
इ-मेल : lna1954@gmail.com

अनुक्रम

	प्रस्तावना	*7*
	मेरी बात	*11*
1.	इस्लाम आने से पहले का अरब	25
2.	इस्लाम का उदय और विस्तार	40
3.	कुरान कैसे बनी	66
4.	शरीयत क्या है	68
5.	भारत पर इस्लामी आक्रमण	73
6.	सूफी-घात	80
7.	इस्लामीकरण का अर्थशास्त्र	90
8.	हिंदुओं की संघर्ष गाथा	101
9.	1857 का सच	116
10.	जिन्ना	130
11.	गांधीजी का प्रवेश	134
12.	विभाजन और आजादी	145
13.	विभाजन के बाद	168
	संदर्भ-पुस्तकें	*200*

इस्लाम आने से पहले का अरब

इस्लाम के अंतिम पैगंबर मुहम्मद साहब का जन्म 570 ई. में मक्का में हुआ था। तब सऊदी अरब नाम का देश नहीं था, यह क्षेत्र अरबिया कहलाता था। मुहम्मद साहब के जन्म से लगभग दो हजार साल पहले या आज से लगभग 3400 वर्ष पहले अरब में जहाँ अब सऊदी अरब है, घोर रेगिस्तान होने के कारण कोई बस्ती नहीं थी, पूरा इलाका निर्जन था। धीरे-धीरे अरबी लोगों ने जब ऊँटों को पालतू बना लिया तो उन पर सवार होकर, जब वे रेगिस्तान में निकले तो उनको बीच-बीच में पानी के फव्वारे या कुएँ मिले, इन्हीं कुओं के आसपास बस्तियाँ बसने लगीं। रेगिस्तान में इस तरह के जलस्रोतों को 'ओएसिस' कहा जाता है, इनके आसपास जो बस्तियाँ गाँव की तरह छोटी या फिर शहर की तरह बड़ी हो सकती थीं। एक बस्ती में कई कबीले, एक कबीले में कई कुनबे (Clan) और एक कुनबे में कई परिवार होते थे।

इन्हीं बस्तियों में एक था मक्का का शहर और मक्का में था कुरैश नाम का कबीला, जो दो कारणों से बहुत संपन्न और शक्तिशाली था। एक तो यह कि यह कबीला यमन से सीरिया आने-जानेवाले व्यापारिक कारवों के बीच में पड़ता था, दूसरा, पूरे अरब और आसपास के राज्यों की श्रद्धा का सबसे बड़ा केंद्र काबा का मंदिर इसी कबीले में आता था, इसलिए सारे कारवाँ यहाँ रुककर विश्राम करते थे और दर्शन भी करते थे, जिससे कुरैश कबीले को अच्छी आमदनी होती थी। साल में एक बार बसंत के समय आज के हज की तरह एक सालाना तीर्थ का आयोजन भी होता था, जिसमें पूरे अरब के कबीलों और आसपास के राज्यों से लोग तीर्थ करने यहाँ आते थे। इन दिनों भीड़ इतनी बढ़ जाती थी कि मंदिर के चारों ओर बीस किलोमीटर तक मेले का क्षेत्र बन जाता था, इस मेले से भी कुरैश के लोगों को बहुत आमदनी होती थी। काबा के मंदिर होने के कारण ही कुरैश कबीला प्रमुख कबीलों में से एक था।

काबा के मंदिर के बारे में मान्यता है कि स्वर्ग से निकाले जाने के बाद प्रथम मानव 'आदम' ने इसी क्षेत्र में पहला कदम रखा था। यह माना जाता है कि मुहम्मद साहब के आने से पहले इस्लाम के प्रथम पैगंबर हजरत अब्राहम (मुसलमानों के पैगंबर इब्राहीम) ने इस मंदिर का निर्माण करवाया था। पैगंबर मुहम्मद द्वारा सन् 630 में मूर्ति पूजा बंद करवाए और मूर्तियाँ तोड़े जाने तक इस मंदिर में 360 मूर्तियाँ थीं, जिसमें ईसाई धर्म की देवी वर्जिन मेरी, बाल यीशु, युद्ध के देवता बाल हुलाल के साथ-साथ पैगंबर अब्राहम का एक चित्र भी था तथा साथ में अनेक देवी-देवताओं की मूर्तियाँ थीं, जो यहूदी धर्म तथा कबीलों की पूज्य थीं, हर मूर्ति की देवी या देवता किसी-न-किसी कबीले में बहुत पूज्य थे, कुछ लोगों का मानना है कि वहाँ से थोड़ी दूर पर एक विशाल शिवलिंग भी था। विशेष बात यह है कि इन देवताओं में जिस देवता का स्थान सबसे ऊँचा था, उसे अल्लाह के नाम से जाना जाता था।

पैगंबर अब्राहम न केवल इस्लाम के बल्कि यहूदी और ईसाई धर्म के भी पैगंबर हैं, क्योंकि तीनों धर्मों का संबंध उनकी बाद की पीढ़ियों से है। कथा के अनुसार, पैगंबर अब्राहम की शादी उनकी कजिन साराह नाम की लड़की से हुई थी। मिस्र के राजा की बहन ने शादी में भेंट के रूप में साराह को अन्य चीजों के साथ एक दासी भी दी थी, जिसका नाम हैगर था। शादी के बहुत साल बाद भी जब साराह किसी बच्चे को जन्म नहीं दे सकी तो एक वारिस प्राप्त करने के लिए साराह ने पति पैगंबर अब्राहम को हैगर के साथ शारीरिक संबंध बनाने की छूट दे दी। संयोग से हैगर बहुत जल्द गर्भवती हो गई और एक बच्चे को जन्म दिया, जिसका नाम इस्माइल रखा गया।

हालाँकि पैगंबर अब्राहम और दासी के समागम से बच्चा साराह की अनुमति से ही पैदा हुआ था, पर बच्चा पैदा होने के बाद साराह में सौतनवाली जलन पैदा हो गई और पति को बार-बार कहकर मजबूर किया कि वह बच्चे और हैगर को कहीं छोड़ आए। न चाहते हुए भी मजबूर होकर पैगंबर अब्राहम हैगर और बच्चे को काबा की सफा और मारवाह नाम की पहाड़ियों के बीच ले गए तथा एक थैली खजूर और एक मसक पानी के साथ वहीं छोड़कर आ गए। इब्राहम के छोड़कर जाने के बाद जैसे ही पानी समाप्त हुआ, बेटा इस्माइल जोर-जोर से रोने लगा, तब माँ हैगर परेशान होकर पानी की तलाश में दोनों पहाड़ों के बीच इधर से उधर पानी के लिए चक्कर लगाने लगी, लेकिन पानी नहीं मिला तो बेहोश होकर गिर गई। तब

ईश्वर के प्रधान देवदूत गैब्रील वहाँ पर प्रकट हुए और चमत्कारी शक्ति से पहाड़ों के बीच एक झरना पैदा कर दिया, जिससे पानी पीकर इस्माइल की जान बची। इस झरने को 'जमजम का झरना' कहते हैं। तब से ही काबा के मंदिर में हर तीर्थयात्री मंदिर के सात फेरे लगाता है, दोनों पहाड़ियों के बीच सात चक्कर लगाता है और जमजम झरने का पानी पीता है, तभी तीर्थयात्रा पूरी होती है। यह प्रथा आज भी हज के रूप में जारी है। उधर पैगंबर अब्राहम बेटे और हैगर को छोड़कर चले तो गए, पर भुला नहीं पाए और कई वर्षों के बाद वे उसी स्थान पर उसको देखने वापस आए तो देखा कि बेटा इस्माइल बड़ा हो चुका है और बिन ब्याही पत्नी हैगर काबा की प्रमुख हस्ती बन चुकी है। यह सब देखकर पैगंबर अब्राहम बहुत प्रसन्न हुए, पर जल्द ही यह खुशी गम में बदल गई, जब ईश्वर ने उनको आदेश दिया कि ईश्वर में अपने विश्वास का सबूत देने के लिए वे अपने बेटे इस्माइल की कुर्बानी दे। ईश्वर का आदेश था, इसलिए हजरत अब्राहम कुर्बानी देने के लिए बेटे को पहाड़ियों पर ले गए, लेकिन कुर्बानी देने जा ही रहे थे कि किसी शक्ति ने उनको रोक लिया और उसकी जगह किसी जानवर की बलि देने को कहा। तभी वहाँ एक मर्दाना भेड़ प्रकट हुआ और हजरत ने उसकी कुर्बानी देकर बेटे को बचा लिया। इस्लाम के अंतिम पैगंबर मुहम्मद साहब का जन्म इन्हीं इस्माइल के वंश में हुआ था। इस्लाम में इस्माइल को भी पैगंबर का दर्जा प्राप्त है, इसलिए इस घटना के बाद से ही इस्लाम में कुर्बानी की प्रथा शुरू हुई, जो आज भी जारी है। पैगंबर अब्राहम और पैगंबर इस्माइल ने मिलकर काबा के मंदिर का निर्माण करवाया और उसको तीर्थ स्थान बनाया।

हथियार और खानदानी दुश्मनी कबीलों के जीवन का हिस्सा हैं, लेकिन इस तीर्थयात्रा के समय अरब का माहौल बिल्कुल बदल जाता था, किसी भी प्रकार की हिंसा वर्जित थी, फिर भी सावधानी के तौर पर मंदिर में किसी को भी हथियार लेकर जाने की इजाजत नहीं थी। यहाँ तक कि कपड़े भी बाहर छोड़कर ही जाना पड़ता था। काबा का मंदिर कुरैश कबीले के क्षेत्र में आता था, इसलिए तीर्थयात्रा को ठीक से, शांतिपूर्वक संपन्न कराने की जिम्मेदारी कुरैश कबीले की थी। शेख अब्दुल मुत्तालिब इसी कबीले में बेनी हाशिम कुनबे के एक बहुत ही संपन्न और प्रभावशाली हस्ती थे, पूरे कुरैश कबीले में उनकी बात ध्यान से सुनी जाती थी। कबीलों में ज्यादा पुत्र होना एक सम्मान की बात थी, शेख मुत्तालिब के दस पुत्र थे, इससे भी उनका सम्मान होता था।

अरब में इस्लाम आने से पहले उनकी अपनी एक संस्कृति थी, परंपराएँ थीं। इस्लाम आने के बाद बहुत कुछ बदला, पर बहुत कुछ ऐसा भी है, जो नहीं बदला, जो मुसलमानों की सोच और परंपराओं में आज भी है। भारत में जिस तरह नदियों के किनारे गाँव बसे, अरब में उसी तरह रेगिस्तानी कुओं के आसपास कबीले बसे। भारत में जिस तरह जातियाँ थीं, अरब में कुनबे थे। जिस तरह भारत में हर गाँव का कोई देवी या देवता होता था, उसी तरह कबीलों के भी अपने देवी-देवता होते थे। जिस तरह भारत में मिथकीय कथाओं की भरमार है, अरब में भी थी, लेकिन इस्लाम आने के बाद सारी मूर्तियाँ तोड़ दी गईं और ये कथाएँ भी गायब हो गईं। भारत की ही तरह अरबवासियों का जीवन-चक्र भी चार मौसमों, सूरज और चाँद से जुड़ा था। जिस तरह भारत में भूत, पिशाच, चुड़ैल और देवदूत की कल्पना थी, उसी तरह अरब में भी जिन्न, फरिश्तों की कथाएँ थीं। अरब में मान्यता थी कि रेगिस्तान में आनेवाले रेत के आँधी-तूफान, पहाड़ों और जंगलों में होनेवाली घटनाओं के पीछे विशेष प्रकार के जिन्न होते हैं। पाखंड के मामले में भी पूरी समानता थी, ज्योतिष, काला जादू, ओझागिरी वहाँ भी थी, यहाँ साधु तो वहाँ फकीर होते थे, जो लोगों को घूम-घूमकर संयम और प्रेम की बातें बताते थे। इस प्रकार यदि भारत में विज्ञान के विकास को छोड़ दें तो काफी समानताएँ थीं।

लेकिन समानताओं के साथ कुछ अंतर भी था। अरब में माना जाता था कि मृत्यु के बाद कोई जीवन नहीं है, इसलिए जो भी जितना भी जीवन मिला है, उसे बिना आडंबर, बिना बेमतलब के खून-खराबे के जीना चाहिए। भारत की तरह आत्मा और मुक्ति की धारणा वहाँ नहीं थी। सबसे बड़ा अंतर भोजन को लेकर था, अरब में खेती बहुत सीमित होने के कारण मांसाहार के बिना काम नहीं चल सकता था, इसलिए मांसाहार जीवन का अभिन्न हिस्सा था, लेकिन भारत में पर्याप्त खेती होने के कारण शाकाहार ज्यादा था, मांसाहार कहीं-कहीं था या कभी-कभी था। भोजन का आस्था से न भारत में कुछ लेना-देना था, न ही अरब में, मांसाहार को धर्म से इस्लाम में बाद में जोड़ा गया।

कबीलों में दैनिक जीवन देखकर आभास नहीं होता था, पर भीतर-ही-भीतर भयंकर तनाव रहता था, घात-प्रतिघात चलते रहते थे, चूँकि कोई कानून, अदालत या पुलिस नहीं थी, इसलिए हिंसा बहुत जल्द होती थी और युद्ध करने की क्षमता तथा हथियार जीवन का हिस्सा थे। तनाव कई प्रकार के थे, दो कुनबों के बीच, एक ही कुनबे के दो वारिसों के बीच, संपन्न व्यक्ति से जलना और दुश्मनी रखना आम

बात थी। कुरैश कबीले में एक अलग प्रकार की दुश्मनी भी थी। कबीले के मध्य में मंदिर और बाजारवाले क्षेत्र की आमदनी ज्यादा होने के कारण कबीले के बाहर की ओर फैले लोग जलते थे और वहाँ घुसपैठ के लिए षड्यंत्र होते रहते थे। लड़ाइयाँ अकसर जल्द निपट जाती थीं, पर नहीं निपटी तो इतनी गंभीर भी हो जाती थीं कि पराजित पक्ष किसी बाहरी कबीलेवाले की मदद ले कर हमला कर सकता था, ऐसे में कबीले के टूटने या किसी बाहरवाले का कब्जा हो जाने का खतरा पैदा हो जाता था। इसकी झलक आज भी अरब में देखी जा सकती है। कुछ भी हो जाए, शेख समझौता नहीं करते थे। या तुम नहीं या हम नहीं। शेख जिस शान से जीते थे, उसी शान से मरना भी जानते थे।

कबीले के भीतर दुश्मनी के अलावा कबीलों के बीच भी लड़ाइयाँ चलती रहती थीं, एक कबीले द्वारा दूसरे पर हमले का खतरा बना रहता था। इसके पीछे कारण संपन्नता भी हो सकती है और खून की दुश्मनी भी। कभी-कभी दो व्यक्तियों के बीच दुश्मनी बढ़ते-बढ़ते दोनों कबीलों की दुश्मनी बन जाती थी। यदि जंग होती थी तो हारे हुए कबीलों के भाग्य का फैसला जीते हुए लोगों के हाथ में होता था। प्रथा तो यह थी कि माफी, आर्थिक दंड से लेकर मृत्युदंड तक दिया जा सकता था। अकसर पुरुषों को मार दिया जाता था, धन-संपदा जीते हुए कबीले के लोगों के बीच बाँट ली जाती थी। 25 प्रतिशत हिस्सा सरदार का होता था, बाकी लोगों में बाँट दिया जाता था। औरतों को मारा नहीं जाता था बल्कि गुलाम बनाकर बाँट लिया जाता था। गुलाम स्त्री हो या पुरुष, उनको खरीदा-बेचा जा सकता था। हैसियत है तो शादियाँ कितनी भी कर सकते थे, मुहम्मद साहब ने चार से ज्यादा पर रोक लगा दी। अमीर लोगों द्वारा ज्यादा उम्र में शादी करना एक आम बात थी, लड़की कम उम्र की भी हो सकती थी या कोई विधवा भी। सुहागरात के समय लड़की की उम्र कितनी भी हो, मगर मासिक धर्म शुरू हो चुका होना जरूरी था, इस्लाम में आज भी मासिक धर्म शुरू होने के बाद लड़की विवाह के योग्य मानी जाती है। चूँकि ज्यादा उम्र में लोग शादियाँ करते थे, इसलिए विधवा भी जल्द-जल्द होती थीं, पर अच्छी बात यह थी कि विधवा से विवाह आम बात थी, भारत की तरह विधवा का जीवन नर्क नहीं हो जाता था। इससे एक बात स्पष्ट हो जाती है कि उस समय भी अरब में मर्द बड़ी उम्र में शादियाँ करते थे, भारत की तरह वहाँ इसे नैतिकता से नहीं जोड़ा जाता था। पत्नियों की संख्या पर भी कोई रोक नहीं थी। पत्नियों के अलावा रखैलें भी होती थीं, जो रहती तो पत्नियों की तरह थीं, पर उनके अधिकार कम होते

थे। यहाँ यह बात ध्यान देने की है कि भारत में भी रखैल रखने की प्रथा थी, पर चोरी-चोरी रखैल या तो कोई विधवा या किसी गरीब या दलित की पत्नी होती थी अर्थात् अरब में रखैल का जीवन ज्यादा सम्मानीय था, घर में ही रहती थी, समाज को पता होता था। जुबान और सम्मान के लिए जान ले लेना या जान दे देना कबीलों की विशेष पहचान थी। स्त्री के अपमान या किसी दोस्त अथवा संबंधी की हत्या के कारण हुई दुश्मनी पीढ़ियों तक चलती थी। आँख के बदले आँख, दाँत के बदले दाँत और खून के बदले खून वहाँ का नियम था। वैसे पैसे लेकर माफ करने की प्रथा भी थी, पर पीड़ित यदि पैसे न ले तो दुश्मनी चलती ही रहती थी।

इसी कुरैश कबीले में बेनी हाशिम कुनबे के शेख अब्दुल मुत्तालिब बहुत ही संपन्न और प्रभावशाली सरदारों में से थे, उनका एक-एक शब्द सुना जाता था। कबीलों में ज्यादा पुत्र होना भी सम्मान दिलाता था। अब्दुल मुत्तालिब के दस पुत्र थे, इसलिए भी उनका सम्मान ज्यादा था। उनके सबसे छोटे बेटे अब्दुल्ला की शादी उन्होंने जुहरा कुनबे की लड़की अमीना से तय की थी और साथ में अपने लिए भी एक लड़की देख ली थी, दोनों की शादी एक समय में हुई और दोनों ने एक ही रात को अपनी-अपनी पत्नियों के साथ सुहाग रात मनाई। दुर्भाग्य से अब्दुल्ला की दो ही महीने बाद मौत हो गई, अमीना पहली ही रात को गर्भ से हो गई थी, इसलिए उस समय वह दो महीने की गर्भवती थी। इसी गर्भ से रब्बा महीने के बारहवें दिन सन् 570 ई. को अमीना ने एक बच्चे को जन्म दिया। दादा मुत्तालिब ने बच्चे को देखा और माँ के सपने के अनुसार, बच्चे का नाम मुहम्मद रखा, जो आगे चलकर इस्लाम का अंतिम पैगंबर निकला। दादा ने बच्चे को लिया, काबा के मंदिर में गए और बच्चे के लिए खुदा का शुक्रिया अदा किया। बालक मुहम्मद के लिए जन्म से ही समय कठिन था। कबीलों में शादी के बाद अपनी संपत्ति खुद कमानी पड़ती थी, लेकिन मुहम्मद के पिता तो शादी के केवल दो महीने बाद ही चल बसे थे, इसलिए दौलत के नाम पर उनके पास केवल पाँच ऊँट थे, रेगिस्तान में ऊँट अमीरी की निशानी ही नहीं माना जाता, बल्कि ऊँट के बिना जीवन अर्थहीन हो जाता था, जिसके पास जितने ज्यादा ऊँट, वह उतना ही बड़ा आदमी माना जाता था, लेकिन पाँच ऊँट तो बहुत कम थे। इसलिए बालक मुहम्मद जन्म के समय न केवल अनाथ थे, बल्कि गरीब भी थे।

भारत के लोगों, विशेषतौर पर माताओं की यह जानकर आँखें फटी रह जाएँगी कि उस समय के अरब में अमीर घरों की माताएँ अपने नवजात शिशुओं को ऐसी

आयाओं को दे देती थीं, जिनकी छातियों में दूध होता था, अर्थात् जिनका अपना भी बच्चा उन ही दिनों पैदा हुआ हो। और भी हैरानी की बात यह थी कि ये आयाएँ जरूरी नहीं कि आसपास की हों, दूसरे कबीले की भी हो सकतीं थी, जहाँ जाने के लिए कई दिन का रास्ता हो सकता था। ये आयाएँ बच्चे को अपने साथ ले जाती थीं और बड़ा होने के बाद लौटा जाती थीं। इससे उनको अच्छी-खासी आमदनी हो जाती थी, जो आया को अपना परिवार चलाने में मदद करती थी। इसका एक कारण यह था कि उन दिनों परिवार नियोजन की कल्पना भी नहीं थी, इसलिए बच्चे पैदा होते रहते थे, मृत्यु दर अधिक होने के कारण भी बच्चों की पैदावार को रोकने की बात नहीं सोची जाती थी, बच्चे के आया के पास चले जाने से माँ को आराम मिल जाता था। दूसरा कारण यह था कि छोटी जगह पर मांस और दूध ताजा मिलता था, जिससे बच्चे की सेहत अच्छी रहती थी। एक संभावित कारण यह भी हो सकता है कि कबीलों का जीवन कदम-कदम पर खतरों से भरा और कठिन होने के कारण आदमी को मजबूत बनाने के लिए आयाओं को दे देते थे, इससे बच्चा गरीब परिवार और माँ से दूर पलने के कारण शारीरिक और भावनात्मक दोनों तरह से मजबूत बनकर आता था, जैसा कि बालक मुहम्मद के साथ हुआ। मुसलमान आज भी दोनों तरह से हिंदुओं से ज्यादा मजबूत हैं।

हवाजीन कबीले की बेनी साद कुनबे की एक बंजारा टोली उन दिनों कुरैश के बाजारों में आई हुई थी। हलीमा नाम की बंजारन को पता चला कि शेख अब्दुल मुत्तालिब के परिवार में बच्चा पैदा हुआ है और उनको आया की जरूरत है तो वो पति से आज्ञा लेकर उनके घर पहुँच गई। पैसे आदि की बात करने के बाद उसने गोद के मुहम्मद को लिया और अपने कारवाँ के साथ अपने कबीले की ओर रवाना हो गई। इस प्रकार बालक दादा के संपन्न परिवार से निकलकर बंजारों के बीच पहुँच गया, जो तंबुओं में रहते थे। हलीमा अपने बच्चे के साथ-साथ मुहम्मद को भी अपना दूध पिलाने लगी।

जिस तरह दुनिया के अन्य धर्मों में उनके अवतारों या पैगंबरों के साथ चमत्कार की कहानियाँ जुड़ी हुई हैं, उसी प्रकार मुहम्मद के साथ भी जुड़ी हुई हैं, जो हलीमा के साथ ही शुरू हो जाती हैं। इन कहानियों की सच्चाई न तो जानी जा सकती है और न ही जानने की जरूरत है, क्योंकि यह आस्था का विषय है, सभी धर्मों और महापुरुषों के साथ जुड़ी हुई हैं। हलीमा के अनुसार, बालक मुहम्मद के आने से पहले उसकी छातियों में दूध बहुत कम था, किंतु जब से मुहम्मद को दूध पिलाना शुरू किया,

उसकी छातियाँ हमेशा दूध से भरी रहने लगीं, उसके बच्चे को भी भरपेट दूध मिलने लगा। यही नहीं, हलीमा की ऊँटनियाँ, भेंड़ें और बकरियाँ भी दूध से भरी रहने लगीं, इतना दूध होने लगा कि बच्चे केवल दूध से ही पेट भर लेते थे।

दूसरी घटना तब की है, जब बालक मुहम्मद 6 वर्ष के थे। एक दिन हलीमा के एक पुत्र ने आकर बताया कि उसने अपनी आँखों से देखा कि दूध जैसे सफेद कपड़े पहने दो लोग आए, उन्होंने मुहम्मद को पकड़कर उसका सीना काटा, उसमें से दिल निकालकर उस पर लगे एक काले धब्बे को अपने साथ लाई बर्फ से साफ किया और वापस सीने में रख दिया। एक तो वह युग अंधविश्वास का युग था, दूसरे हलीमा एक अनपढ़ और बंजारन थी, तीसरा मुहम्मद उसके पास एक शक्तिशाली परिवार की अमानत थे, इसलिए इस किस्से को सुनकर डर गई, बालक मुहम्मद को ले जाकर वापस माँ को सौंप दिया और अपने पैसे ले लिये।

बालक मुहम्मद जब वापस अपनी माँ के पास आया तो माँ भीतर-ही-भीतर बीमार चल रहीं थी, पर परिवार में किसी को पता नहीं था या यह भी हो सकता है कि गरीब और विधवा पर किसी ने ध्यान नहीं दिया। माँ ने फैसला किया कि वह बालक मुहम्मद को उसके मामा से मिलाने ननिहाल ले जाएगी। मुहम्मद को लेकर एक काफिले के साथ निकली भी, पर सेहत ने साथ नहीं दिया, इसलिए काफिले के साथ चलना दुश्वार हो गया। आखिर काफिला उनको 'अबवा' नामक बस्ती में छोड़कर आगे बढ़ गया। एक दिन बालक मुहम्मद पतंग उड़ाने गए हुए थे तो पीछे से माँ ने प्राण त्याग दिए, उसको पतंग बनाना और उड़ाना माँ ने ही सिखाया था। इस प्रकार मुहम्मद माँ के साथ एक वर्ष भी नहीं रह पाए, इस समय उनकी उम्र सात साल थी। आखिर माँ को रेगिस्तान में ही दफन करके बालक मुहम्मद काबा वापस आ गए। कबीलों में लावारिस और गरीब बच्चों की हालत बहुत खराब रहती हैं, पर दादा ने मुहम्मद को न केवल अपने पास रखा, बल्कि बहुत प्यार भी दिया। दादा-पोते में इतनी अच्छी छनती थी कि वे मुहम्मद को कंधे पर बैठाकर काबा की गलियों में घुमाते थे। घर के ढेर सारे बच्चों में केवल मुहम्मद को दिन में तख्त पर उनके साथ बैठने की आज्ञा थी। पोता भी दादा का पूरा खयाल रखता था, कभी उनका सर दबाना, कभी मालिश करना रोज की बात थी। दादा-पोते इसी तरह बातें करते हुए दिन गुजारते थे, लेकिन अब दादा की सेहत भी गिरने लगी थी। आखिर सन् 578 ई. में दादा भी उसको छोड़कर चले गए।

यों तो मुहम्मद के स्वर्गवासी पिता अब्दुल्ला के कई भाई थे, पर जिस माँ

से अबदुल्ला हुए थे, उस माँ से केवल अबु तालीब जिंदा बचे थे, इसलिए दादा मुत्तालिब ने मरने से पहले उसी को मुहम्मद के लालन-पालन की जिम्मेदारी सौंप दी। अबू तालिब ने भी सगे छोटे भाई का बेटा होने के नाते उसकी अच्छी देखभाल की, पर दादावाली बात नहीं थी। ताऊ पर बोझ न बन जाए, इसलिए मुहम्मद ने उनकी भेड़ों को चराना शुरू कर दिया। उसकी एक वजह यह भी थी कि दादा की मौत के समय मुहम्मद 8 वर्ष के हो चुके थे और इस उम्र में कबीलों में बच्चे को बड़ा हो गया मानते थे, इसी उम्र में खतना भी कर दिया जाता था और बच्चे का औरतों के बीच सोना बंद करके मरदों के बीच सोना शुरू हो जाता था। यहीं से बच्चे को भेड़-बकरियों के साथ-साथ ऊँटों की देखभाल का काम भी मिलने लगता था, जो कि एक सम्मान की बात थी, हर लड़का ऐसा चाहता था। खतने के समय जश्न और दावत करने की प्रथा थी, लेकिन मुहम्मद लावारिस और गरीब थे, इसलिए उनकी कोई दावत नहीं हुई। माना जाता है कि उनका खतना अबु तालीब के बेटे के साथ कर दिया गया होगा।

खतना होने के साथ ही बच्चे को अपने भविष्य की चिंता भी सताने लगती है। भेड़-बकरियाँ चराने से तो कुछ भी हाथ नहीं लगनेवाला था, ज्यादा पैसा कमाने का केवल व्यापारिक कारवाँ में शामिल होना ही एकमात्र जरिया था। भारत में जैसे गाँवों के लोग शहरों में आकर माल बेचकर जाते हैं और बदले में गाँव की जरूरत का सामान लेकर जाते हैं, वैसे ही अरब में उन दिनों उत्तर में सीरिया और दक्षिण में यमन राज्यों में बड़े-बड़े बाजार थे, काबा तथा अन्य कबीलों के लोग कबीले में होनेवाली खेती की पैदावार, हाथ से बनाई गई वस्तुएँ और जानवर ले जाकर वहाँ बेचकर आते थे और जरूरत का सामान जैसे मसाले, बरतन, कपड़े आदि लेकर आते थे।

दादा के जाने के बाद मुहम्मद के सामने चुनौतियों का पहाड़ खड़ा था और साधन नाममात्र के थे। पैतृक संपत्ति के नाम पर जो था उसकी कोई अहमियत नहीं थी। कबीलों में तो शादी के लिए भी दुलहन का मोल देना पड़ता था। इसलिए मुहम्मद ने जल्द-से-जल्द व्यापार करनेवाले कारवाँ में शामिल होने का फैसला किया। लेकिन कारवाँ में शामिल होना इतना आसान नहीं था। कारवाँ का मतलब था, ऊँटों का काफिला, इसलिए ऊँट के बारे में हर चीज मालूम होना, जैसे कि ऊँट को कैसे काबू में किया जाता है, कैसे उस पर हौदा जमाया जाता है, ऊँटों को चराना, उनके बच्चों को कब कितना दूध पीने देना, बोझा कितना लादना, कब ऊँट

को आराम करवाना, कौन-कौन से पेड़ खाने से ऊँटों को बचाना, बीमारी में क्या खिलाना, बच्चे पैदा होते समय कैसे देखभाल करना आदि-आदि। हालाँकि यह सब रेगिस्तान के बच्चे बड़े होते-होते अपने आप सीखने लगते हैं, लेकिन जब तक अपने हाथ से करके न दिखा दे, कारवाँ में जगह नहीं मिलती थी।

कारवाँ में शामिल होकर सफल व्यापारी बनने के लिए केवल ऊँट को साधना आना ही काफी नहीं था। रेगिस्तान में रास्तों की पूरी और सही जानकारी, मौसम, आँधी, तूफान आदि की जानकारी। काफिला कितना बड़ा हो, उसके लिए कौन सा रास्ता उपयुक्त रहेगा, काफिले के लोगों के लिए पर्याप्त मात्रा में पानी और जानवरों के लिए चारा कहाँ मिल सकता है। रास्ते में जानवरों को चरानेवाले गड़रियों से कैसे मोल-भाव करना, रास्तें में पड़नेवाले कबीलों के लोग कैसे हैं आदि की जानकारी होना भी जरूरी थी। बहुत से कबीलेवाले और डकैत काफिले को भटकाने के लिए धोखेवाले रास्ते बना देते थे, इनसे बचना आना बहुत जरूरी था। इसके अलावा जिस राज्य में जा रहे हैं, वहाँ क्या-क्या माल ले जाना चाहिए, वहाँ के कायदे-कानून क्या हैं, कौन से नए फरमान जारी हुए हैं आदि अच्छी तरह से समझ लेने के बाद ही एक सफल व्यापारी बनने की उम्मीद रहती थी। मुहम्मद बुद्धिमान बालकों में थे, वैसे भी लावारिस बच्चे जल्द बड़े हो जाते हैं, इसलिए मुहम्मद ने तेजी से ऊँटों को साधना सीखकर केवल 12 साल की उम्र में ही काफिलों के साथ जाना शुरू कर दिया, जो उन दिनों में कबीलों, काफिलों के लिए बहुत कम उम्र मानी जाती थी।

पूरे अरब में उन दिनों ईसाई, यहूदी और अन्य लोग हर जगह मिल-जुलकर रहते थे, संस्कृति एक थी, इसलिए कोई टकराव नहीं था। दोनों ही धर्मों में कई पैगंबर हो चुके थे, इसलिए पूरे अरब में उनके पवित्र स्थल फैले हुए थे। सीरिया के रास्ते में भी अनेक ऐसे ही पवित्र स्थल पड़ते थे। मुहम्मद शुरू से ही इन में दिलचस्पी लेते रहते थे, उनको यहूदियों का एक ईश्वरवाला सिद्धांत बहुत सही लगता था और वे अब्राहम से लेकर बाद तक के सभी यहूदी तथा ईसाई पैगंबरों, संतों के प्रति श्रद्धा रखते थे, कुरान में वर्जिन मेरी और उनके बेटे जीसस को बहुत सम्मान दिया गया है। मुहम्मद का कहना था कि कुँवारी मेरी के गर्भ से जीसस का जन्म खुदा का चमत्कार ही था और इससे यह सिद्ध होता है कि खुदा पैगंबरों के माध्यम से संदेश देता है। मुहम्मद शुरू से ही खुदा को हर बात में याद करते थे। जैसे अभी भी मुसलमानों की बातों में बीच-बीच में बहुत जल्दी-जल्दी अल्लाह का नाम आता है, वैसे ही मुहम्मद हर बात और घटना को खुदा से जोड़ देते थे। अच्छी

घटनाओं को खुदा का इनाम और हादसों को खुदा का कहर बतलाते थे।

जैसे भारत में साधु-संतों की कुटिया होती थीं, वैसे ही अरब में भी उन दिनों काफिलों के रास्तों में क्रिश्चियन और यहूदी संन्यासियों के मठ पड़ते थे। इन्हीं में से एक जाने-माने संन्यासी थे बहीरा, जिनका मठ सीरिया के रास्ते में पड़ता था। एक दिन कुटिया से बाहर उपासना कर रहे बहीरा ने देखा कि काबा की तरफ से आनेवाले एक काफिले के ऊपर एक रोशनी भरा बादल साथ-साथ चल रहा है। रेगिस्तान में गरम हो जाने के बाद काफिलों से रेत धूल की तरह ऊपर उठने लगती है और उस पर धूप की किरणें पड़ने पर इस तरह के दृश्य दिखना कोई खास बात नहीं थी, लेकिन थोड़ी देर बाद जब काफिला उनके पास आकर रुक गया तो बहीरा ने देखा कि रोशनी भरा वह बादल तब भी वहीं था, इस बात से चकित होकर उन्होंने काफिले के सभी लोगों को दावत का न्योता दिया। जब लोग दावत के लिए आ रहे थे तो बहीरा ने स्वागत करते हुए सभी के चेहरों को ध्यान से देखा, पर संतुष्ट नहीं हुए और उन लोगों से पूछा कि क्या उनका कोई सदस्य पीछे छूट गया है। काफिले के लोगों ने हिसाब लगाया तो पाया कि एक बालक पीछे रह गया है। गलती का एहसास होते ही एक आदमी तुरंत बालक को लाने चला गया। बालक जब वहाँ आया तो बहीरा ने बच्चे की पीठ के निशान को देखते ही पहचान लिया कि यह अगला पैगंबर है, क्योंकि वह निशान वैसा ही था जैसा इससे पहले के पैगंबरों की पीठ पर था। बहीरा अबू तालिब को लेकर एक तरफ गए और कहा, इस बच्चे की यहूदियों से विशेष हिफाजत करना, इस बच्चे का भविष्य बहुत महान् है। वह बच्चा कोई और नहीं, मुहम्मद ही थे। इस कथा का जिक्र होता है, पर इसकी सच्चाई जानने का कोई जरिया नहीं है, लेकिन इतना जरूर है कि अबू तालिब ही वह व्यक्ति थे, जिसने मुहम्मद को इस्लाम के प्रचार के समय कुरैश कबीलावालों के हमलों से सबसे ज्यादा बचाया। यहीं पर यह सवाल भी उठता है कि अबू तालिब ने मुहम्मद की रक्षा केवल एक शेख की जुबान की वजह से की थी या फिर उनको बहीरा की बातों में विश्वास था। अगर विश्वास था तो इस बात की चर्चा कबीले वालों से क्यों नहीं की, क्यों वे अंत तक मुसलमान नहीं बने।

कारवाँ के साथ चलते-चलते मुहम्मद ने बहुत कुछ तेजी से सीखा। तलवार-बाजी, तीर चलाना, भाला चलाना और कुश्ती की शिक्षा हर कबीलाई की तरह उन्होंने भी परंपरागत रूप से बड़े होते-होते सीख ली थी, लेकिन काफिलों में उनको दुनिया को समझने का अवसर मिला। अपनी साख बनाने में उनके व्यक्तिगत

गुण बहुत काम आए। औसत ऊँचाई, गहरे घुँघराले बाल, नूरानी चेहरा, मेहनती, ईमानदार, जुबान के पक्के और बहुत मीठा बोलनेवाले मुहम्मद इतने शर्मीले थे कि बात करते समय सामनेवाले से शायद ही कभी नजर मिलाते थे, लेकिन बात को पूरा सुनते थे, ध्यान देते थे, जिससे बात करनेवाला व्यक्ति प्रभावित होता था।

कबीलों में कोई लिखित कानून, पुलिस अदालत न होते हुए भी आमतौर पर शांति रहती थी, क्योंकि हिंसा के बदले हिंसा कबीलों का नियम था, इसलिए सबको डर रहता था। बदला लेना मजबूरी भी थी, क्योंकि कुनबे या कबीले के प्रति वफादारी सिद्ध करने के लिए बदला लेना जरूरी था, अन्यथा कबीले से बाहर कर दिया जाना तय था। कबीले से बाहर होते ही आदमी पूरी तरह असुरक्षित और बेसहारा हो जाता था, जीना दुश्वार हो जाता था। लेकिन इन्हीं कबीलों में दया और दानी होने की मिशाल भी कम नहीं थी। गरीबों की मदद करना परंपरा थी, जो मुसलमानों में जकात के रूप में आज भी कायम है।

दरियादिली का सबसे अच्छा उदाहरण है—हातिम ताई। हातिम ताई भी एक लावारिस व्यक्ति थे और मुहम्मद की ही तरह अपने चाचा के घर में रहते थे, जब वे बड़े हुए तो उनको उनके पिता द्वारा छोड़ी गई बहुत सारी दौलत मिली। हातिम ताई को लोगों की मदद करने और मेहमानों की खातिर करने में बहुत आनंद आता था। वहाँ गुजरनेवाले यात्रियों के लिए ऊँटों और बकरों की कुर्बानी दिल खोलकर देते थे। एक बार तो उन्होंने केवल तीन लोगों के लिए तीन ऊँट काट दिए, इत्तेफाक से ये तीनों बड़े कवि थे। बस फिर क्या था, तीनों ने हातिम ताई की प्रशंसा में ऐसे-ऐसे कशीदे लिखे कि वे किस्सों में अमर हो गए, उन पर फिल्में तक बनीं। हालाँकि हातिम ताई किस्सों में दिखाए गए फरिश्ते नहीं थे, एक सामान्य इन्सान थे, पर कवियों की वजह से किस्सों में अमर हो गए।

मुहम्मद की किशोर आयु कारवाँनों के साथ आने-जाने में गुजरने लगी। किशोर आयु पार करते ही अन्य नौजवानों की तरह उनके मन में भी प्यार की तरंगें उठने लगीं। कबीलों में इश्क लड़ाने की कोई गुंजाइश नहीं होती थी, न ही किसी को आई लव यू कह सकते थे। वहाँ प्यार का मतलब था किसी मध्यस्थ को बीच में डालकर शादी की बात चलाना। जिस ताऊ अबू तालिब के घर और संरक्षण में मुहम्मद रहते थे, उसकी एक बेटी थी फकीता, जो मुहम्मद के साथ ही खेल-कूदकर बड़ी हुई थी, बहुत सुंदर थी। मुहम्मद को बहुत अच्छी लगती थी, उससे से शादी करना चाहते थे। अरब में इस तरह के रिश्ते आम बात थी, इसलिए कोई

अड़चन भी नहीं थी। अड़चन थी तो उनकी गरीबी और लावारिस होना, जिसकी वजह से किसी को इस नौजवान की शादी का खयाल ही नहीं आता था और मुहम्मद भी संकोच करते थे, इसलिए वे फकीता का हाथ माँगने की हिम्मत जब तक जुटा पाते, उसकी मँगनी किसी और से कर दी गई। मुहम्मद का दिल टूट गया, मायूसी में उनको समझ में आ गया कि जीवन में कुछ पाना है तो हैसियत बनानी होगी और फिर वे एक बार नए जोश से काफिलों में व्यापार करने जुट गए। मुहम्मद चूँकि ईमानदार, मेहनती, जुबान के पक्के और व्यवहार में बहुत अच्छे थे, इसलिए बहुत जल्द वे एक भरोसेवाले व्यापारी के रूप में मशहूर हो गए।

मुहम्मद की एक दूर की कजिन थी, खदीजा बेगम, जो मुहम्मद से उम्र में 15 साल बड़ी थीं। खदीजा की दो शादियाँ हो चुकी थीं, पर दोनों पतियों की मौत हो चुकी थी, दोनों पति बहुत दौलत छोड़कर गए थे, इस तरह खदीजा विधवा और अमीर तो थीं, पर साथ ही बहुत सुंदर भी थीं। मुहम्मद की ईमानदारी की चर्चा उनके कानों तक भी पहुँची तो उन्होंने अपना व्यापार मुहम्मद के माध्यम से करने की सोची। यह बात सन् 595 की है, मुहम्मद की उम्र 25 वर्ष हो चुकी थी। खदीजा ने कुछ सामान मुहम्मद को सीरिया के बाजार में बेचने को दिया। किस भाव बेचना है, कमीशन कितना होगा, सीरिया से क्या-क्या लाना है आदि तय हो जाने के बाद खदीजा ने सामान दिया और अपने एक विश्वासपात्र नौकर को यह कहकर साथ कर दिया कि मदद हो जाएगी, पर वास्तव में नौकर नजर रखने के लिए भेजा गया था। ऐसी भी मान्यता है कि मुहम्मद को देखने के बाद खदीजा उनमें दिलचस्पी लेने लगी थी और उनका चरित्र जानने के लिए साथ में नौकर लगा दिया था। वास्तव में खदीजा अमीर और अनुभवी थी, उसको पता था कि मुहम्मद की उम्र हो जाने के बावजूद गरीब और लावारिस होने के कारण शादी नहीं हो पा रही थी। दूसरी तरफ वह खूबसूरत और अमीर थी, इसलिए शादी की बात बन सकती थी। हो सकता है कि सामान बेचने के लिए देना केवल संपर्क बनाने का बहाना हो। अरब में अमीर लोग बड़ी उम्र में कम उम्र की लड़कियों से शादियाँ करते ही रहते थे, इसलिए जवान विधवाएँ होती रहती थीं और उनकी शादियाँ भी होती रहती थीं। उधर मुहम्मद ने सामान बेचकर उम्मीद से ज्यादा पैसे लाकर दिए और नौकर मायसरा ने बताया कि बोस्त्रा के क्रिश्चन संन्यासी ने मुहम्मद को अगला पैगंबर बताया है और खुद उसने धूप में दो फरिश्तों को मुहम्मद पर साया करते देखा है।

अब खदीजा पूरी तरह मुहम्मद के लिए मन बना चुकी थी। उम्र में 15 वर्ष

का अंतर एक अड़चन था, फिर भी बात आगे बढ़ाने का निश्चय किया और इसके लिए एक विवाह कराने वाले व्यक्ति (नुफायश) को पकड़ा। नुफायश ने बिना नाम बताए बात चलाई तो मुहम्मद ने कहा कि उनके पास दुलहन का मोल देने के लिए पैसे नहीं हैं तो नुफायश ने बताया कि उसकी समस्या नहीं आएगी, दुलहन खूबसूरत है, दौलतमंद है, अच्छे खानदान से है तो मुहम्मद के पूछने पर नुफायश ने जब नाम बताया तो मुहम्मद आसानी से तैयार हो गए। इसके बाद एक गुप्त मुलाकात में खदीजा ने मुहम्मद को बताया कि वो मुहम्मद के गुणों से बहुत प्रभावित हैं, इसलिए शादी करना चाहती हैं। रिश्तेदारों की मदद से दोनों की मँगनी हुई, जिसमें मुहम्मद ने खदीजा को बीस ऊँट भेंट में दिए। शादी में खदीजा ने जायद नाम का एक 15 साल का गुलाम मुहम्मद को भेंट में दिया। शादी की खुशी में मुहम्मद ने माँ से मिली एक गुलाम लड़की को आजाद कर दिया।

मुहम्मद और खदीजा की जोड़ी खुदा की बनाई हुई जोड़ी थी, दोनों में इतना प्यार हो गया। माँ के मरने के बाद, कोई नहीं था, जिससे मुहम्मद अपना दर्द बाँट सकते, ऊपर से फकीता के प्रेम में दिल टूट चुका था। उधर खदीजा न केवल सुंदर, बल्कि बुद्धिमान भी थी, हर बात को समझती थी, इसलिए बहुत जल्द मुहम्मद की न केवल पत्नी, बल्कि दोस्त भी बन गई। ऐसी कोई बात नहीं होती थी, जिसकी चर्चा या सलाह मुहम्मद खदीजा से नहीं करते थे। दोनों की शादी से चार लड़कियाँ और दो बेटे पैदा हुए, मगर दुर्भाग्य से दोनों बेटे, कासिम और अब्दुल्ला जीवित नहीं रहे। चारों बेटियाँ जैनब, उम्मकुलयुम, रुक्या और फातिमा जिंदा रहीं।

दोनों के बीच एक और समानता थी कि दोनों दरियादिल थे। मुहम्मद रोजा रखते थे, काबा के चक्कर लगाते थे और गरीबों में दान करते थे। दोनों की दरियादिली का अनुमान इसी बात से लगाया जाता है कि एक बार मुहम्मद को पालने वाली माँ हलीमा मक्का से गुजर रही थी और सूखा पड़ा हुआ था तो खदीजा ने उसको एक ऊँट और चालीस भेड़ देकर विदा किया। केवल दान ही नहीं, दोनों के दिल में दया भी बहुत थी। जायद नाम के गुलाम को इतना प्यार से रखते थे कि उसको कभी महसूस ही नहीं हुआ कि वह गुलाम है, इसका पता इस बात से चलता है कि उसके परिवार वाले एक बार ढूँढ़ते-ढूँढ़ते वहाँ आ गए और पैसे देकर उसको आजाद कराने की पेशकश की, लेकिन जायद ने कहा कि आजाद होकर भी वह मुहम्मद और खदीजा के घर में ही रहना चाहता है। मुहम्मद ने उसको बिना कोई रकम लिए आजाद कर दिया और उसको अपना बेटा बनाकर घर में रख लिया। इन

सब बातों से पता चलता है कि मुहम्मद और खदीजा एक-दूसरे को पाकर कितने खुश थे। मुहम्मद के दान-धर्म और बुद्धिमानी ने उनको मक्का में एक सम्मानित व्यक्ति बना दिया, लोग उनको विवाद सुलझाने के लिए मध्यस्थ के रूप में बुलाने लगे। एक बार काबा के मंदिर में मरम्मत के बाद मूर्तियों को वापस कौन लगाए, इस बात पर विवाद हो गया तो मुहम्मद ने सुझाव दिया कि मूर्ति को एक चादर पर रखकर सारे लोग एक साथ उठा ले। यह बात लोगों को बहुत पसंद आई।

जैसा कि जीवन में होता है, जीवन में स्थिरता आने के बाद लोग बौद्धिक गतिविधियों की ओर मुड़ते हैं। मक्का में हनीफ नाम का एक बुद्धिजीवी समूह था, जो धार्मिक सुधारों के बारे में चिंतन करता रहता था। मुहम्मद साहब भी उन लोगों के बीच उठने-बैठने लगे। हनीफों के बीच होनेवाली चर्चाओं में धार्मिक सुधार एक प्रमुख विषय रहता था, वे लोग बहुत सारे देवी-देवताओं, कुर्बानी में खून बहाना तथा अंधविश्वासों से मुक्ति दिलाकर अरब को स्पष्ट धार्मिक पहचान देना चाहते थे। काबा में जिस देवता का स्थान सबसे ऊँचा था, उसे अल्लाह कहते थे, हनीफों में उसकी भी चर्चा होती थी। इस समय तक मुहम्मद सत्य के खोजी थे, कहते थे—

- ज्ञान की तलाश में चीन तक जाना पड़े तो भी जाओ।
- एक घंटे की ध्यान साधना साल भर के पूजा पाठ से बेहतर है।
- ज्ञानी की कलम की स्याही शहीद के खून से ज्यादा पवित्र है।
- एक ज्ञानी हजारों अज्ञानियों पर भारी है।
- ज्ञान के पथ पर जाना खुदा की राह पर जाना है।

इन्हीं हनीफ लोगों में एक जायद नाम का आदमी भी था, जो मूर्तिपूजा और बलि का विरोधी था, इन पर गुस्से में सवाल उठाता था, जिसके कारण उसके भाई ने ही उसे मक्का से बाहर खदेड़ दिया।

□

इस्लाम का उदय और विस्तार

बात हैरानी की है, पर सच है, जिस तरह आजकल लोग व्यस्त जीवन से कुछ समय निकालकर पहाड़ों या विदेशों में घूमने जाते हैं, उसी तरह मुहम्मद भी काबा में तीर्थयात्रा के समय कारवाँ का काम छोड़कर अपने परिवार के साथ आराम करने काबा के आसपास के पहाड़ों की गुफाओं में चले जाते थे। इससे एक तो शरीर की थकान दूर होती थी, दूसरे उनको चिंतन के लिए अच्छा वातावरण मिलता था। वे सत्य की खोज और मक्का में धार्मिक सुधारों के बारे में सोचते रहते थे।

सन् 610 के रमजान महीने की 17वीं या 27वीं रात थी, मुहम्मद साहब परिवार के साथ गुफा में सो रहे थे कि अचानक किसी डर से उनकी आँख खुली, उनको लगा कि किसी अदृश्य शक्ति ने उनको जकड़ लिया है, लगातार उनके दिमाग पर दबाव डाल रहा है। वे सहमे हुए लेटे थे कि किसी का सख्त आदेश आया—'मेरे साथ बोलो', किंतु मुहम्मद न तो पढ़े-लिखे थे और न ही उनको बोलने की बहुत ज्यादा आदत थी, ऊपर से सहमे हुए थे, परिणाम यह हुआ कि डर के मारे उनके मुँह से कुछ भी नहीं निकला। अदृश्य शक्ति ने जकड़ बढ़ाते हुए फिर कहा, मेरे साथ बोलो—

अल्लाह के नाम पर जो बड़ा कृपाशील, अत्यंत दयावान है।

1. पढ़ो अपने रब के नाम से जिसने पैदा किया है।
2. पैदा किया मनुष्य को चिपकनेवाली चीज से।
3. हाल यह है कि तुम्हारा रब बड़ा ही उदार है।
4. जिसने कलम के द्वारा शिक्षा दी।
5. मनुष्य को वह ज्ञान दिया, जिसे वह नहीं जानता था।

(सूरा अल अलक 96 आयत 1 से 5 तक का अनुवाद)

चूँकि यह अदृश्य शक्ति का आदेश था, न मानने की छूट नहीं थी, इसलिए मुहम्मद के मुँह से कुरान की पहली आयत उतरी, यह दुनिया को इस्लाम का पहला संदेश था। मुहम्मद को पहले तो इस घटना का अर्थ समझ में नहीं आया, वे समझे कि किसी जिन्न ने उन पर कब्जा कर लिया है और उनसे यह सब करवा रहा है। उनके दिमाग में यह सवाल भी आया कि उनकी नियमित इबादत का यह कैसा इनाम है, इस बात से मायूस मुहम्मद गुफा से बाहर निकले और हीरा पर्वत पर ऊपर चढ़ने लगे। यह पता नहीं है कि वो ऊपर आत्महत्या करने जा रहे थे या ताजा हवा लेने। तभी रास्ते में फिर एक आवाज ने उनको रोका। आवाज किधर से आ रही है, यह देखने के लिए जब उन्होंने नजर घुमाई तो चारों तरफ जिब्राइल फरिश्ते के दर्शन हुए, वह आदमी की शक्ल में था, उसके पैर जमीन को और शीश आकाश को छू रहा था। तब मुहम्मद को समझ में आया कि नींद में उनको जकड़नेवाली शक्ति यह फरिश्ता ही था।

इसके बाद मुहम्मद वापस गुफा में लौटे, पत्नी खदीजा से कंबल में ले लेने को कहा, पत्नी ने कंबल में लेकर शांत किया, फिर ध्यान से उनकी कहानी सुनी। पूरी बात सुनकर खदीजा वापस शहर गई और उसके रिश्तेदार तथा आध्यात्मिक गुरु बाराक को जाकर बताया। उसने उनकी बातें ध्यान से सुनीं और वापस गुफा में आकर घोषणा कर दी कि मुहम्मद पैगंबर हैं। पहाड़ों से लौटकर मुहम्मद काबा के मंदिर में प्रार्थना करने गए तो उनकी भेंट भी बाराक से हो गई। बाराक ने मुहम्मद को बताया कि आगे आनेवाले दिन बहुत तकलीफवाले होंगे। लोग तुम पर विश्वास नहीं करेंगे, हँसी उड़ाएँगे, बहिष्कार करेंगे और हमले भी हो सकते हैं। इतना कहकर बाराक ने मुहम्मद के आगे शीश झुकाया और आगे बढ़ गए।

इसके बाद दो साल मुहम्मद के लिए बहुत ही तनाव भरे रहे, क्योंकि दो साल तक कोई फरिश्ता नहीं आया, आयत भी नहीं उतरी। उनका आत्मविश्वास डगमगाने लगा था कि फिर कुरान की आयतों का उतरना शुरू हो गया (93/ 1–11), हालाँकि अब पहले जैसा कष्ट नहीं होता था, पर हर बार जकड़न महसूस होती थी, वे घुटनों में सर डालकर ऐसे बैठ जाते थे, जैसे भयंकर सरदर्द होने पर लोग बैठ जाते हैं। इसके बाद मुहम्मद का जीवन आयतों को गाने, लोगों को समझाने तथा धार्मिक जीवन जीने में बीतने लगा। मुहम्मद साहब खुद पढ़े-लिखे नहीं थे, पर दूसरों से भी कभी आयतों को लिखवाने का प्रयास नहीं किया। यह स्थिति मुहम्मद

साहब की मृत्यु तक बनी रही, उनके जाने के बाद इस्लामी विद्वानों ने कुरान को लोगों की मदद से संकलित करना शुरू किया और अंत में सन् 650 में जो कुरान तैयार हुई, वही आज तक चल रही है। शुरुवाती दिनों में सारे मुसलमान एक जगह इकट्ठे होकर रात-रात भर जागकर कुरान का पाठ करते थे। कुरान के साथ यह विशेषता है कि उसको पढ़ने में वह आनंद नहीं आता है, जो आनंद उसके अरबी भाषा में पाठ करने में आता है। इसका एक कारण यह है कि कुरान एक विशेष प्रकार से पढ़ी जाती है, उससे निकलनेवाली ध्वनि श्रोता को इस तरह प्रभावित करती है कि आदमी उसमें डूबने लगता है, पाठ करनेवाले की तो बात ही मत पूछो। विद्वानों का मानना है कि इस्लाम के प्रचार-प्रसार में और इसके प्रति विरोध को कम करने में इस पाठ का बहुत बड़ा योगदान है। कुरान के पाठ की इस शक्ति को मुसलमानों ने आज तक बचाकर रखा है। बहुत से इस्लामी विश्वविद्यालयों में सात तरह के कुरान के पाठों की शिक्षा दी जाती है। इस बात को इस तरह समझा जा सकता है कि चाहे वह फिल्मी गाना हो, चाहे भजन, जब वह लय में गाया जाता है तो उसका अलग ही आनंद आता है, याद भी जल्दी हो जाता है।

कुरान और दूसरे धर्मग्रंथों में एक बहुत बड़ा अंतर यह है कि अन्य ग्रंथों में कथा चलती है, जबकि कुरान में अलग-अलग समय पर उतरी आयतें हैं, एक-दूसरे से जुड़ी हुई नहीं हैं, हर आयत का अपना अलग अस्तित्व है, संदेश है। एक और विशेष बात यह है कि कुरान लोगों को चेतावनी देती है कि अगर उन्होंने पैगंबर की बातों पर ध्यान नहीं दिया तो कयामत के दिन उनका हिसाब होगा, लेकिन साथ ही कुरान ये भी बताती है कि अल्ला से डरने की जरूरत नहीं है, क्योंकि वह दयालु है, उदार है, बड़े दिलवाला है, उसकी शरण में आने पर शैतान को भी माफ कर देता है। कुरान में कयामत के दिन की बात ऐसी है, जो किसी भी धर्म में नहीं थी। इसके अनुसार कयामत के दिन दुनिया खत्म हो जाएगी और सारे मुसलमान फिर से जी उठेंगे और अल्लाह उनके गुनाहों का फैसला करेगा। स्वर्ग और नरक की कल्पना भी सभी धर्मों में है, पर इस्लाम में बात को और आगे तक बताया गया है, कहा गया है कि गुनाह करनेवालों को दोजख की आग में जलाया जाएगा। अच्छे कर्मवाले जन्नत में जाएँगे, जहाँ संतरे, सेब, शराब प्रति व्यक्ति 70 हूरें और 72 चिकने-चुपड़े लौंडे मिलेंगे, जिहादी इसलिए भी मरने को तैयार रहते हैं कि मरने के बाद उनको जन्नत में यह सब मिलेगा। यह सब पुरुषों के लिए है, महिलाओं को स्वर्ग जाने पर क्या मिलेगा, इस बात का जिक्र नहीं है। कुरान में लिखा है कि 1400

साल पूरे हो जाने पर कयामत आ जाएगी, जिसमें सब समाप्त हो जाएगा। हालाँकि यह समय निकल चुका है, पर कयामत अभी तक नहीं आई।

कुरान का ज्ञान पाने के बाद शुरू में मुहम्मद साहब संदेश परिवार के सदस्यों के बीच ही सुनाते थे। उनके ताऊ और संरक्षक अबू तालिब, जिनको कि संत बहीरा ने मुहम्मद के महान् होने का संकेत दिया था, ने कोई दिलचस्पी नहीं दिखाई, लेकिन परिवार की कुछ औरतें और कुछ नाराज तथा असंतुष्ट नौजवान सबसे पहले मुसलमान बने। परिवार के बाहर सबसे पहले मुसलमान बननेवालों में अबू बकर थे, जो मुहम्मद के व्यापार के सहयोगी थे, बाद में मुहम्मद के ससुर और मुहम्मद साहब की मृत्यु के बाद इस्लाम के पहले खलीफा बने। तभी अल्लाह का संदेश मिला कि इस्लाम का प्रचार आम लोगों के बीच ले जाओ। मुहम्मद साहब ने समाज के चालीस सम्मानित लोगों को शाम के भोज पर बुलाया और बहुत ही सादा भोजन परोसा, जो कबीलेवालों को पसंद नहीं आया, इसलिए बहुत जल्द लोग मुहम्मद को सुने बिना चले गए, लेकिन मुहम्मद हिम्मत नहीं हारे, दूसरे दिन फिर चालीस लोगों को बुलाया। इस बार लोग रुके और उनको सुना भी, लेकिन मुहम्मद के दत्तक पुत्र जायद को छोड़कर कहीं से कोई समर्थन नहीं आया। कुरैश कबीलेवालों के लिए मुहम्मद की बात मानना आसान नहीं था, क्योंकि पुरानी मान्यताओं से विरोध था। कुरान के अनुसार कयामत के दिन दुनिया समाप्त हो जाएगी और सारे लोगों का फैसला सुनाया जाएगा, जो जगत् में प्राप्त धन या दौलत, रुतबे के अनुसार नहीं, बल्कि कर्मों के आधार पर होगा। जिसमें परोपकार, गरीबों की मदद, विधवाओं की सहायता शामिल होगी। कुरैश लोगों का मानना था कि मरने के बाद कोई जीवन नहीं होता है, ये सब बातें विधवा पत्नी, माँ, बच्चे आदि को बहलाने के लिए हैं, एक कुरैश के लिए दुनिया में रहकर अर्जित धन और समाज में स्थान ही सबकुछ है। नमाज अदा करने के तरीके पर भी लोगों को एतराज था। नमाज में शीश का कूल्हों से नीचे जाना शेखों के गले नहीं उतर रहा था, शेखों ने इसे अपना अपमान समझा था।

यहाँ तक जैसा भी था, चल रहा था, लोगों का कोई बहुत बड़ा विरोध नहीं था। कुछ लोग मुसलमान बन रहे थे। कुछ लोग हमदर्दी रखते थे तो बहुत से मजाक भी उड़ा रहे थे। लेकिन सन् 616 में अल्लाह का संदेश आया कि मूर्तिपूजा का विरोध किया जाए। जैसे ही मुहम्मद ने यह संदेश लोगों को सुनाया, तूफान आ गया, क्योंकि यह तो सीधे-सीधे पुरानी आस्था पर चोट थी और शेखों के लिए यह

मारने मरने की बात थी। अब मुहम्मद को लेकर कबीलेवाले गंभीर हो गए, उसको एक खतरा मानने लगे, उनको डर था कि इस तरह से उनके देवी-देवताओं का अपमान करनेवाले को यदि बरदाश्त कर लेंगे तो दूसरे कबीलेवाले क्या सोचेंगे, कहीं बहिष्कार न करने लगें। नतीजा यह हुआ कि मुहम्मद पर हमले शुरू हो गए। मुसलमानों तथा अन्य के बीच खूनी झड़पें हुईं, बहुत सा खून भी बहा, जिसके कारण जो लोग मुसलमान बन चुके थे, वे भी पीछे हटने लगे। मुहम्मद साहब की साल भर की मेहनत पर पानी फिर गया।

एक दिन मुहम्मद साहब जब ध्यान में थे तो उनको सूराह 53 का ज्ञान मिला, जिसमें जन्नत में लोट नामक पेड़ का जिक्र था, जिसके आगे फरिश्ते भी नहीं जाते हैं। इस सूराह में तीन चिड़ियों का इस पेड़ से संबंध बताया गया है, जिनके नाम अल्-लत, अल्-उजाह और मन्नत हैं। काबा में ये नाम क्रमशः परी, आत्मा और जिन्न के थे, इसलिए लोगों को लगा कि इस्लाम उनकी आस्था को स्वीकार कर रहा है, पर ऐसा नहीं था, अंत में जब मुहम्मद साहब ने सूरा को अंतिम रूप से पढ़ा तो उसमें कहा गया था कि ये सब नाम केवल आपके पुरखों की कल्पना मात्र थे। इनको खुदा ने कोई शक्ति नहीं दी है। साथ ही यह भी कहा गया कि अगर ये देवियाँ हैं तो क्या खुदा के हिस्से में केवल बेटियाँ हैं और आपके हिस्से में बेटे।

इसके बाद तो समझौते की जो भी संभावना थी, पूरी तरह समाप्त हो गई और कुरैश मुहम्मद की जान के दुश्मन हो गए, अबू तालिब से माँग की गई कि मुहम्मद ने उनकी आस्था और परंपराओं का मजाक उड़ाया है, इसलिए वह अपना संरक्षण हटा ले और मुहम्मद को उनके हवाले कर दे, ताकि वे उसका इनसाफ कर सकें। साथ ही यह धमकी भी दी गई कि अगर ऐसा नहीं किया तो उसके बेनी हाशिम कुनबे को ही खत्म कर देंगे। पूरे मक्का में मुसलमानों और अबू तालीब के कुनबे का सामाजिक बहिष्कार शुरू हो गया, अबू बकर का व्यापार आधे से भी कम हो गया। कोई व्यापारी न तो इनसे माल लेता था, न ही देता था, यहाँ तक कि खाने-पीने की वस्तुएँ भी बाहर से लानी पड़ रही थीं। तकलीफ जब बढ़ने लगी तो मुसलमानों ने आपसी सहयोग के लिए अबू तालीब के घर के पास ही अपनी एक अलग बस्ती बसा ली। अबू तालीब ने जब अपना संरक्षण हटाने से मना कर दिया तो समझौते के लिए दबाव आने लगा, लेकिन मुहम्मद साहब ने मना कर दिया तो उन पर हमलों में तेजी आ गई, तब उन्होंने मुसलमानों को मक्का छोड़ने की सलाह दी। सबसे पहले जत्थे में पाँच स्त्रियों और बारह पुरुषों ने मक्का छोड़कर बहुत

दूर पश्चिम में अबीशिया नामक राज्य में शरण ली, जहाँ का राजा नेगस ईसाई था। लेकिन कुरैशवालों ने मुसलमानों का अबीशिया में भी पीछा किया और राजा नेगस को बताया कि मुसलमानों ने अरब के सारे देवी-देवताओं का अपमान किया है, इसलिए उनको शरण न दी जाए।

नेगस ने पूरी बात सुनी और दरबार में मुसलमानों को कुरान का संदेश सुनाने का आदेश दिया। अबू तालिब का बेटा जफर भी इन मुसलमानों के साथ गया था, उसने कहा कि अब तक अरब के लोग अनजान थे, बुतों की पूजा कर रहे थे, बासी मांस खाते थे, भोग-लालसा में लिप्त थे, रिश्तों के मोह में फँसे हुए थे और शक्तिशाली कमजोर लोगों का शोषण कर रहे थे। अल्लाह ने मुहम्मद के माध्यम से हमें सही रास्ता दिखाया है। आगे जफर ने स्थिति को समझते हुए बड़े सुंदर ढंग से कुरान की केवल वे आयतें सुनाईं, जिनमें ईसाइयों की देवी मदर मेरी और प्रभु ईशु को सम्मान देते हुए वर्णन किया गया है। सुनने के बाद पूरा दरबार आँसू बहा रहा था। तब नेगस ने मुसलमानों को बाहर निकालने से मना कर दिया। उधर मक्का में मुसलमानों का सामाजिक बहिष्कार बहुत कष्ट दे रहा था। यह दो साल तक चला, पर जब मुसलमान किसी भी तरह झुकने को तैयार नहीं हुए तो लोग भी उनसे प्रभावित होने लगे और आखिर दो साल होते-होते बहिष्कार ने दम तोड़ दिया। उनके अडिग विश्वास से प्रभावित होकर बहुत से लोग मुसलमान बन रहे थे, जिससे यह बहिष्कार टूट गया। लेकिन तभी एक के बाद एक दो बड़े झटके मुहम्मद साहब को लगे। पहले तो 25 वर्ष साथ रहने के बाद खदीजा मुहम्मद साहब को छोड़कर दुनिया से चलीं गई, दूसरा उसके कुछ दिन बाद ही मुहम्मद को पनाह देनेवाले और कबीलोंवाले के कोप से बचानेवाले अबू तालिब भी दुनिया छोड़ गए, जिससे उनकी जान को खतरा कई गुना बढ़ गया।

काबा के मंदिर में तीर्थ पर आनेवाले दूसरे कबीलों, गाँवों, शहरों के यात्रियों को मुहम्मद साहब इस्लाम का ज्ञान देते रहते थे। सन् 620 में ऐसे ही एक मौके पर यात्रिब गाँव से आए 6 यात्रियों ने इस्लाम कबूल लिया, सन् 621 में वे लोग फिर आए और इस बार 12 लोग मुसलमान बने। मुहम्मद साहब को यात्रिब में इस्लाम के प्रचार-प्रसार की संभावना दिखी तो अपने विश्वास पात्र को वहाँ भेज दिया, जिसने वहाँ 11 महीने रहकर बहुत अच्छा काम किया। मुसाब ने 73 लोगों का एक जत्था भेजा, जो मक्का के बाहर अंबा नाम के स्थान पर मुहम्मद साहब से मिला और इस्लाम कबूल किया, साथ ही मुहम्मद की रक्षा का आश्वासन

दिया। यही लोग अबू तालीब के मरने के बाद काम आए, जब 15 जून, 622 की रात को कबीलेवालों के हमले से बचकर मुहम्मद साहब को भागना पड़ा। कुरैश कबीलेवालों ने उनका बहुत दूर तक पीछा किया, पर वे लंबे रास्ते से गए। कई जगह शरण की तलाश में गए, ननिहाल भी गए, पर आखिर यात्रिब कबीले में मुसलमान बने लोगों ने ही उनको शरण दी। तब से यात्रिब को मदीना के नाम से जाना जाता है। पूरा नाम है मदीना-अल-नबी अर्थात् पैगंबर का शहर।

यह सत्य है कि काबा आज मुसलमानों का सबसे बड़ा और सबसे पवित्र तीर्थ स्थल है, वहाँ कम-से-कम एक बार जीवन में हज करना मुसलमानों के जीवन की सबसे बड़ी हसरत होती है, पर यह भी सत्य है कि अरब में पहली मसजिद काबा नहीं, मदीना में बनी। मदीना से ही इस्लाम के प्रचार-प्रसार का महत्त्वपूर्ण शुरुआती अभियान चला, इसीलिए मक्का के बाद मदीना ही सबसे बड़ा पवित्र स्थान है। कुरैश के हमले में मक्का से जब मुहम्मद जान बचाकर निकलने में सफल हो गए तो उनको मदीना जाकर ही शरण मिली। मदीना वह जगह थी, जहाँ उनके अनुयायी मुसलमान काफी संख्या में थे। मुहम्मद साहब चूँकि पैगंबर थे, इसलिए हर मुसलमान चाहता था कि उनके ऊँट की रस्सी वो ही पकड़े और वे उनके ही अतिथि बनकर रहें, पर मुहम्मद साहब जानते थे कि कबीलों में बहुत जल्द ईर्ष्या के कारण झगड़े शुरू हो जाते हैं, इसलिए बहुत ही बुद्धिमानी से काम लेते हुए न तो किसी के मेहमान बने और न ही किसी को ऊँट की रस्सी पकड़ने दी। उन्होंने अपने क्वसवा नाम के ऊँट की रस्सी ऐसे ही छोड़ दी और वह अपने आप जिधर गया, उधर जाने दिया। अंत में क्वसवा एक पुराने से अहाते में जाकर रुक गया, जिसमें अधिकतर स्थान खुला हुआ था।

लोगों ने मुहम्मद साहब को बहुत से अच्छे-अच्छे स्थानों का न्योता दिया, पर उन्होंने उसी स्थान को अपना निवास, नमाज का स्थान और इस्लाम की पहली मसजिद बनाया। यह स्थान भी लोगों के लाख मना करने के बावजूद बाजार भाव से उसके मालिक को पैसे देकर खरीद लिया। जल्द ही मक्का से आए मुहाजिर और मदीना के अनसर लोगों ने मिलकर उस जगह पर निर्माण कार्य शुरू कर दिया। सात महीने में स्थान तैयार हो गया, अभी भी अधिकतर स्थान खुला ही था, पर चारों ओर 6 फुट की दीवार खड़ी कर दी गई थी, बाद में धीरे-धीरे खजूर के पेड़ो को खंभों की तरह इस्तेमाल करके, पेड़ों के तनों को बाँस की तरह प्रयोग करके खजूर के पत्तों से छाँवदार स्थान तैयार किया गया। आज की मसजिदों की तरह नमाज पढ़वाने

के लिए ऊँचा स्थान भी नहीं था और न ही कोई मीनार थी, बहुत ही सादगीवाला माहौल था। सन् 707 में खलीफा खालिद ने विरोध के बावजूद इस मसजिद को गिराकर नई भव्य मसजिद बनवाई, जिसके लिए ईसाई मजदूर मिस्र से आए थे। मीनारवाली मसजिद तो मुहम्मद साहब की मृत्यु के लगभग चालीस साल बाद सन् 673 में बनी, ताकि अजान की आवाज दूर तक पहुँच सके, मसजिद में मीनार जोड़ी गई। शुरू-शुरू में नमाज यरुशलम की ओर मुँह करके अदा की जाती थी, पर जब यहूदियों ने मुहम्मद को पैगंबर मानने से इनकार कर दिया और कुरान पर भी सवाल उठाने लगे तो नमाज का रुख बदलकर काबा की ओर कर दिया गया। अजान की घोषणा के लिए कौन सा यंत्र इस्तेमाल किया जाए, यह फैसला करने के लिए एक सभा बुलाई गई। उन दिनों यहूदी अजान के लिए भोंपू और ईसाई घंटे का प्रयोग करते थे, उनसे अलग पहचान बनाने के लिए मुसलमानों ने अजान के लिए आदमी को चुना, जिसको कि 'मुअज्जिन' कहा जाता है। समानता का संदेश देने के लिए मुहम्मद साहब ने वफादार हब्शी गुलाम बिलाल को यह काम सौंपा।

मुहम्मद साहब में व्यक्तिगत गुण भी बहुत थे, जिससे लोग बहुत जल्द उनसे प्रभावित हो जाते थे। वह तो बचपन से ही शर्मीले और सादगीपसंद थे। मगर मदीना में वे पैगंबर थे, इसलिए मुसलमानों को संदेश देने के लिए नई-नई मिसालें पेश कीं, जिनसे लोग उनके मुरीद होते चले गए। उनको देखकर लोग खड़े हो जाते थे तो उन्होंने मना करते हुए कहा कि वे भी सबकी तरह एक इन्सान हैं, इन्सानों की तरह ही खाते-पीते और सोते हैं। उनकी शक्ति दिन दोगुनी रात चौगुनी बढ़ रही थी, पर वे हमेशा आम आदमी से मिलने के लिए उपलब्ध रहते थे। कोई दरबान या अंगरक्षक नहीं था। कोई किसी कबीले का दूत आए तो अच्छे कपड़े पहनते थे, उसके जाते ही सादे कपड़ों में आ जाते थे। लोग अगर काम कर रहे हों तो वे कभी खड़े नहीं रहते थे, कुछ-न-कुछ काम साथ में अवश्य कराते थे। सभी मुसलमानों की खबर रखते थे, कोई बीमार है तो देखने जाते थे, मौत हो गई तो अपने हाथ से अरथी बनाते थे। अहंकार बिल्कुल नहीं था, ऊँट नहीं है तो गधे पर बैठकर भी चल देते थे। खुद खाने से पहले अपने जानवरों को जरूर खिलाते थे, अपने हाथ से उनको पेट भर पानी पिलाते थे, उनका चेहरा साफ करते थे। दिन में केवल एक बार खाते थे और खुले में जमीन पर बैठकर खजूर की पत्तल पर सबके साथ मिल-बाँटकर खाते थे। घर का सामान लेने बाजार खुद जाते थे और अपनी पीठ पर लाद-कर घर पहुँचाते थे। मुहम्मद साहब को इत्र लगाना, चेहरे पर कस्तूरी की मालिश करना,

आँखों में काजल लगाना बहुत पसंद था। ये चीजें आज भी मुसलमानों में पसंद की जाती हैं। पाँच नमाज की तर्ज पर इस्लाम में चीजों को पाँच-पाँच के समूह में रखने की परंपरा है, जैसे इस्लाम के प्रिय पाँच जानवर हैं —ऊँट, घोड़ा, बिल्ली, बकरी और भेड़। पाँच अपवित्र जानवर हैं—साँप, चूहा, सूअर, मक्खी और कुत्ता। इसीलिए मुसलमानों में कुत्ता पालना न के बराबर है। मुहम्मद साहब बिना रमजान भी दो-दो दिन तक उपवास रखते थे, दूध और खजूर से उपवास खोलते थे। दूध गायब हो गया है, पर खजूर आज भी है। वे दुआ को बहुत ऊपर रखते थे। एक बार बेटी फातिमा और दामाद अली ने शिकायत की कि उनको धन के बँटवारे में कम मिलता है तो आधी रात में उनको जाकर दुआ दी।

मुहम्मद साहब को औरतों की संगत बहुत अच्छी लगती थी, वे उनकी चटर-पटर से भी परेशान नहीं होते थे, उसके भी मजे लेते थे। पहली पत्नी खदीजा के रहते उन्होंने दूसरा ब्याह नहीं किया, लेकिन बाद में पत्नियों की संख्या 11 तक पहुँच गई। इनमें कई शादियाँ परिवार में काम बढ़ने के कारण तो कई शादियाँ राजनैतिक रिश्तों को मजबूत करने के लिए भी की गईं, लेकिन खदीजा को कभी भूल नहीं पाए। अपनी सबसे कम उम्र की पत्नी आयशा से वे अकसर खदीजा की बातें करते रहते थे। खदीजा की मृत्यु के बाद मातम का समय बीत जाने पर मुहम्मद साहब को दो शादी के प्रस्ताव आए। एक तीस वर्षीय विधवा का और दूसरा मित्र अबू बकर की बेटी बहुत ही सुंदर आयशा का, दोनों से शादी कर ली। तीस वर्षीय विधवा स्वदाह को तो तभी घर ले आए, लेकिन आयशा का मासिक धर्म शुरू नहीं हुआ था, इसलिए उसको बाद में लाए। पहली रात को आयशा केवल 6 वर्ष की थी और मुहम्मद साहब 53 वर्ष के। यों तो मुहम्मद साहब ने बाद में 8 शादियाँ और कीं, पर आयशा हमेशा उनकी सबसे प्रिय पत्नी रही। मुहम्मद साहब ने शादियों और दूसरे अवसरों पर गाने-बजाने पर प्रतिबंध लगा रखा था, लेकिन आयशा की संगत में वे इतने खुश रहते थे कि यह प्रतिबंध हटा लिया। कबीलों में कई शादियाँ करने और रखैल रखने की कैसी भी परंपराएँ रही हों, पर औरतों के सम्मान के कायदे भी थे। मुहम्मद साहब जब जान बचाकर मक्का से निकले तो उनकी दोनों पत्नियाँ मक्का में ही रह गई थीं, लेकिन किसी ने उनकी तरफ आँख उठाकर भी नहीं देखा। मदीना में घर बन जाने के बाद भी जब लोग उनको लेने गए तो भी उनको बिना किसी बाधा के आने दिया गया। अरब में स्त्री को पाने के तीन तरीके थे। एक शादी करके, दूसरा गुलाम खरीदकर के तीसरा युद्ध में पराजित कबीले की स्त्रियों को गुलाम बनाकर आपस में बाँट लेना।

मदीना में ठीक से स्थापित हो जाने के बाद मुहम्मद साहब ने अपना ध्यान इस्लाम के प्रचार-प्रसार की ओर लगाया। यों तो हर कबीलाई के लिए कबीले के प्रति वफादारी सबसे बड़ी चीज थी, पर मुसलमान बनने के बाद उनकी वफादारी कुरान और इस्लाम के प्रति सबसे पहले थी। दूसरा यह कि मक्का में उनका और कुरान का अपमान हुआ था, इसलिए सबसे पहले उनके ध्यान में मक्कावालों की ताकत को तोड़ने का खयाल आया। मक्का को पहला निशाना बनाने के पीछे यह बात भी थी कि उनको मक्का के बारे में सबकुछ पता था। उनको पता था कि मक्का की ताकत काफिलों के व्यापार से आई दौलत है, अगर किसी तरह उनके काफिलों को लूट लिया जाए और आगे भी लूटे जाने का डर बना दिया जाए तो वे मजबूर होकर मुहम्मद से समझौता कर लेगें और मुहम्मद को खोया सम्मान वापस मिल जाएगा, साथ ही इस्लाम के प्रचार-प्रसार की बाधाएँ समाप्त हो जाएँगी। चूँकि वे खुद भी कभी सीरिया और मक्का के बीच आने-जानेवालों कारवाँ का हिस्सा रह चुके थे, इसलिए उनको पता था कि कब कहाँ क्या मौसम होता है, काफिले कौन-कौन से रास्तों से जाते हैं, कहाँ-कहाँ दाना-पानी के लिए रुकते हैं, राह में कौन-कौन से कबीले कैसे हैं, साथ में शस्त्रधारी कितने चलते हैं आदि। ये सब जानकारी होने के कारण वे काफिलों पर हमला बोलने की पक्की रणनीति बना सकते थे।

कबीलों के पास कोई नियमित सेना नहीं होती थी, हर पुरुष को लड़ने की ट्रेनिंग होती थी, आक्रमण के समय जब जितने योद्धाओं की जरूरत होती, एकत्र हो जाते थे। काफिलों के साथ अमूमन 50-100 तक सैनिक डाकुओं से रक्षा के लिए चलते थे, इसलिए सौ सैनिकों का कोई भी दल काफिले को आसानी से लूट सकता था। सितंबर 622 में मुहम्मद साहब को पता चला कि 2500 ऊँटोंवाला एक कारवाँ सीरिया से मक्का की ओर आनेवाला है, उसमें लगभग सौ सैनिक होंगे। उन्होंने दो सौ मुसलमान सैनिकों की टुकड़ी साथ ली और काफिले को लूटने निकल पड़े पर संयोग से काफिले से उनकी भेंट न तब हो सकी और न 6 महीने बाद, जब वह कारवाँ वापस सीरिया लौटा। लेकिन संयोग से बदुईन कबीले के एक छोटे काफिले से उनका सामना हो गया, जिसे उनके आदमियों ने आसानी से लूट लिया। लेकिन इसमें भी एक गड़बड़ हो गई। जिस दिन कारवाँ लूटा, वह रजब महीने का अंतिम दिन था और कबीलाई परंपरा में रजब के महीने में किसी भी प्रकार की हिंसा मना थी, यहाँ तक कि खानदानी दुश्मनियाँ भी निकालना मना था। मुहम्मद साहब को इस बात से चिंता हुई, लेकिन बहुत विचार के बाद उन्होंने अपने सैनिकों को ही सही

बताया, युद्ध में विजय को नैतिकता से ऊपर रखा।

पहली बड़ी जंग 23 मार्च, 623 को हुई, जब कुरैश का एक बड़ा कबीला सीरिया से लौट रहा था। मुहम्मद साहब ने 350 सैनिकों को साथ लिया, ताकि पहलेवाली गलती न हो, इस बार लाल सागर के रास्ते पर जासूसों को लगा दिया गया, ताकि पल-पल की खबर मिलती रहे, उनका इरादा काफिले को बद्र के कुएँ पर लूटने का था। लेकिन कुरैश कबीलेवाले भी गाफिल नहीं थे, उनको भी मुहम्मद साहब की योजना का पता चल चुका था। इसलिए उन्होंने भी 1000 योद्धा कुरैश से बुला लिए थे। आँख-मिचौली के बाद आखिर दोनों का आमना-सामना हुआ तो मुहम्मद के सैनिकों की संख्या केवल एक तिहाई होने के बावजूद वे कुरैश के सैनिकों पर भारी पड़े। कुरैश के सैनिकों ने युद्ध को उतनी गंभीरता से नहीं लिया। मुहम्मद साहब के सैनिक पूरे अनुशासन और अद्‌भुत जोश से लड़े। परिणाम यह हुआ कि कुरैशों के पैर उखड़ गए। इसके बाद परंपरा के अनुसार चुन-चुनकर कुरैश के सैनिकों के सिर धड़ से अलग कर दिए गए। पचास सिर तो एक ही गड्ढे में दफन किए गए। पचास सैनिकों को बंधक बना लिया गया। इसी युद्ध में कुरैश कबीले के सरदार अबु यूसुफायन की पत्नी का भाई भी मारा गया।

कबीलों में यह प्रथा नहीं थी कि अगर कोई किसी बड़े आदमी का रिश्तेदार है तो युद्ध में न जाने की छूट हो, बल्कि युद्ध में आगे बढ़कर हिस्सा लेते थे, वरना वह कबीले की नजर में गिर जाता था। कबीलों में एक और विशेष बात थी, अगर कोई योद्धा बिना घायल हुए युद्ध में पीछे हट जाता है तो उस पर लानत भेजी जाती थी। औरतों की नजर में तो वह बहुत ज्यादा गिरा हुआ माना जाता था। या तो जीतकर आओ, नहीं तो शहीद हो जाओ, यही उनका जीवनदर्शन था। इस्लाम आने के बाद इसमें और बातें भी जुड़ गईं। इस्लाम के अनुसार जो जीतकर आते हैं, उनको सत्ता का भोग, जो युद्ध में मारे जाते हैं, उनको सीधे जन्नत मिलती है और जन्नत में सेब, संतरे, 72 हूरें और 70 चिकने-चुपड़े लौंडे मिलते हैं। इस्लाम ही नहीं, गीता में भी यही कहा गया है कि शहीदों को स्वर्ग और जीतकर आने वालों को पृथ्वी का भोग, वीराः भोग्याः वसुन्धरा। स्वर्ग है भी या नहीं, यह तो किसी को नहीं पता, पर स्वर्ग और उसमें अप्सराओं का नाच देखने की लालसा लोगों को शहीद होने की प्रेरणा देती आई है। स्वर्ग की कामना पर गालिब ने व्यंग्य कसा है—

हमको मालूम है जन्नत की हकीकत लेकिन
दिल को बहलाने के लिए गालिब ये खयाल अच्छा है।

कबीलों में यह प्रथा थी कि युद्ध में पराजित सैनिकों को अकसर मार दिया जाता था, औरतों को गुलाम बना लिया जाता था और हाथ लगी दौलत को विजेता सेनिकों में बाँट दिया जाता था, जिसमें सत्ता प्रमुख का हिस्सा 25 प्रतिशत होता था। इस युद्ध के बाद औरतें तो थीं नहीं, इसलिए दौलत के बँटवारे को लेकर सैनिकों में बेचैनी थी। तब मुहम्मद साहब ने उनको एक ऊपरी आदेश सुनाया, जिसके अनुसार सारी दौलत पैगंबर की है। लेकिन जब वे मदीना से थोड़ी ही दूर पर थे तो मुहम्मद साहब ने दौलत बाँट ही नहीं दी, बल्कि अपना हिस्सा केवल 20 प्रतिशत रखा, जो गरीबों की मदद के लिए था। यह बात हमें लगातार देखने को मिलती है कि मुहम्मद साहब लालच न करके अपने सैनिकों को लगातार प्रसन्न रखते थे।

इस सफलता से मुहम्मद साहब को कई फायदे हुए। एक तो लोगों को मुसलमानों की बढ़ती शक्ति का पता चला; दूसरे, वो कितने अच्छे योद्धा हैं, यह बात फैली; तीसरे, जो माल हाथ लगा, उससे मुस्लिम सेना की ताकत बढ़ी; चौथा, लोगों के मुसलमान बनने की रफ्तार बढ़ गई। बढ़ती ताकत के कारण मदीना के दूसरे कबीले मुसलमानों से समझौते करने लगे। मदीना में यहूदियों के ऐसे ही तीन कबीले थे। बेनी नादिर, बेनी करजाह तथा बेनी क्यूनका। इन तीनों के साथ मुहम्मद की संधि थी, फिर भी उनको चिंता रहती थी, डर रहता था, क्योंकि वे अमीर थे, शक्तिशाली थे, कुरान के ऊपर सवाल उठाते थे और इस्लाम कबूल करने को तैयार नहीं थे। किसी एक पर हमला करने पर दूसरों के आकर शामिल हो जाने का खतरा था, इसलिए मुहम्म्द साहब सही मौके के इंतजार में थे कि तभी उनको एक मौका मिला। बेनी नादिर कबीले में एक सुनार और एक मुस्लिम महिला के बीच झगड़ा हो गया। संधि के अनुसार बीच-बचाव के लिए मुहम्मद साहब को नहीं बुलाया गया तो मुहम्मद साहब ने सेना लेकर पूरे कबीले की नाकाबंदी कर दी। मदीना के एक प्रभावशाली मुसलमान को बुलाकर मध्यस्थता कराई गई और फैसले के अनुसार यहूदियों की जान बक्श दी गई, मगर कबीले से बाहर करके सारी दौलत, जमीन-जायदाद मुहम्मद साहब ने जब्त कर ली। बिना एक भी बूँद खून की बहाए यह बहुत बड़ी सफलता थी, इस दौलत से मक्का से आए मुसलमान और मदीना के मुसलमानों के हिस्से में जो धन आया, उससे उनकी हालत सुधरने लगी, वे मुहम्मद साहब के और ज्यादा वफादार होते गए। लोग तेजी से मुसलमान बनने लगे। थोड़े समय बाद मुहम्मद ने इसी तरह बाकी दोनों यहूदी कबीलों पर भी अधिकार कर लिया।

अब मुहम्मद साहब की सैनिक शक्ति इतनी बढ़ चुकी थी कि छोटे-मोटे

कबीले तो उनके नाम से ही काँपने लगते थे। कबीलों में कोई नियमित सेना नहीं होती थी, हर पुरुष को कुश्ती, तीर, भाला और तलवार चलाना आता था। कुछ लोग होते थे, जो कुछ खास हथियारों को चलाने में या फिर अचूक निशानेबाज होते थे, जब जितने योद्धाओं की जरूरत हुई, एकत्र हो जाते थे। लेकिन दूसरी तरफ मुहम्मद साहब की सेना लगातार लड़ते-लड़ते एक नियमित सेना की तरह हो गई थी, उनका रण-कौशल भी औरों से ज्यादा निखर गया था, इसलिए बहुत से कबीलों ने तो खुद जाकर संधि कर ली और मुसलमान बन गए। अब तक इस्लाम का प्रचार-प्रसार मुसलमानों के अनुशासन, कुरान के उपदेशों और मुहम्मद साहब के तहजीब भरे व्यवहार के कारण हो रहा था। अब उसमें शस्त्रबल से प्रचार भी जुड़ गया और इस्लाम तेजी से फैलने लगा। मुहम्मद साहब को पता था कि एक-एक आदमी को मुसलमान बनाने में सदियाँ लग जाएँगी, इसलिए मदीना में ठीक से स्थापित होते ही उन्होंने पूरे अरबिया को मुसलमान बनाने के लिए सैनिक अभियान छेड़ दिया।

कबीलों में जब तक खून का बदला खून से न ले लें, तब तक जीना बेकार माना जाता था। बद्र में हार के बाद बदला लेने के लिए कुरैश कबीलेवालों ने भी तैयारियाँ शुरू कर दीं, सीरिया जानेवाले काफिलों का रास्ता बदल दिया गया, सुरक्षा बढ़ाने के लिए रास्ते में पड़नेवाले कबीलों से गठबंधन किए गए। बद्र की जंग में कुरैश कबीले के मुखिया अबू सूफयान का साला भी मारा गया था। बदला लेने के लिए अबू सूफयान की पत्नी हिंद ने कसम खाई कि उसके भाई को मारनेवाले मुहम्मद के चाचा हमजाह का लीवर निकालकर खाएगी। इसके लिए हिंद ने अबीशिया राज्य से एक नीग्रो को खरीदा, जो गजब का तीरंदाज था और उसको कहा गया कि यदि वे युद्ध में हमजाह को मारकर उसका शव लाकर देगा तो उसे आजाद कर दिया जाएगा। मदीना में काब इब्न नाम के एक कवि थे, जो यहूदियों के वंश के थे, वे मक्का में ही ज्यादा रहते थे। उनकी आवाज और ओज की कविताओं को लोगों को सुना-सुनाकर बदला लेने के लिए तैयार किया गया। इन कविताओं में मुहम्मद साहब, कुरान के संदेश और मुसलमानों को अपमानजनक बातें कहीं गई थीं। जब ये कविताएँ मुहम्मद के कानों तक पहुँचीं तो उन्होंने अपमान का बदला लेने का निश्चय किया। एक दिन कवि महोदय जब मक्का से मदीना वापस आए तो मौका देखकर एक मुसलमान ने चाकू मारकर उनकी हत्या कर दी।

अभी मक्का में फौज की तैयारियाँ चल ही रही थीं कि सन् 624 की सर्दियों में मुहम्मद साहब के दत्तक पुत्र जायद के नेतृत्व में एक टुकड़ी ने कुरैश से इराक

जा रहे काफिले को लूट लिया, जिससे कुरैशियों के पास मदीना पर हमला करने के अलावा कोई रास्ता नहीं बचा। सन् 625 में अबू सूफायन के नेतृत्व में 2000 पैदल सैनिक और 200 घुड़सवारों का दल मदीना की ओर रवाना हुआ, बीच में दूसरे मित्र कबीलों से भी लोग जुड़ते गए और सेना बड़ी होती गई। उधर मुहम्मद को जब आनेवाले हमले का पता चला तो तुरंत अपने कमांडरों की एक बैठक बुलाई और फैसला हुआ कि मक्का की फौज को मदीना के बाहर ही रोककर जंग की जाएगी। इसी रणनीति के अनुसार मुहम्मद साहब अपने घुड़सवारों को लेकर भोर में ही मदीना के बाहर निकल गए और अहूद पर्वत की ऊँचाइयों पर सेना जमा दी। कुरैश की सेना आई तो सैनिकों को जोश दिलाने के लिए नगाड़े बज रहे थे, स्त्रियाँ गा-गाकर जोश दिला रही थीं—

जो युद्ध में आगे बढ़ते जाएँगे
हम उनको ही गले लगाएँगे
स्वागत में कालीन बिछाएँगे
पर जो रण में पीठ दिखाएँगे
वे कबीले में त्याग दिए जाएँगे
हम उनको गले नहीं लगाएँगे

दोनों ओर से भयंकर युद्ध हुआ, मुहम्मद की सेना छोटी होते हुए भी एक समय में भारी पड़ने लगी थी, पर तभी मुहम्मद साहब द्वारा पीछे की तरफ सुरक्षा के लिए तैनात सैनिक अपने आप आगे आ गए। कुरैश के सैनिकों ने देख लिया और इसी जगह से सेंध लगाकर मुहम्मद की सेना को अस्त-व्यस्त कर दिया। मुहम्मद साहब भी घायल हो गए, पर कुरैश के लोग उनको मरा समझकर वहीं छोड़कर वापस चले गए। मुहम्मद साहब मामूली घायल थे, कुछ देर बाद उठकर बैठ गए, जिसको मुसलमानों ने एक चमत्कार माना। उधर गुलाम वाशी ने हमजा को मारकर उसका शव हिंद के सामने लाकर डाल दिया। हिंद ने हमजा के पेट से लीवर निकालकर अपनी प्रतिज्ञा पूरी की। गुलाम वाशी आजाद हो गया, मुहम्मद की सेना हारकर भी बहुत कम नुकसान में छूट गई। अल्लाह ने मुहम्मद का साथ दिया।

मुहम्मद साहब की इस हार के बाद कुछ कबीलों ने पुराना बदला निकालने की कोशिश की, पर मुहम्मद ने उन पर पहले ही हमला करके उनकी हिम्मत को तोड़ दिया। 627 में एक बार फिर अबू यूसुफयान ने मुहम्मद पर हमला किया, पर कहावत है कि जाको राखे साइयाँ मार सके न कोय। कुरैश की सेना हर बार

मुहम्मद की सेना से तीन गुनी थी, पर मुहम्मद का कुछ नहीं बिगाड़ पाई। पहले मक्का में रात में मुहम्मद पर हमला, फिर बद्र की जंग, फिर उहूद की जंग, सभी जगह अल्लाह ने मुहम्मद का साथ दिया। 627 में मुहम्मद की मदद के लिए खुदा ने सलमान नाम के एक ईरानी मुसलमान को भेज दिया, जिसे मुहम्मद ने यहूदियों से भारी कीमत देकर आजाद करवाया था। सलमान ने अपने दिमाग से मदीना के चारों ओर खाइयों और दीवारों से एक ऐसा चक्र व्यूह बना दिया, जिसमें कुरैश की सेना उलझकर रह गई। कई दिनों तक वे मदीना को घेरे रहे, पर प्रवेश नहीं कर सके। तभी रेतीले तूफान और बारिश ने उनको वापसी के लिए मजबूर कर दिया।

इस हमले में मदीना के अंतिम यहूदी कबीले बेनी करजाह ने मक्कावालों का साथ दिया था, इसलिए उनको दंड देने के लिए मुहम्मद ने कबीले को घेर लिया। नाकाबंदी बहुत दिन तक चली, पर आखिर में यहूदियों ने आत्म-समर्पण कर दिया। कबीलों के इनसाफ के अनुसार मुहम्मद साहब ने 700 यहूदियों को काटकर गाड़ दिया, उनकी औरतों को गुलाम बना लिया और सारी दौलत जब्त कर ली, लेकिन एक तरफ तो यहूदियों ने आत्म-समर्पण कर दिया, दूसरी तरफ कुछ खुद्दारी भी दिखाई। उसी कबीले की एक विधवा को जब मुहम्मद साहब ने अपनी पत्नी बनाना चाहा तो उसने पत्नी बनने से इनकार कर दिया, गुलाम बनकर रहना ही पसंद किया। दूसरी तरफ हारे हुए कबीले के सरदार जाविर को एक मुसलमान की विगत में जान बचाने के लिए माफी दे दी गई। उसने अपने परिवार के लिए भी माफी पक्की कर ली और फिर खुद ही वहाँ आ गया, जहाँ उसके कबीले के लोग काटे जा रहे थे। उसने कहा, जब मेरा कबीला ही नहीं रहा तो मैं जीकर क्या करूँगा और शहादत को गले लगा लिया।

मक्का मुहम्मद साहब की जन्मभूमि थी। जीवन के 52 वर्ष वहाँ की गलियों में ही गुजारे थे, इसलिए लगभग आधे अरब पर कब्जा कर लेने के बाद उन्होंने मक्का की विजय पर ध्यान देना शुरू किया। मक्का पूरे अरब की आस्था का केंद्र होने के कारण भी वहाँ के मंदिर को मसजिद में बदलना इस्लाम के प्रचार-प्रसार में एक बहुत जरूरी कदम था। लेकिन अपनी भूमि अपने लोग होने के कारण वे वहाँ खून बहाना नहीं चाहते थे, इसलिए कूटनीति और रणनीति से काम लिया। एक योजना बनाई, जिसके पहले कदम के रूप में सन् 628 में उन्होंने मक्का में तीर्थयात्रा करने का मन बनाया और इसके लिए उन्होंने धुअलकदा का महीना चुना, क्योंकि इस महीने में अरब के कबीलों में किसी भी प्रकार की हिंसा वर्जित थी। वे तीर्थयात्रा पर

हैं, यह संदेश देने के लिए उन्होंने 70 ऊँटों को फूलमालाएँ पहनाकर काफिले के आगे रखा, जिससे पता चलता था कि ये कुर्बानी के ऊँट हैं। जब युद्ध पर जाते थे तो मुहम्मद साहब सबसे आगे चलते थे, लेकिन इस काफिले में वे अपने हजारों मुसलमानों के बीच में चल रहे थे, हथियार के नाम पर आत्मरक्षा के लिए सबके पास केवल तलवारें थीं, भाले, तीरकमान मदीना में ही छोड़ आए थे।

मुहम्मद साहब को जैसा कि अंदेशा था, कुरैश कबीलेवालों ने मुहम्मद साहब के काफिले को घुड़सवार सैनिक लगाकर 8 किलोमीटर पहले ही रोक दिया। तब मुहम्मद साहब ने अपने दल को कुरैश की पगडंडियों से होते हुए हुदैबिया की पवित्र घाटी में एक कुएँ के पास ले जाकर डेरा डाल दिया और कुरैश की ओर से किसी दूत का इंतजार करने लगे। कुरैश की ओर से हुलैस और उर्वाह नाम के दो दूत आए, जिनसे बातचीत करके समझौते की एक रूपरेखा तैयार की गई। दोनों दूतों ने वापस कुरैश में जाकर बातचीत का ब्योरा तो दिया ही, साथ में यह भी बताया कि मुहम्मद साहब को उनके अनुयायी जितना सम्मान देते हैं, उतना सम्मान तो ईरान के बादशाह को भी कोई नहीं देता। हालाँकि बातचीत हो गई थी, फिर भी मुहम्मद साहब ने अपना एक दूत बात पक्की करने के लिए भेजा। समझौता तो हो गया, पर कुरैशवालों ने लिखित में देने से मना कर दिया। साथ ही मुहम्मद को पैगंबर मानने से भी इनकार कर दिया। यह भी तय हुआ कि मुहम्मद का दल अभी लौट जाएगा और एक साल बाद काबा में हज करने की छूट होगी। मुहम्मद साहब के सभी सैनिक इस अपमानजनक समझौते से नाराज थे, इसलिए मुहम्मद साहब ने जब उनसे कहा कि वे काबा न जाकर यहीं पर कुर्बानी देकर, सर मुँड़ाकर अपनी तीर्थयात्रा समाप्त करेंगे तो कोई भी आगे नहीं बढ़ा। लेकिन मुहम्मद साहब जब आगे बढ़े तो सब लोग उसमें शामिल हो गए।

समझौता चूँकि कुरैशियों की शर्तों पर हुआ था, इसलिए मदीना की ओर वापस जाते हुए मुसलमान खुश नहीं थे, तरह-तरह के सवाल पूछ रहे थे, यहाँ तक कि 'क्या मुहम्मद पैगंबर नहीं हैं' उमर नाम का सरदार, जो बहुत ही शानदार योद्धा था, बहुत नाराज था। सब यही जानना चाहते थे कि ऐसी शर्तों पर समझौता क्यों किया। तब एक बार फिर अल्लाह ने मुहम्मद साहब की मदद के लिए सुराह फतेह उतारी, जिसमें तीस आयतें हैं। इन आयतों में खुदा ने मुसलमानों से कहा कि जिस समझौते से शांति कायम हो, उसको फतेह ही समझना चाहिए, आखिर जंग का मकसद भी तो शांति लाना ही है। इन आयतों को सुनकर सभी आश्वस्त

हो गए और पुराने जोश के साथ मदीना लौटे।

वास्तव में यह मुहम्मद साहब की जीत ही थी, क्योंकि सबकुछ उनकी योजना के अनुसार ही हुआ था। इससे उनकी दूर की चाल चलने की क्षमता का पता चलता है। उनका इरादा शुरू से ही टकराव का नहीं था, अगर ऐसा होता तो वे धुअलकदा के महीने को नहीं चुनते और युद्ध के पूरे हथियार लेकर जाते, चूँकि हुदैबिया की घाटी भी काबा की पहाड़ियों का हिस्सा थी, पवित्र मानी जाती थी, इसलिए वहाँ तीर्थयात्रा करके वे टकराव से बच गए। उनका एक मकसद मक्का में अपनी छवि सुधारना भी था, उनकी शर्तों पर समझौता करने से यह काम भी पूरा हो गया। मक्कावालों को लगा कि वे मुहम्मद को जैसा समझते थे, वैसा नहीं है। इसका फायदा भी उनको जल्द ही हुआ, जब उदमन, जिसको कि मुहम्मद ने दूत बनाकर मक्का भेजा था, आकर खबर दी कि लोगों का मुसलमानों और इस्लाम के प्रति रुख नरम हो गया है। यह बहुत बड़ी जीत थी। तभी मुहम्मद साहब ने एक और कूटनीतिक चाल चली। कुरैश के बड़े सरदार अबू यूसुफयान के दामाद का निधन हो गया, उनकी विधवा हुई बेटी उमहबीबा ने इस्लाम कबूल कर रखा था, मुहम्मद साहब ने उमहबीबा को अपनी पत्नी बना लिया, जिससे वे अबूयू सुफयान के दामाद बन गए।

मक्का के कुरैशियों के साथ समझौते से एक और लाभ हुआ कि अब किसी भी जंग में कुरैश की सेनाएँ मुहम्मद के विरुद्ध नहीं आएँगीं और न ही उनकी तरफ से मदीने पर हमले की आशंका बची, जिससे मुहम्मद साहब दूसरे मोर्चों पर अपनी शक्ति और ध्यान लगा सकते थे। इसी बात का फायदा उठाकर मुहम्मद साहब ने बहुत से कबीलों को लड़कर या बिना लड़े ही जीतकर मुसलमान बना लिया, जिससे मुस्लिम फौज भी बड़ी होती गई, और बढ़ते-बढ़ते इतनी हो गई कि पूरे अरब में कोई राज्य नहीं था, जो उनके सामने ठहर सके, जिसका पता इस बात से लगता है कि जब मुहम्मद ने मिस्र के गवर्नर को धमकी भरा पत्र कि इस्लाम कबूल करें नहीं तो अंजाम के लिए तैयार रहने को कहा तो गवर्नर ने उलझने के बजाय गोल-मोल जवाब के साथ हजार अशरफी, बीस जोड़ी महँगी पोशाकें, बहुत से ऊँट, आदि के साथ मरियाह और सीरिन नाम की दो लड़कियाँ भी भेजीं। मुहम्मद साहब ने मरियाह को अपने लिए रख लिया। मरियाह से मुहम्मद साहब को एक बेटा हुआ, पर दुर्भाग्य से उसकी भी जल्द ही मृत्यु हो गई।

कुरैशवालों से समझौते के अनुसार फरवरी 629 में मुहम्मद साहब ने हज

किया और अपनी छवि को निखारने में इस मौके का भी पूरा फायदा उठाया। समझौते के अनुसार तीन दिन के लिए काबा को मुहम्मद के दो हजार मुसलमानों के लिए खाली कर दिया गया। मुसलमान बिल्कुल सैनिक अनुशासन के साथ काबा के मंदिर तक गए, सिर मुँड़ाया, एक ऊँट की कुर्बानी दी, जमजम झरने का पानी पिया, मंदिर के सात चक्कर लगाए, पहाड़ियों के बीच सात चक्कर लगाए, नमाज पढ़ी, बिना किसी टकराव के जिस शालीनता से आए थे, उसी शालीनता से वापस चले गए। मुसलमानों का अनुसाशन देखकर लोग वाह-वाह करने लगे, ऐसा असर हुआ कि कुछ ही दिनों में कुरैश के दो बड़े सरदार मुसलमान बन गए, जिससे अबू सूफयान की ताकत इतनी नहीं रही कि वह मुहम्मद की सेनाओं से टक्कर ले सके। आखिर एक दिन अबू सूफयान मदीना गए और मक्का पर मुहम्मद के कब्जे की बात को मान गए।

सन् 630 में आखिर वह दिन आ ही गया, जिसका इंतजार और तैयारी मुहम्मद कर रहे थे। कुरैश के लोगों ने युद्ध में एक कबीले की मदद करके संधि का उल्लंघन किया था, इसलिए मुहम्मद साहब ने रमजान शुरू होते ही अपनी 10,000 की फौज को मक्का की ओर कूच करा दिया, लेकिन मक्का पहुँचकर युद्ध की नौबत नहीं आई, अबू सूफयान ने खुद जाकर मुहम्मद का स्वागत किया। मुहम्मद साहब ने सेना के चार हिस्से करके मक्का को चारों ओर से घेरकर कब्जा कर लिया। मुहम्मद साहब ने इससे पहले जब किसी कबीले पर कब्जा किया था तो जायदाद जब्त करने से लेकर सजाए मौत तक दी थी, मगर मक्का उनका अपना कबीला था, उसे जीतकर वे इतने प्रसन्न थे कि इस्लाम और कुरान पर सवाल उठानेवालों तक को माफ कर दिया। ऐसे-ऐसे लोगों को माफ कर दिया कि कोई सोच भी नहीं सकता था।

सबसे पहले मुहम्मद साहब काबा गए, उसके फेरे किए, मूर्तियों को हाथ से छुआ, सबको तुड़वाकर आग के हवाले कर दिया। कुछ इतिहासकारों का मानना है कि मूर्तियों को तुड़वाकर सीढ़ियों में चुनवा दिया, ताकि वे अपने जानेवाले मुसलमानों के पैरों तले रौंदी जाएँ। मक्का के दो हजार सैनिकों को मिलाकर अब मुस्लिम सेना की संख्या 12000 हो गई थी, जिससे अरब का कोई कबीला तो छोड़ो, कोई राज्य भी उनसे मुकाबला करने की स्थिति में नहीं था। इसलिए अगले दो वर्षों में आसपास के शक्तिशाली राज्य इराक, ईरान, यमन, कतर, ओमन आदि भी मुसलमान बन गए। 631 के हज के बाद मुहम्मद साहब ने घोषणा की कि इसके

बाद काबा केवल मुसलमानों के लिए ही होगा। सभी को चार महीने में मुसलमान बनने का समय दिया गया। चार महीने के अंदर यदि कोई मुसलमान नहीं बनता है तो वह मुसलमानों द्वारा मारा जा सकता है, गुलाम बनाया जा सकता है, लूटा जा सकता है। अर्थात् अब किसी मुसलमान द्वारा गैर-मुसलमान को मारना अपराध नहीं था। यह इस्लाम का वह खतरनाक चेहरा था, जिसको लगाकर आज भी आतंकवादी घूम रहे हैं।

हज करने की विधि

पहली रात मीना के मैदान पर गुजारना, काबा के सात फेरे लगाना, अराफात पर्वत के सामने के मैदान पर दोपहर से शाम तक ध्यान करना, शाम को मुजदालिक घाटी में जाना, अगले दिन फिर मीना जाना, सात पत्थर शैतान के पत्थर पर मारना, अगले दिन कुर्बानी देना, सर मुँडवाना, काबा लौटना, सात चक्कर लगाना, सफा और मारवाह पहाड़ियों के बीच सात चक्कर लगाना, अंत में फिर मीना जाकर सात पत्थर फेंकना।

फरवरी 632 में मुहम्मद साहब फिर एक बार मदीना आए, लेकिन आकर बीमार पड़ गए। सिर में भयंकर दर्द हुआ, फिर भी कपड़ा बाँधकर नमाज करवाई तो गिर गए। दस दिन तक तेज बुखार में रहे, सारी औरतों ने सलाह करके उनको उनकी सबसे प्रिय पत्नी आयशा के कमरे में पहुँचा दिया। इसी अवस्था में मुहम्मद ने आदेश दिया कि उनकी जगह अबू बकर नमाज कराएँ। दूसरे दिन बहुत मुश्किल से नमाज में शामिल होने के लिए निकले, लेकिन तुरंत वापस आ गए। आयशा के हाथों में हाथ देकर बोले, 'या खुदा, मुझे माफ कर देना' और प्राण त्याग दिए। उनको दफन करने को लेकर काफी विचार-विमर्श हुआ, लेकिन अंत में ये ध्यान रखते हुए कि कहीं इस्लाम के दुश्मन उनके शव के साथ छेड़छाड़ न कर दे, उनको मृत्यु के स्थान पर ही दफन कर दिया गया। उनका आखिरी संदेश था कि

"सारे मनुष्य समान हैं, न तो अरबवाले दूसरों से, न ही दूसरे अरबवालों से किसी भी प्रकार से अपने को श्रेष्ठ समझें। केवल पवित्र कार्य करने से ही कोई श्रेष्ठ बन सकता है। सारे मुसलमान आपस में भाई हैं, एक कौम हैं। जब तक कोई मुसलमान अपनी मर्जी से न दे, मुसलमान के लिए मुसलमान का कुछ भी लेना हराम है। मेरे बाद न तो कोई मजहब आएगा और न ही कोई पैगंबर, इसलिए मेरी बातों को ध्यान से सुनो और समझो। मैं आपको दो चीजें देकर जा रहा हूँ। एक,

कुरान और दूसरी सुन्नाह, अगर तुम इन पर चलते रहोगे तो कभी नहीं भटकोगे।"

इस्लाम से पहले और बाद के अरब में खान-पान, पहनावा, शादी-ब्याह आदि वही रहने के बावजूद राजनैतिक रूप में भारी अंतर आ चुका था। कबीले अब भी थे, किंतु अब वो एक-दूसरे के दुश्मन नहीं थे। इस्लाम की डोर से आपस में बँध चुके थे, अब उनका एक मजहब और पहले मुहम्मद साहब बाद में खलीफा के रूप में एक ही लीडर था, पूरे अरब की एक सेना थी, एक सेनापति था। इस्लाम से पहले पूरे अरब में अंधविश्वास और पाखंड फैला हुआ था, सैकड़ों देवी-देवता थे, पाखंडी थे, तांत्रिक थे। इस्लाम आने के बाद सबकुछ सरल हो गया, एक ही खुदा हो गया, जिसको कि अल्लाह के नाम से जाना जाता था। शुरुआती विरोध के बाद लोगों को भी समझ में आने लगा कि एक कायनात के कई खुदा कैसे हो सकते हैं। अंधविश्वास और पाखंड से छुटकारा मिलते ही अरबवालों का जीवन भी कम खर्चीला और सरल हो गया। अब पाँच वक्त की नमाज पढ़नी होती थी, जिसमें पैसे नहीं लगते थे। साल में एक बार रोजे रखना, जकात देना और हज करना ही जरूरी था। इस्लाम आने से पहले कबीलों के सारे पुरुष युद्ध की शिक्षा लेते थे। योद्धा ही योद्धा होने के कारण कबीलों के भीतर या दूसरे कबीलों से छोटी-छोटी बात पर झगड़े होते रहते थे, जिनके निपटारे का कोई मंच नहीं था, इस्लाम आने के बाद सारे झगड़ों का अंतिम फैसला पहले मुहम्मद साहब, बाद में खलीफा के हाथ में आ गया, कुरान और सुन्नाह के आधार पर फैसले होने लगे, जिससे झगड़ों में कमी आई।

सबसे बड़ी बात तो यह थी कि अब उनको जीवन का उद्देश्य मिल गया था। इस्लाम का प्रचार-प्रसार, शरीयत के माध्यम से अल्लाह की हुकूमत पूरी दुनिया में लागू करना ही अब हर मुसलमान का पहला फर्ज था। अरब के लोग शानदार योद्धा तो थे ही, लेकिन उनकी सेना कभी भी कुछ हजार से ज्यादा नहीं होती थी। मुहम्मद साहब के नेतृत्व में यह कई हजार हो गई, जिससे निपट पाना किसी भी राज्य के लिए संभव नहीं था, इसलिए मुस्लिम सेनाएँ तब तक अविजित रहीं, जब तक कि यूरोप में बंदूक का आविष्कार नहीं हो गया। बंदूक आने के बाद आमने-सामने की लड़ाई का महत्त्व कम होते ही पूरी दुनिया में अंग्रेजों का विजय अभियान शुरू हो गया। प्रथम विश्वयुद्ध के बाद एक समय वह भी आया, जब अफगानिस्तान को छोड़कर बाकी पूरे मुस्लिम देश अंग्रेजों के आधीन हो गए। मक्का-मदीना पर भी अंग्रेजी झंडा फहराने लगा। अरब के योद्धाओं में जो वफादरी

और जान देने का जज्बा पहले अपने कुनबे और कबीले के लिए था, इस्लाम आने के बाद वही जज्बा इस्लाम के लिए हो गया, परिणाम यह हुआ कि देखते-देखते आसपास के देशों पर मुस्लिम सेनाओं का कब्जा हो गया। एक विशेष बात यह थी कि इस्लाम की सेनाओं के पहुँचने से पहले वहाँ बहुत से लोग मुसलमान बन चुके होते थे, इससे दो तरह से मदद मिलती थी। एक तो जासूसी सूचनाएँ मिलती रहती थीं, दूसरे वे लोग अपने अच्छे व्यवहार से जनता के बीच मुसलमानों की अच्छी छवि बनाकर रखते थे, जिससे जनता का विरोध अधिक न हो। इस्लाम की ताबड़-तोड़ विजन के आगे बहुत से देशों ने तो बिना लड़े ही समर्पण कर दिया। एक बात यह भी थी कि शुरुआत में इस्लाम जिन आसपास के देशों में गया, उनकी संस्कृति काफी कुछ अरब से मिलती थी, इसलिए लोगों को इस्लाम स्वीकार करने में उतनी दिक्कत नहीं हुई।

इस्लाम की सेनाएँ जब भारत आईं तो स्थिति बिल्कुल अलग थी। वास्तव में भारत अपने स्वर्णिम काल को देखने के बाद पतन की ओर था। जिन ब्राह्मणों ने भारत को आयुर्वेद, खगोलशास्त्र, योग विद्या, संगीत, नृत्य शास्त्र, भोजन शास्त्र और अद्भुत विज्ञान दिया था, उनके ही लालच, शिथिलता और भोग के कारण सभी राजनैतिक व्यवस्थाएँ अस्त-व्यस्त हो चुकी थीं, भारत को एक सांस्कृतिक देश के रूप में बचाने की क्षमता कमजोर होने लगी थी। विज्ञान की तो भारत में प्रगति का हाल यह था कि देश के हर कोने में वहाँ पैदा होनेवाली फसल से ही संतुलित आहार खोजा जा चुका था, जिसमें मसालों के औषधीय गुणों का ज्ञान भी शामिल था, विदेशों में आज भी भारतीय भोजन के लिए कतारें लगती हैं, पूरी दुनिया में जितने प्रकार के भोजन उस समय थे, उतने तो एक प्रदेश में मिल जाते थे। गंगा के पानी के औषधीय गुणों का पता चल चुका था, इसलिए उसको पवित्र जल के रूप में स्थापित किया गया। इसी प्रकार पीपल और बरगद के पेड़ों पर भूत रहने की बात फैलाई गई, ताकि लोग इन पेड़ों का संरक्षण करें; क्योंकि उनको पता चल चुका था कि ये पेड़ 24 घंटे ऑक्सीजन देते हैं, जबकि अन्य पेड़ केवल सूर्य के प्रकाश में ऑक्सीजन देते हैं। ताँबे के पात्र में जल रखने से कीटाणुओं का नाश होता है, यह बात दुनिया को अब पता चली है, भारत को हजारों साल पहले पता थी। शरीर की संरचना और प्राणिशास्त्र का कितना ज्ञान भारत को हो चुका था, उसका अंदाजा योग शास्त्र से लगाया जा सकता है, जिसका आज भी कोई जवाब नहीं है। आयुर्वेद की हर खोज आज भी उतनी लाभकारी है, जितनी वो हजारों साल पहले थी। और

तो और सुश्रुत संहिता के रूप में सर्जरी पर पूरी पुस्तक लिखी जा चुकी थी। केमिस्ट्री के क्षेत्र में लोहा ताँबा, गंधक, सोना-चाँदी, शीशा, जस्ता, पारा आदि की खोज हो चुकी थी, दिल्ली में विजय-स्तंभ के 2000 साल पुराने हो जाने पर भी जंग न लगना आज भी वैज्ञानिकों के लिए रहस्य है। बड़े विस्मय की बात यह है कि भारत को खतरनाक धातुओं जैसे शीशा, पारा, को भस्म बनाकर दवा के रूप में प्रयोग का ज्ञान हो चुका था, जो आज भी बाकी दुनिया के पास नहीं है। सवाल यह उठता है कि जब इतना सबकुछ था तो भारत को गुलामी क्यों झेलनी पड़ी।

जैसा कि हर सभ्यता के साथ होता है समृद्धि आने के बाद शिथिलता आ जाती है। भारत में भी विज्ञान के विकास से संपन्नता आने के बाद ब्राह्मण जनता को जगाए रखने और सत्ता के प्रति चेताए रखने के अपने धर्म भूलने लगे। जो जाति कर्म से होती थी, वह सत्ता को बनाए रखन के लिए जन्म आधारित हो गई, ब्राह्मण राज्य के आश्रय में मठाधीश बनने लगे, देवदासियाँ पाल-पालकर अय्याशी में लग गए। जाति जन्म से आधारित होते ही सबसे बड़ा नुकसान तो यह हुआ कि प्रतिभा की जगह कुनबे को मौका मिलने लगा, ताकि सत्ता पर उनका वर्चस्व बना रहे। ब्राह्मण एक-दूसरे को अविवेकपूर्ण समर्थन देने लगे। राजा जो कि क्षत्रिय होते थे, उन्होंने भी इसका फायदा उठाना शुरू कर दिया और उनकी निकम्मी औलादों को ब्राह्मणों ने इसलिए राजा बनाना शुरू कर दिया कि एक तो ब्राह्मण खुद योग्य नहीं थे। वास्तव में देखा जाए तो चाणक्य इस देश का अंतिम ब्राह्मण था, जिसने शास्त्रों में वर्णित ब्राह्मण धर्म का निर्वाह किया।

ब्राह्मणों का नियंत्रण हटते ही राजाओं की मनमानी शुरू हो गई। जगह-जगह पर निकम्मे लोगों के बैठ जाने से शोध कार्य की प्रगति रुक गई, आर्थिक प्रगति रुकने लगी। देश को एकता के सूत्र में बाँधने का काम ब्राह्मण ही करते थे, उनके भ्रष्ट होते ही देश राज्यों में राजाओं की व्यक्तिगत संपदा बननी शुरू हो गई, इसलिए सिकंदर के बाद देश को विदेशी आक्रमण से बचाने की क्षमता भी क्षीण होने लगी। ब्राह्मणों ने दूसरी सबसे बड़ी गलती यह की कि ज्ञान-विज्ञान को आम आदमी तक सीधे न पहुँचाकर, रीति-रिवाजों और परंपराओं में ढाल दिया। इसलिए जैसे ही ब्राह्मणों की बनाई व्यवस्था बिगड़ने लगी, परंपराओं से ज्ञान-विज्ञान के आधार पर परिवर्तन होना बंद हो गया, विज्ञान की जगह पाखंड लेने लगा।

इस्लाम जब 712 में भारत आया तो राजनैतिक और सैनिक से ज्यादा उसको चिंतन के धरातल पर चुनौती मिली। इस्लाम में मृत्यु के बाद सीधे कयामत है,

इसके बीच में रूह कहाँ रहती है, इसका जिक्र नहीं है। भारतीय चिंतन ने पुनर्जन्म के सिद्धांत से यह बताया कि मोक्ष मिलने तक आत्मा बार-बार जन्म लेती रहती है। यही नहीं, जीवन में सुख-दुख के कारणों को भी जन्मों के कर्म और फल के सिद्धांत से सफलतापूर्वक व्याख्या की। इस्लाम का एकेश्वरवाद, जो कि दूसरे देशों के लिए बहुत ही नई चीज थी, भारत में पहले से मौजूद था। परमपिता परमात्मा एक ही है, सारे देवी-देवता उसी के अंशमात्र हैं। भारतीय दर्शन ने जब कण-कण में ईश्वर की उपस्थिति होने की बात कही तो उसकी कोई काट नहीं थी। सबसे बड़ी बात जो भारतीयों को स्वीकार नहीं थी, वह यह कि कैसे कोई ईश्वर केवल एक वर्ग विशेष के लिए ही हो सकता है। दुनिया तो लाखों साल से है, इस्लाम आने से पहले दुनिया का ईश्वर और इस्लाम आने के बाद का ईश्वर अलग-अलग कैसे हो सकते हैं। खुद पैगंबर मुहम्मद साहब चालीस वर्ष की आयु तक मुसलमान नहीं थे, जबकि मृत्यु के समय वे मुसलमान थे। तो क्या उनको जन्म देनेवाला ईश्वर और मृत्यु देनेवाला ईश्वर अलग-अलग थे। इस सिद्धांत के अनुसार तो हवा, पानी, खून आदि हर ईश्वर के अलग-अलग होने चाहिए। इस्लाम की नैतिकता भी भारतीयों की समझ से बाहर थी।

इस्लाम के अनुसार मुसलमान के प्रति किया गया अपराध और गैर-मुसलमान के प्रति किया गया अपराध नैतिकता की कसौटी पर अलग-अलग हैं, कयामत के दिन उनके दंड भी अलग हैं। मुसलमान द्वारा मुसलमान की हत्या करने पर दंड मिलने का प्रावधान है तो मुसलमान द्वारा किसी काफिर की हत्या करने पर जन्नत मिलने की बात कही गई है। सन् 2013 में पाकिस्तान की जेल में भारतीय कैदी सरबजीत की पाकिस्तानी अधिकारियों ने एक पाकिस्तानी कैदी से हत्या करवा दी। हत्या करनेवाले पाकिस्तानी कैदी का बाद में बयान आया कि उसने एक काफिर को मारकर जन्नत में अपनी जगह पक्की कर ली है। भारतीय दर्शन में भी स्वर्ग-नर्क की कल्पना है, लेकिन मरने के बाद कर्म के अनुसार मिलते हैं, इस बात से कोई फर्क नहीं पड़ता कि जाति-धर्म क्या है। इस्लाम में संन्यास की अवधारणा नहीं है, जब तक जीवन है, तब तक भोग ही ध्येय है, इसीलिए अरब में बड़ी-से-बड़ी उम्र में छोटी-से-छोटी लड़की के साथ विवाह रचाना गलत नहीं माना जाता था, लेकिन भारत में संन्यास की व्यवस्था के कारण इसे अनैतिक माना जाता था। यह बात शरीर की घटती क्षमता के हिसाब से भी विज्ञानसंगत थी। कुल मिलाकर तर्क से मुसलमान बना पाना भारत में असंभव था, इसलिए मुसलमानों ने दूसरे तरीके अपनाने शुरू कर

दिए। मुसलमानों द्वारा शरीयत पूरी करने के बाद उस पर हर प्रकार की समीक्षा या एजतिहाद को हराम ठहराने के पीछे भी शायद यही डर था कि वह भारत के दर्शन के सामने ठहर नहीं पाएगी। एजतिहाद पर प्रतिबंध भारत में मुस्लिम सेनाओं को आगमन के बाद ही हुआ।

पैगंबर मुहम्मद तीन शक्तियों का संगम थे। वे राजनीतिज्ञ थे, पूरे अरब की राजनीति वे ही चलाते थे। सन् 623 से 632 में मृत्यु के समय तक उन्होंने अनेक युद्ध लड़े, जिनमें उनकी कूटनीतिक दक्षता कमाल की थी। कहाँ तलवार से काम लेना है और कहाँ प्यार से, कब किससे से दोस्ती करके लाभ उठाना है और कब उसको साफ कर देना है, यह उनको बहुत अच्छी तरह से पता था। पैगंबर होने के नाते धर्म गुरु तो वे थे ही, कुरान की हर आयत का मतलब, संदर्भ आदि वे ही लोगों को समझाते थे, साथ ही लोगों के झगड़ों का भी फैसला वे कुरान के मार्गदर्शन के आधार पर करते थे। तीसरे वे सेनाओं के सर्वोच्च कमांडर भी थे। सेनापति के रूप में भी मुहम्मद साहब की रणनीति और अनुमान कमाल के थे। बद्र के पहले युद्ध से लेकर अंतिम युद्ध तक यही होता था कि वे अपने से कई गुना बड़ी सेनाओं को परास्त करके आते थे। एक सेनापति के रूप में तो उनकी मार-काट का डर कबीलों में इतना ज्यादा बैठ गया था कि बहुत से कबीलों ने बिना लड़े ही समर्पण कर दिया। मुहम्मद साहब के जाने के बाद खलीफा व्यवस्था आ गई, जो काम मुहम्मद साहब करते थे, वह खलीफा के जिम्मे आ गया। सेनापति और शासक के रूप में तो ठीक था, पर लोगों के झगड़ों को निपटाने में खलीफा का विरोध भी होने लगा। कोई मानता था, कोई नहीं मानता था। ऐसी स्थिति में एक नई व्यवस्था उभरकर आई, जिसे 'उलेमा व्यवस्था' कहा जा सकता है।

मुहम्मद साहब ने अपने अंतिम संदेश में कहा था कि उनके जाने के बाद कुरान और सुन्नाह (मुहम्मद साहब द्वारा किए गए कार्य और कहे गए शब्द) ही मुसलमानों को आगे का रास्ता दिखाएँगे। इसी बात को ध्यान में रखते हुए मुहम्मद साहब के साथियों में जो पढ़े-लिखे और समझदार लोग थे, जिनको कि 'अलीम' कहा जाता था, जिससे कि उलेमा शब्द निकलकर आया, उनको कुरान और सुन्नाह के संकलन का काम सौंपा गया। मुहम्मद साहब के जाने तक कुरान लिखित में नहीं थी, केवल लोगों की जुबान पर रहती थी। अलीम लोगों ने लोगों से कुरान की आयतें एकत्र की, संपादित कीं और मुहम्मद साहब के जाने के 18 वर्षों के बाद कुरान अंतिम रूप में आई। इसी प्रकार से मुहम्मद साहब द्वारा समय-समय पर दिए

गए फैसले, कहे गए शब्द और किए गए कार्यों का संकलन लोगों से पूछ-पूछकर किया गया, जिसमें इसके बाद कुरान और हदीस के आधार पर एक आचार संहिता बनाई गई, जिसे 'शरीयत' कहा जाता है। शरीयत में उलेमाओं ने एक मुसलमान के लिए आदर्श जीवन की व्याख्या की गई है। हदीस और शरीयत को बनाने का काम मुहम्मद साहब के जाने के बाद सौ साल से अधिक समय तक चलता रहा, जिसमें कई पुश्तों द्वारा बताई गई बातों को सुना गया, उन पर विचार किया गया और स्वीकार या अस्वीकार किया गया। इस दौरान शिया और सुन्नी संप्रदाय भी बन गए। दोनों में मतभेद होने के कारण शिया और सुन्नी की हदीस और शरीयत भी अलग हो गई। सुन्नी वह संप्रदाय है, जो इस्लाम के दूसरे खलीफा हजरत उमर को नायब रसूल (उप पैगंबर) मानता है, जबकि शिया लोग चौथे खलीफा और पैगंबर मुहम्मद के दामाद हजरत अली को नायब रसूल मानते हैं। दुनिया भर में सुन्नी मुसलमान ज्यादा हैं, पाकिस्तान भी सुन्नी देश है, जितने भी तालिबानी संगठन हैं, सब सुन्नी मुसलमानों के हैं। प्रारंभ में शरीयत बनाने और उसमें सुधार साथ-साथ चलता रहा, लेकिन 712 में जब मुस्लिम सेनाएँ भारत आईं तो जैसा मैंने ऊपर बताया, बहुत से सवाल खड़े हो गए, चूँकि उलेमाओं के पास उन सवालों के जवाब नहीं थे, भारतीय दर्शन इतना सशक्त था कि वे डर गए कि जो लोग भारत में मुसलमान बन रहे हैं, उनके हिंदू संस्कार कही इस्लाम को प्रभावित करके अरब में भारतीय संस्कृति प्रचारित न कर दें, इसलिए उन्होंने भारत में आने के सौ साल के बाद ही इजतिहाद अर्थात् सुधार पर ही प्रतिबंध लगा दिया और यह घोषणा कर दी गई कि चूँकि अब मुसलमान उतने सच्चे नहीं हैं, इसलिए अब शरीयत में कोई बदलाव कुफ्र होगा।

शरीयत में सुधार पर प्रतिबंध लगते ही समस्याएँ आने लगीं। जो चीजें मुहम्मद साहब के जमाने में नहीं थीं या जो उनके सामने नहीं आई थीं और हदीस में नहीं थीं, उनका फैसला कैसे हो कि वे इस्लाम के हिसाब से जायज हैं या हराम। योग भारत में था, अरब में नहीं था, आयुर्वेद अरब में नहीं था, इसलिए कैसे फैसला हो कि वो हराम हैं या जायज। यह वह समय था, जब आदमी पूरी तरह से समाज के कब्जे में था, उसे हर काम को करने से पहले सोचना पड़ता था कि लोग क्या कहेंगे। मुस्लिम समाज में तो कुफ्र और मौलवियों का डर बहुत ही ज्यादा था, इसलिए जरा-जरा-सी बात पर लोग मौलवियों, उलेमाओं से पूछते रहते थे कि जो काम वे करने जा रहे हैं वह जायज है या नहीं। कभी-कभी तो ऐसे भी मसले आते

थे कि पैखाना करते समय मुँह किधर होना चाहिए और पीठ किधर, कुत्ते का झूठा हराम है या नहीं, बिल्ली को छूने से क्या होता है। चूँकि उलेमाओं को हर बात का जवाब देना होता था, इसलिए अब यह उनके ऊपर आ गया कि वे किस नीयत से फतवा दे रहे हैं। सबसे महत्त्वपूर्ण बात यह हो गई कि इस तरह पूरे मुस्लिम समाज की व्यक्तिगत जिंदगी भी उलेमाओं के कब्जे में आ गई, जैसे बहुत से हिंदू हर बात पर पंडित को बुलाते हैं। मुहम्मद साहब के जमाने से ही इस्लाम में सभी काम उनके फौजी ही देखते थे, उलेमा भी फौजियों में से ही आते थे, इसलिए जब उनके हाथ में फतवों का काम आया तो उनकी फौजी सोच फतवों में ढलकर सामने आने लगी। कहने को तो फतवों का अर्थ सिर्फ सलाह बताया जाता है, पर सत्य यह है कि उलेमाओं ने धीरे-धीरे स्थिति का लाभ उठाते हुए पहले हदीस और शरीयत को पवित्र घोषित किया, फिर खुद को भी पवित्र घोषित कर दिया। कहा गया कि फतवे को न मानना हदीस और शरीयत को न मानना है और हदीस और शरीयत को न मानना इस्लाम को न मानना है। इस तरह उलेमा पूरी तरह से मुसलमानों की जिंदगी पर कब्जा करके बैठ गए। यह भी उतना हानिकारक नहीं होता, अगर सुधार पर प्रतिबंध नहीं लगता, क्योंकि सुधार पर प्रतिबंध लगने का मतलब था कि हर बात का फैसला उसी जमाने के ज्ञान पर आधारित करना, जिस जमाने में सुधार रुक गए थे। आज अगर यह पूछा जाए कि साइकिल मोटर चलाना, रखना, बैठना जायज है कि नहीं तो कैसे उस जमाने के ज्ञान पर बताया जा सकता है, जिस जमाने में इन चीजों की कल्पना भी नहीं थी। लेकिन उलेमाओं के पास अगर कोई मुसलमान यह प्रश्न लेकर जाता है तो यह नहीं कहेंगे कि इसका इस्लाम से कोई संबंध नहीं है, बल्कि कुछ-न-कुछ अटकल लगाकर ऐसी बात कह देंगे कि वह जायज भी है और नहीं भी। इस प्रकार शरीयत में सुधार पर प्रतिबंध लगने के कारण जो इस्लाम मुहम्मद साहब के जमाने में एक बहती नदी था, उलेमाओं का इस्लाम एक झील बनकर रह गया। यह बात बहुत से इस्लामी विद्वानों ने समय-समय पर उठाई भी, पर उलेमाओं ने मिलकर उनके खिलाफ फतवे देकर उनको चुप करा दिया।

□

कुरान कैसे बनी

कुरान की जब भी बात आती है तो कहा जाता है कि यह खुदाई किताब है, जिससे लोग समझते हैं कि कुरान पुस्तक के रूप में आसमान से उतरी है। पर सच यह है कि अल्लाह ने मुहम्मद साहब को केवल आयतों का ज्ञान दैवी शक्ति से दिया था, वह भी न तो एक समय में आया था, न ही किसी समय-सीमा में आया था। पहली आयत का ज्ञान 610 में आया था, फिर उसके बाद दो साल तक कोई आयत नहीं उतरी। दो साल बाद फिर आयतों का उतरना शुरू हुआ और फिर अंत तक सिलसिला चलता रहा। इन्हीं आयतों का संकलन है कुरान। कुरान में 114 अध्याय हैं, जिन्हें 'सूरा' कहा जाता है। यह अजीब बात है कि आयतें उतरने के समय घटनाक्रम या विषय के अनुसार किसी विशेष क्रम में नहीं हैं। हर सूरा में आयतों की संख्या भी अलग-अलग है, जहाँ सूरा 103 में केवल तीन आयतें हैं, तो सूरा 2 में 286 आयतें हैं। पैगंबर मुहम्मद ने अपने अंतिम भाषण में कहा था कि उनके दुनिया से जाने के बाद कुरान और सुन्नतें रसूल (हदीस) ही मुसलमानों का मार्गदर्शन करेंगे, अर्थात् भविष्य में इस्लामी व्याख्याओं का आधार कुरान और हदीस ही होंगे। सन् 632 में मुहम्मद साहब की मृत्यु के समय कुरान नाम की पुस्तक का कोई अस्तित्व नहीं था, सभी आयतें लोगों की जुबान पर थीं, या फिर कुछ आयतें किसी-किसी के पास लिखी हुई थीं, जिसे लोग मिलकर गाया करते थे। इसी पाठ को कुरान कहा जाता था। पैगंबर साहब की चौथी पत्नी हफसां के पास सबसे ज्यादा लिखित आयतें थीं।

पैगंबर की मृत्यु के लगभग दस साल तक प्रशासन इन्हीं आयतों के मार्गदर्शन में चलता रहा, लेकिन कुरान लिखित में न होने के कारण जब विवाद होने लगे तो उस समय के अरब के विद्वानों, जिन्हें आलिम कहा जाता था, ने कुरान को पुस्तक का रूप देनें का फैसला किया। इसके लिए पूरे अरब में घोषणा की गई कि जिसको-जिसको जो-जो आयतें याद हैं, आकर लिखवा दें। लोगों ने वैसा ही

किया, आ-आकर विद्वानों के पास आयतें लिखवा दीं। यह सिलसिला कई वर्षों तक चलता रहा। अंत में विद्वान् सारी आयतें लेकर बैठे और उनका संपादन किया, जो आयतें उनको तर्कसम्मत नहीं लगीं, उनको निकालकर बाकी की आयतों को सन् 650 के आसपास पुस्तक का रूप दे दिया, कुरान का अधिकतर कार्य तीसरे खलीफा उथमन इब्न अफ्फान के 644 से 655 के कार्यकाल में हुआ। यही पुस्तक आज कुरान के नाम से जानी जाती है। इस पुस्तक में न तो कुछ जोड़ा जा सकता है और न ही कुछ निकाला जा सकता है, क्योंकि यह अंतिम है।

पूरी दुनिया में अधिकतर लोग मुसलमानों के इस विश्वास का आदर करते हैं कि यह पुस्तक अंतिम है, मैं भी सम्मान करता हूँ, पर एक लेखक के नाते कुछ प्रश्न मेरे दिमाग में आ रहे हैं, उन्हें मैं यहाँ लिख रहा हूँ—

1. क्या यह संभव है कि लोगों ने जो आयतें विद्वानों के पास आकर लिखवाईं, उनमें वे सभी आयतें नहीं आईं, जो अल्लाह ने पैगंबर को दी थीं।
2. पैगंबर मुहम्मद की मृत्यु सन् 632 में हुई और आयतें इकट्ठा करने का काम लगभग बीस साल तक चलता रहा। क्या यह संभव नहीं है कि कुछ आयतें उन लोगों के साथ चली गईं, जो इस बीच दुनिया से चले गए, जैसे कि 633 में यमामा के युद्ध में 70 ऐसे सैनिक मारे गए, जिनको कुरान याद रखने में बहुत अच्छा माना जाता था।
3. विद्वानों ने सारी आयतों को इकट्ठा करके कुछ को रखा और कुछ को नहीं रखा। यह कैसे पता चले कि जो आयतें छोड़ दी गईं, उनमें ऐसी कोई आयत नहीं थी, जो नहीं छोड़ी जानी चाहिए थी, जो कि सही आयत थी और यह भी कि जो आयतें रखी गईं, उनमें ऐसी कोई आयत नहीं आई, जो कि नहीं आनी चाहिए थी, जो कि अल्लाह ने मुहम्मद को दी ही नहीं थी।
4. यह सारे प्रश्न इसलिए दिमाग में उठ रहे हैं कि आयतों का संपादन करनेवाले, काट-छाँट करनेवाले भले ही आलिम थे, पर थे तो इनसान ही और इनसानी दखल के बाद कोई किताब खुदाई कैसे रह सकती है।
5. सच यह है कि इन सारे प्रश्नों का उत्तर केवल मुहम्मद साहब ही दे सकते थे, पर उन्होंने तो किताब कभी देखी ही नहीं तो यह कैसे सत्यापित हो कि जो कुरान नामक पुस्तक आलिमों ने तैयार की है, वह 100 प्रतिशत सही है, हर तरह से अंतिम है।

□

शरीयत क्या है

मुसलमानों को लेकर जब भी कोई चर्चा कहीं भी होती है, शरीयत का जिक्र अवश्य आता है। मुसलमान यह कहते हैं कि उनके जीवन की दिशा, दशा केवल शरीयत के आधार पर ही निर्धारित हो सकती है, साथ ही यह भी बताया जाता है कि शरीयत खुदाई कानून है, इसको बदला नहीं जा सकता है और धमकी भरे अंदाज में चेतावनी भी दी जाती है कि शरीयत में सरकार का कोई भी दखल मुसलमान बरदाश्त नहीं करेंगे। अब सवाल हैं कि—

1. आखिर ये शरीयत है क्या?
2. क्या वास्तव में यह खुदाई कानून है?
3. क्या बदलाव करने से इस्लाम खतरे में पड़ जाएगा?

सबसे पहले शरीयत क्या है। इस्लाम के अंतिम पैगंबर मुहम्मद ने अपने अंतिम भाषण में कहा था कि उनकी मृत्यु के बाद मुसलमानों का मार्गदर्शन करने के लिए दो चीजें होंगी, एक कुरान दूसरे सुन्त-ए-रसूल। रसूल का अर्थ है पैगंबर और सुन्नत का अर्थ है—अनुसरण करना। मुसलमान इसका अर्थ लगाते हैं कि जो काम पैगंबर द्वारा जैसे किया गया था, बिल्कुल वैसे ही करना, उनकी सोच को समझ के करना ही सच्चा मुसलमान होना है। अर्थात् यदि पैगंबर दाढ़ी रखते थे तो हर मुसलमान को दाढ़ी रखनी चाहिए, यदि पैगंबर टखने से ऊपर तक का पैजामा पहनते थे तो हर मुसलमान को वैसा ही पैजामा पहनना चाहिए। यदि पैगंबर खड़े होकर पेशाब करते थे तो हर मुसलमान को वैसे ही करना चाहिए। पैगंबर साहब की मृत्यु के बाद विद्वानों ने महसूस किया कि पैगंबर द्वारा बताए गए रास्ते पर चलने के लिए आगे आनेवाली पीढ़ियों को पता होना जरूरी है कि पैगंबर साहब ने कब क्या कहा, कब क्या किया और क्या न करने को कहा। इसके लिए जरूरी है कि पैगंबर साहब के पूरे जीवन काल के कहे और किए को लिख दिया जाए।

इस कार्य को करने के लिए उस समय के विद्वानों ने घोषणा करवाई कि जिस-जिसके पास प्रत्यक्ष या अप्रत्यक्ष जो भी संबंधित जानकारी हो, वह आ कर लिखवा दें। लोगों ने ऐसा ही क्या, जिन लोगों ने प्रत्यक्ष सुना या देखा था, सब आकर लिखवा दिया, साथ ही उन लोगों ने भी अपना बयान लिखवा दिया, जिन्होंने किसी और से सुना था यह बताते हुए कि किससे सुना था। इस प्रकार से एकत्र बयानों को सुन्नत या हदीस कहा जाता है और हदीस तथा कुरान को आधार बनाकर जो आचार संहिता बनी, उसको शरीयत कहा जाता है। विद्वानों ने अपने विवेक से जो हदीस ठीक लगीं, उनको रखा बाकी को निकाल दिया। यह सिलसिला मुहम्मद साहब की मृत्यु के 200 साल से ज्यादा बाद तक चलता रहा।

दूसरा प्रश्न यह है कि क्या शरीयत खुदाई कानून है ? जी नहीं, बिल्कुल नहीं है। पहले तो यह अल्लाह द्वारा पैगंबर को दिया गया ज्ञान नहीं है। इसका तो जन्म ही पैगंबर साहब की मृत्यु के बाद हुआ। पूरी शरीयत इन्सानों द्वारा लिखी गई है, भले ही वे उस समय के बड़े विद्वान् रहे हों, पर थे तो इन्सान ही। इससे भी ज्यादा महत्त्वपूर्ण बात यह है कि पूरी शरीयत सुनी-सुनाई बातों पर आधारित है, जो कि 200 वर्षों से अधिक समय तक लिखी जाती रही, बदलाव और सुधार होते रहे और जिसमें अप्रत्यक्ष बयान भी शामिल हैं। कभी-कभी तो बात एक से दूसरे तक जाते-जाते बदल जाती है, फिर कई पीढ़ियों तक बिल्कुल उसी रूप में कैसे पहुँच सकती है। अगर यह खुदाई कानून था तो 200 वर्षों तक बदलाव क्यों होते रहे। 200 वर्षों तक बदलाव और सुधार चलता रहा, इसी से इस बात का पता चलता है कि हदीसों का संपादन करनेवाले विद्वानों को भी सुनी, सुनाई बातों पर भरोसा करना मुश्किल हो रहा था। यहाँ यह प्रश्न भी उठता है कि इस बात का फैसला कौन करेगा कि विद्वानों ने जो हदीसें रखीं, वे सही रखीं और जो छोड़ीं, वे सही छोड़ीं। इस बात का फैसला केवल पैगंबर मुहम्मद कर सकते थे, पर उन्होंने तो शरीयत देखी ही नहीं। जो संकलन सुनी-सुनाई बातों पर आधारित हो और जो 200 से अधिक सालों तक बार-बार इन्सानों द्वारा संपादित किया गया हो, वह खुदाई कानून कैसे हो सकता है।

भारत में मुस्लिम धर्म गुरु और राजनेता लगातार भारत सरकार से टकराव का मौका ढूँढ़ते रहते हैं। इसके मकसद तो कई हैं, पर सबसे बड़ा उद्देश्य यह है कि मुसलमान कभी भी हिंदुओं के साथ घुल-मिलकर न रहें, हमेशा हिंदुओं और सरकार से चिढ़े हुए रहें, हमेशा शारीरिक और मानसिक रूप से दंगा करने के लिए

तैयार रहें, संगठित रहें, ताकि भारत को मुस्लिम देश बनाने का कार्यक्रम चलता रहे। भारत में मुसलमान नेता और धर्म-गुरुओं की सबसे बड़ी चिंता यह है कि एक बार हिंदू-मुसलमान आपस में मिलकर रहने लगे तो भारतीय मुसलमानों की नकेल अरबवालों के हाथ से निकल जाएगी, जिससे भारत के मुसलमानों की एक अलग पहचान बनेगी। मुल्लाओं, नेताओं की दुकानदारी बंद हो जाएगी, अरब से मिलनेवाला करोड़ों रुपया मिलना बंद हो जाएगा। इसलिए जब भी कोई मुस्लिम समाज में बदलाव की बात करता है तो सारे मिलकर एक सुर में विरोध में खड़े हो जाते हैं, कहने लगते हैं कि इस्लाम खतरे में है।

632 में मुहम्मद साहब की मृत्यु के बाद 200 वर्षों से अधिक तक शरीयत में बदलाव और सुधार होते रहे, लेकिन नौवीं शताब्दी के अंत में जब खलीफा का पद तुर्कीवालों के हाथ में आया, तो शरीयत में बदलाव और सुधार पर प्रतिबंध लगा दिया। आदेश दिया गया कि इसके बाद शरीयत में बदलाव या सुधार की बात करना दंडनीय होगा, सजा मौत भी हो सकती है। ऐसा करने का कारण यह बताया गया कि अब मुसलमान उतने पवित्र नहीं रहे, पर सच्चाई कुछ और है।

सबसे पहला कारण इस्लाम को पूरी दुनिया में फैलाने के लिए उसे मजहब की आड़ में एक सैनिक अभियान बनाना था। सैनिक अभियान में सैनिकों को वेतन देना पड़ता है, विद्रोह का खतरा रहता है, लेकिन मजहब की अफीम खिलाने से ये दोनों मुश्किलें खत्म हो जातीं हैं। जैसे फौज में सवाल करने की इजाजत नहीं होती है, वैसे ही इस्लाम में भी नहीं है।

दूसरा कारण था भारत में मुस्लिम सेनाओं का भारतीय दर्शन, विज्ञान से सामना होना। जैसे कि कुरान में कहा गया है कि धरती एक तश्तरी की तरह है, जिस पर अल्लाह ने पहाड़ रख दिए हैं, ताकि ये उड़ न जाएँ। लेकिन भारत में तो लोगों को मालूम था कि धरती ठोस और गोल है। भारत के लोगों ने पूछा कि तश्तरी पर तो एक किनारा आता है, जहाँ से आदमी के नीचे गिर जाने का खतरा होता है। तश्तरी में इतने गहरे समंदर कैसे ठहरे हुए हैं? पानी फैलता क्यों नहीं है? इस्लाम में मृत्यु के बाद सीधे कयामत है, इसके बीच में रूह कहाँ रहती है, इसका जिक्र नहीं है। भारतीय चिंतन ने पुर्नजन्म के सिद्धांत से यह बताया कि मोक्ष मिलने तक आत्मा बार-बार जन्म लेती रहती है। यही नहीं, जीवन में सुख-दुख के कारणों को भी जन्मों के कर्म और फल के सिद्धांत से सफलतापूर्वक व्याख्या की। इस्लाम का एकेश्वरवाद, जो कि दूसरे देशों के लिए बहुत ही नई चीज थी, भारत में पहले

से मौजूद था। परमपिता परमात्मा एक ही है, सारे देवी-देवता उसी के अंशमात्र हैं। भारतीय दर्शन ने जब कण-कण में ईश्वर की उपस्थित होने की बात कही तो उसकी कोई काट नहीं थी। सबसे बड़ी बात जो भारतीयों को स्वीकार नहीं थी, वह यह कि कैसे कोई ईश्वर केवल एक वर्ग विशेष के लिए ही हो सकता है। दुनिया तो लाखों साल से है, इस्लाम आने से पहले दुनिया का ईश्वर और इस्लाम आने के बाद का ईश्वर अलग-अलग कैसे हो सकते हैं। खुद पैगंबर मुहम्मद साहब चालीस वर्ष की आयु तक मुसलमान नहीं थे, जबकि मृत्यु के समय वे मुसलमान थे। तो क्या उनको जन्म देनेवाला ईश्वर और मृत्यु देनेवाला ईश्वर अलग-अलग थे। इस सिद्धांत के अनुसार तो हवा, पानी, खून आदि हर ईश्वर के अलग-अलग होने चाहिए। इन सब बातों का उनके पास कोई जवाब नहीं था। खतरा था कि कहीं इस्लाम भारत के मुसलमानों के हाथ में न चला जाए। सच्चाई यह है कि अरब के मुसलमान पूरी दुनिया को अपनी मुट्ठी में करना चाहते थे, इसके लिए जरूरी था कि इस्लाम की पूरी व्यवस्था उनके हाथ में रहे। बदलाव और सुधार की छूट देने से अरब के बाहर के विचार, जीवनदर्शन, जीवनशैली इस्लाम में प्रवेश कर सकते थे, जिससे इस्लाम हिंद के मुसलमानों के हाथ में आ सकता था, चूँकि हिंद के मुसलमानों पर उनको भरोसा नहीं था, इसलिए बदलाव, सुधार और चर्चा पर ही प्रतिबंध लगा दिया। भारत के मुसलमान आज तक इस अपमान को नहीं समझ पाए हैं। अरब में आज भी अपमानित किए जाते हैं, पर वे समझने को तैयार ही नहीं।

तब से अब तक शरीयत एक हथियार बन गया है, जिसको मौलवी और नेता जब चाहें, जैसे चाहें इस्तेमाल कर लेते हैं। केवल हिंदुओं के खिलाफ नहीं, कभी-कभी तो ये मुसलमानों को चुप करने के लिए भी किया जाता है। सऊदी अरब में आज भी शरीयत लागू है, 1500 साल पुराने कानून चल रहे हैं, पर वहाँ भी लगातार बदलाव हो रहे हैं, स्त्रियों का सशक्तीकरण हो रहा है। भारत में भी मुसलमानों की सोच लगातार बदल रही है, मुस्लिम महिलाएँ पढ़-लिखकर प्रगति कर रही हैं, पर मौलवी इस बदलाव को मान्यता देने को तैयार नहीं हैं। प्रश्न यह है कि जब प्रारंभ में लगभग 200 वर्षों तक बदलाव और सुधार हो सकता है तो अब फिर से वह दरवाजा क्यों नहीं खोला जा सकता। आखिर सुधार पर प्रतिबंध न तो अल्लाह ने लगाया था और न ही पैगंबर ने। समय-समय पर कई मुस्लिम विद्वानों जैसे कि सर सैयद अहमद और शायर इकबाल ने भी सुधार के दरवाजे खोलने की जरूरत बताई, लेकिन हर बार मौलवियों ने धमकियाँ दे-देकर उनको बयान बदलने पर

मजबूर कर दिया। सवाल यह है कि जब 200 वर्षों से अधिक समय तक सुधार से इस्लाम खतरे में नहीं पड़ा, खलीफा का पद समाप्त हो जाने से इस्लाम खतरे में नहीं पड़ा, मुस्लिम देशों में मुसलमानों की आपसी कलह से इस्लाम खतरे में नहीं पड़ा तो भारत में, जहाँ आज तक कोई भी मजहब विचारधारा या जीवनशैली खतरे में नहीं पड़ी, वहाँ इस्लाम खतरे में कैसे पड़ सकता है। सच बस इतना है कि भारत के मौलवी अपने को अरब और अफगानिस्तान से आए मुसलमानों का वंशज मानकर अपने को हिंदुस्तान का मालिक मानते हैं। चाहते हैं कि 80 प्रतिशत हिंदू उनको सत्ता सौंप दें और गुलाम बनकर रहें। अंग्रेजों से मुक्ति हिंदुओं ने दिलाई, मुसलमानों ने अपना हिस्सा भी पाकिस्तान के रूप में ले लिया, फिर भी यह जिद्द, क्योंकि हिंदू दंगे नहीं करता है। लेकिन हिंदुओं ने भी कसम खा रखी है कि मौलवी सुधरें या न सुधरें, हम नहीं बिगड़ेंगे।

□

भारत पर इस्लामी आक्रमण

सातवीं और आठवीं शताब्दी विश्व में भारी उथल-पुथल का काल था। भारत अपने वैभव के चरम को छूकर पतन की ओर अग्रसर था, चाणक्य के बाद तो यह पतन और तेज हो गया। सांस्कृतिक पतन, पाखंड और विलासिता इतने बढ़ गए थे कि शंकराचार्य को सनातन मूल्यों को पुनः स्थापित करने के लिए एक अभियान चलाना पड़ा, लेकिन वह भी ज्यादा काम नहीं आया। धीरे-धीरे उनके द्वारा स्थापित धाम मठों में बदल गए। इसी समय जब भारत में सांस्कृतिक पतन हो रहा था, तो विश्व के अन्य भागों में महत्त्वपूर्ण परिवर्तन आ रहे थे। पश्चिमी यूरोप में चर्च की सत्ता का विस्तार हो रहा था तो पूर्वी यूरोप और अरब क्षेत्र में इस्लाम फैल चुका था, जिसका असर भारत पर भी आनेवाले समय में पड़नेवाला था। इस्लाम की छतरी तले जब अरब एक हो चुका था तो भारत हर्षवर्धन साम्राज्य (606-647) के पतन के बाद बिखर रहा था। पूर्व में पाला, पश्चिम में प्रतिहार और दक्षिण में राष्ट्रकूट साम्राज्यों का उदय हो चुका था। ये लोग आपस में लड़ते रहते थे, पर आम आदमी के जीवन पर अधिक प्रभाव नहीं पड़ता था, क्योंकि संस्कृति एक थी, पर राजनैतिक और सैनिक रूप से भारत की शक्ति कमजोर हो गई थी। इसका सबसे पहला दुष्परिणाम तब सामने आया, जब 712 में मुहम्मद बिन कासिम ने राजा दाहिर को परास्त करके सिंध पर कब्जा कर लिया। पहले तो अरबवाले इस रेगिस्तानी प्रदेश पर हमला नहीं करना चाहते थे, लेकिन अरब सागर में उनके आने-जानेवाले जहाजों की सुरक्षा में दाहिर मदद नहीं कर सके तो हमला करके दाहिर को हरा दिया। दाहिर की पराजय के कारणों में एक यह भी था कि तब बौद्ध धर्म ढलान पर था और हिंदुओं तथा बौद्धों में तनाव था, जिसका फायदा कासिम ने उठाया। कुछ इतिहासकार यह भी लिखते हैं कि कासिम ने राजा दाहिर के सेनापति को घूस देकर अपनी ओर मिला लिया था तो कुछ का कहना है कि मुहम्मद साहब

के वंशजों को राजा दाहिर ने शरण देकर अपनी शरण से निकालने से मना कर दिया था, इसलिए कासिम ने हमला किया।

सिंध में भी मुस्लिम सेनाओं ने आतंक फैलाने की नीति अपनाई, मंदिरों को तोड़कर उनके अंशों को मसजिद की सीढ़ियों में चुनवाया गया, पराजित सैनिकों का कत्लेआम किया गया और औरतों का सामूहिक बलात्कार किया गया। उस समय अरब के कबीलों और मुस्लिम सेनाओं में परंपरा थी कि जहाँ कहीं वे जीतते थे, वहाँ लड़ने वाले सारे सैनिकों को मार दिया जाता था, औरतों को गुलाम बना लिया जाता था और जीते गए क्षेत्र को लूट लिया जाता था। गुलामों और लूट के माल में खलीफा का हिस्सा 25 प्रतिशत होता था बाकी सेना में बाँट दिया जाता था। सिंध में विजय के बाद भी मुहम्मद बिन कासिम की सेनाओं ने यही किया हजारों सैनिकों को मौत के घाट उतार दिया गया, उनकी औरतों को गुलाम बना लिया गया। 25% औरतें और लूट का माल खलीफा वालिदबिन अब्दुल मलिक को भेजने के बाद, बाकी बाँट लिया गया। वैसे तो गुलाम स्त्री के साथ वे जो चाहे कर सकते थे, चाहे उसका बलात्कार करें, चाहे घर में काम के लिए रख लें या फिर उसको बेच दें। किंतु जिनको गुलाम नहीं बनाया गया, उनके बलात्कार के पीछे दो मकसद थे, एक तो गुलाम बनाकर उनकी जिम्मेदारी से बचना और दूसरे हिंदुओं को अपमानित करके उनका मनोबल तोड़ना, अर्थात् मुस्लिम सेनाओं ने बलात्कार को हथियार के रूप में इस्तेमाल करना शुरू कर दिया। तीन कारणों से मंदिरों को तोड़ा गया, एक तो उनमें सोना बहुत था, उसको लूटने के लिए तोड़ना जरूरी था, दूसरे हिंदुओं को अपमानित करके उनका मनोबल तोड़ना, ताकि वे जल्द मुसलमान बन जाएँ, तीसरे मूर्तिपूजा के प्रति उनके मन में घृणा। मुस्लिम सेनाएँ जब भारत आईं तो उनको पता चला कि यहाँ गायों को पूजा जाता है तो जानबूझकर शरीयत में न होते हुए भी हिंदुओं को आतंकित करने और उनका मनोबल तोड़ने के लिए गायों को लाकर झुंडों में काटा गया और उसी स्थान पर डाल दिया गया, जहाँ पहले मूर्ति होती थी। यही नहीं, गायों के मांस को काबा में भेजकर सड़कों पर फैलाया गया, ताकि वे मुसलमानों के पैरों तले कुचली जाएँ। आज भी भारत में मुस्लिम उलेमा गाय के वध पर इसलिए जोर देते हैं, ताकि हिंदुओं के जख्मों पर नमक छिड़क सकें, हालाँकि संविधान और अदालतों के फैसलों में इसको गलत बताया गया है, पर वोटबैंक राजनीति के कारण इस पर कुछ नहीं होता। कुरान हदीस और शरीयत में ऐसी कोई आयत नहीं है, जिससे यह पता चलता हो कि मुसलमानों के लिए गौमांस खाना

जरूरी है। मंदिरों को तोड़ने के पीछे एक कारण और है। मुस्लिम सेनाओं ने जब मंदिरों की भव्यता देखी तो देखते ही रह गए, ऐसा शिल्प और इतना सोना उन्होंने पहले नहीं देखा था, इसलिए उनके अंदर हीनता की भावना आ गई, उसी हीनता की भावना से उबरने के लिए भी मंदिरों को तोड़ा गया। महमूद गजनी ने मथुरा के कृष्ण मंदिर को देखकर कहा था कि ऐसा मंदिर बनवाने के लिए दस करोड़ दीनार और दो सौ वर्षों का समय चाहिए। 15वीं शताब्दी में विजयनगर साम्राज्य का वैभव तो इससे भी ज्यादा था, ईरान से विजयनगर दरबार में आए राजदूत अब्दुल रज्जाक (जिसने अरब के सभी शहरों को देखा था) ने कहा था कि ऐसा शहर, इससे पहले न तो आँखों ने देखा था और न कानों ने सुना था। कासिम की सेना बड़े पैमाने पर यह ध्वंस जारी रखना चाहती थी, पर रख न सकी, क्योंकि खेती करने के लिए, प्रशासन चलाने के लिए और विजय यात्रा को आगे बढ़ाने के लिए स्थानीय हिंदुओं के सहयोग की जरूरत थी।

कासिम और उसके बाद आए सेनापतियों ने लगातार आगे बढ़कर भारत में घुसने की कोशिश की, लेकिन हर बार पराजय ही हाथ लगी। कासिम के बाद आनेवाले सेनापति जुनैद ने भडौच, गुजरात और मालवा को जीतने की कोशिश की, लेकिन परास्त होकर सिंध लौट आया। सन् 731 में जुनैद के बाद आए तमीम ने दक्षिण की ओर बढ़ने की कोशिश की, लेकिन पुलिकसेन के हाथों नवसारी में बुरी तरह पराजित हुआ। उनके अंतिम हमले में उनकी सेनाएँ उज्जैन तक पहुँच गई थीं, पर वहाँ पर राजा नागभट्ट ने ऐसा रौंदा कि इसके बाद 100 साल तक मुस्लिम सेनाओं ने सिंध की ओर से हमला नहीं किया। इसके लगभग सौ साल बाद सिंध के गवर्नर इमरानबिन मूसा ने विस्तार करते हुए कच्छ तक कब्जा कर लिया था और आगे बढ़ने की तैयारी कर रहा था, पर एस नागभट्ट के उत्तराधिकारी के रूप में प्रतिहार वंश के ही राजा मिहिर भोज ने गद्दी सँभाल ली थी। मिहिरभोज हर्षवर्धन की ही तरह सफल योद्धा थे, पूरे भारत ने उनका लोहा माना था। मिहिरभोज ने इमरान बिन को ऐसा सबक सिखाया कि उसका राज्य सिंध में भी बहुत छोटे से क्षेत्र में सिमटकर रह गया। इससे यह साफ हो जाता है कि हिंदू राजा बहुत शक्तिशाली थे, यदि उनमें सांस्कृतिक और राजनैतिक दूरदर्शिता होती तो मिलकर सिंध से मुसलमानों का समूल नाश कर सकते थे। इसके बाद भारत पर जो मुस्लिम हमला हुआ, वह 991 के बाद हुआ अर्थात् पूरे 275 साल तक मुस्लिम शासन सिंध तक ही सीमित रहा, कैसी विडंबना है कि इतने लंबे समय तक भारत के राजा आपस

में लड़ते रहे, पर इस खतरे का सही आकलन नहीं कर सके। शंकराचार्य ने हिंदू समाज को बौद्ध प्रभाव से बाहर लाने के लिए बहुत बड़ा सांस्कृतिक आंदोलन सफलतापूर्वक चलाया, पर उसमें भी संस्कृति पर मँडराते इस खतरे के प्रति चिंता का समावेश नहीं दिखता है। होना तो यह चाहिए था कि जब इस्लाम की आँधी अरब में तूफान में बदल गई थी, तभी भारत नीति-निर्धारक मनीषी सावधान हो जाते, पर सच यह है कि आर्यों, शकों, हुणों, यूनानियों और कुषाणों को आत्मसात् कर लेने के बाद लंबे समय तक पश्चिमी सीमा से कोई हमला न होने के कारण भारतवासी शिथिल हो गए थे, अपने को अजेय मान बैठे थे। इसी शिथिलता और संपन्नता के कारण उच्च वर्ग विलासिता में इतना डूब गया था कि अपने साथ-साथ भारत को भी डुबो दिया।

इन 275 वर्षों में से 150 वर्षों का समय न केवल भारत, बल्कि इस्लाम के लिए भी महत्त्वपूर्ण था। 750 में बगदाद में अब्बासी वंश के खलीफा स्थापित हो गए। अब्बासी वंश मुहम्मद साहब के सबसे छोटे चाचा अब्बास बिन अब्बदुल मुत्तालिब के परिवार से थे। यों तो इस वंश का राज लगभग चार सौ वर्षों तक रहा, पर इसमें से खलीफा अल रशीद (786 से 809) और खलीफा अल मामून (913 से 833) का कार्यकाल विशेष महत्त्व का है। अब्बासी वंश ने कुरान की इस बात को गंभीरता से लिया कि तलवार से कलम ज्यादा शक्तिशाली है और ज्ञान प्राप्ति के लिए जो भी करना पड़े, करना चाहिए। 9वीं शताब्दी के अंत तक इस वंश का शासन अपने चरम पर था। 150 सालों के इस समय को इस्लाम का स्वर्णिम युग कहा जाता है, क्योंकि इस काल में खलीफा के स्थान बगदाद में एक ज्ञानकेंद्र (House of Wisdom) की स्थापना की गई, जहाँ विभिन्न देशों के मुस्लिम और गैर-मुस्लिम विद्वानों ने एक साथ बैठकर रोम, यूनान, मिस्र, चीन, भारत आदि देशों के कला, विज्ञान, साहित्य, खगोल शास्त्र आदि सभी विषयों की पुस्तकों का अरबी भाषा में अनुवाद किया। यह ऐसा काल था, जब इस्लाम में सांस्कृतिक विकास सबसे ज्यादा हुआ, इसलिए सिंध पर भी इस्लामीकरण का दबाव कम रहा। लेकिन 9वीं शताब्दी के समाप्त होते-होते बगदाद में तुर्की खलीफा के आने के बाद इस्लाम में सुधारवाद पर प्रतिबंध लग गया तो सिंध में इस्लामीकरण पर फिर जोर दिया जाने लगा। मुस्लिम सेनाओं ने सिंध में जब हिंदुओं को मुसलमान बनाना चाहा तो यह काम युद्ध में हिंदुओं को हराने से ज्यादा मुश्किल निकला। मुसलमानों ने सोचा कि जैसे अरब को तेजी से मुसलमान बना लिया है, वैसे ही हिंदुओं को भी बना लेंगे,

पर यहाँ पर भारतीय दर्शन इतना विकसित, परिपक्व और पूर्ण था कि मुसलमानों के पास हिंदुओं के प्रश्नों के उत्तर नहीं थे।

मुसलमानों का कहना था कि आत्मा नहीं होती है, तो हिंदुओं का कहना था कि बिना आत्मा प्राणी और परमात्मा के बीच संबंध कैसे स्थापित हो सकता है, ईश्वर के लिए की गई भक्ति कैसे ईश्वर तक पहुँचेगी। मुसलमानों का कहना था कि कयामत के दिन सारे मुरदे उठ खड़े होंगे, तब अल्लाह उनका फैसला करेंगे। हिंदुओं का कहना था कि मरने से लेकर कयामत तक वे कहाँ रहेंगे, यदि आत्मा नहीं है तो फैसला किसका होगा, क्योंकि शरीर तो मिट्टी में मिल चुका है। हिंदुओं का कहना था कि आत्मा का मोक्ष पाकर परमात्मा में विलय होने तक पुनर्जन्म होता रहता है। मुसलमानों ने कहा कि ईश्वर एक है और उसका नाम अल्लाह है तो हिंदुओं ने कहा निश्चित ही ईश्वर एक है और वही सब प्राणियों में है, लेकिन ईश्वर निराकार है, इसलिए उसका कोई नाम नहीं है, अलग-अलग लोग अलग-अलग नामों से बुलाते हैं। मुसलमानों ने कहा कि केवल नमाज से ही उसकी वंदना की जा सकती है, पर हिंदुओं का मानना था कि कण-कण में ईश्वर है, किसी भी वस्तु को प्रतीक मानकर वंदना की जा सकती है। मुसलमानों ने कहा कि मुसलमानों का अल्लाह ही असली ईश्वर है, तो हिंदुओं ने कहा कि यदि अल्लाह ताला हिंदुओं के ईश्वर से भिन्न हैं तो हिंदू और मुसलमानों का पानी, हवा, सूरज, चाँद, आकाश और खून अलग-अलग क्यों नहीं हैं। इस प्रकार हिंदुओं की शंकाओं का संतोषप्रद उत्तर न मिल पाने के कारण धर्म-परिवर्तन मुश्किल हो गया, उल्टा मुसलमानों के हिंदू बन जाने का खतरा पैदा हो गया तो मुस्लिम उलेमाओं ने एजतिहाद पर प्रतिबंध लगा दिया, अर्थात् तब तक शरीयत में जो भी आ चुका है, उस पर चर्चा नहीं हो सकती और न ही उनकी समीक्षा हो सकती है। उसमें कुछ भी जोड़ना या घटाना अपराध घोषित हो गया। शरीयत क्या है, इस्लामीकरण के लिए कैसे-कैसे हथकंडे अपनाए गए, इसकी चर्चा हम आगे करेंगे। यहाँ हम यह बताना चाहेंगे कि 275 वर्ष की इस शांति को आगे की तैयारी के लिए इस्तेमाल में लाने के बजाय हिंदू फिर सो गए, अफगानिस्तान की सीमा पर उमड़ते तूफान की ओर कोई ध्यान नहीं दिया।

इस्लाम आने से पहले अफगानिस्तान में बौद्ध राजाओं का शासन था। 9वीं शताब्दी के अंत तक भी अफगानिस्तान के एक भाग में शाही वंश के राजा जयपाल का शासन था; दूसरे भाग, जिसमें गजनी प्रदेश भी शामिल था, पर इस्लामी खलीफा का शासन था, पर उनका ध्यान ज्यादा न होने के कारण यह इस्लामी हुकूमत का

उपेक्षित छोर था। 9वीं शताब्दी में खलीफा का साम्राज्य टूटकर कई खलीफा हो गए तो ईरान अफगानिस्तान क्षेत्र को मिलाकर खोरासान क्षेत्र के गवर्नर अब्दुल मलिक के एक अधिकारी अलाप्तिजिन ने अलग होकर अपने को गजनी के स्वतंत्र शासक के रूप में स्थापित कर लिया। 977 में अलाक्तिजिन, जिनके उत्तराधिकारी सबाक्तिजिन ने राज्य को ठीक से संगठित करके उसे एक शक्तिशाली राज्य बना लिया। इसी सबाक्तिजिन का बेटा था महमूद गजनी, अर्थात् गजनी का राजकुमार। सबाक्तिजिन ने जब पूरे अफगानिस्तान पर अपना शासन फैलाने का निश्चय किया तो उसका सीधा टकराव जयपाल से था, लेकिन तब तक सबाक्तिजिन की शक्ति इतनी बढ़ चुकी थी कि जयपाल ने बिना युद्ध किए ही उसका शासन स्वीकार कर लिया। स्वीकार तो कर लिया, पर जयपाल पहला हिंदू राजा था, जिसको यह एहसास हुआ कि जिस आँधी ने पूरे अफगानिस्तान पर कब्जा कर लिया है, उससे न केवल भारत बल्कि हिंदुत्व को भी खतरा है। यह समझ में आते ही जयपाल ने अजमेर के चौहान तथा कन्नौज के शासकों को साथ लेकर अफगानिस्तान की ओर कूच किया। 991 में हुए इस युद्ध का सेनापति कोई और नहीं, महमूद गजनी ही था। युद्ध में हिंदू सेनाओं की हार हो गई और पेशावर पर गजनी का अधिकार हो गया। अगले 33 वर्षों तक महमूद ने पेशावर को ही आधार छावनी बनाकर भारत पर 17 लूट के अभियान किए, जिसमें आखिरी था सोमनाथ के मंदिर पर हमला। हर आक्रमण में उसका निशाना कोई-न-कोई भव्य मंदिर होता था, जहाँ से वेह सोने-चाँदी को लूटकर मंदिर को लाख से जलाकर नष्ट कर देता था और जाते-जाते हजारों औरतों को गुलाम बनाकर ले जाता था, जिनको बलात्कार करने के बाद अफगानिस्तान में औरतों की मंडी में बेच दिया जाता था। मथुरा के भव्य मंदिर को भी महमूद गजनी ने इसी तरह नष्ट कर दिया। महमूद गजनी को इतनी सफलताएँ इसलिए भी मिलीं कि वह गुप्त सूचनाओं के आधार पर ऐसे मंदिरों और रास्ते चुनता था, जिस पर वह तेजी से जाकर मंदिर लूटकर सुरक्षित लौट सके, क्योंकि उसे पता था, भारत में वह फँस गया तो जिंदा नहीं लौट पाएगा। लेकिन होशियारी के बाद भी अंतिम और 17वें सोमनाथ के मंदिर पर आक्रमण में वह फँस ही गया। सोमनाथ का मंदिर जब लूटकर वह वापस जा रहा था तो परमार वंश के राजा भोज ने उसको घेर लिया। महमूद युद्ध से बचकर किसी तरह सिंध के रेगिस्तान होते हुए भागने में सफल हो गया, पर उसकी और उसकी सेना की इतनी दुर्गति हो गई कि फिर कभी उसने भारत का रुख नहीं किया। हिंदुओं की मूर्खता की हद देखिए कि इसके बाद

गजनी राज्य कमजोर होता चला गया; 150 वर्षों तक भारत पर कोई हमला नहीं हुआ, फिर भी शक्ति होने के बाद भी पंजाब के उस भाग को मुक्त नहीं कराया गया, जिस पर गजनी ने कब्जा कर लिया था, अफगानिस्तान में घुसकर राज्य वापस लेना तो दूर की बात थी। महमूद के बेटे मंसूर ने भी शांति बनाए रखने के लिए वहाँ तिलक नाम के एक हिंदू को सेनापति नियुक्त कर दिया। हिंदू 150 साल तक जो भी करते रहे, पर अफगानिस्तान के मुसलमानों को लूट का चस्का लग चुका था, इसलिए अकूत सोने को लूटने और भारत में इस्लाम को फैलाने की नई-नई तरकीबें ढूँढ़ते रहे, जिसमें सूफीवाद भी एक था।

□

सूफी-घात

दुनिया भर में दो देशों या दो राजाओं के बीच युद्ध सदियों से होते आए हैं, हमेशा यही होता था कि विजयी राजा पराजित राज्य पर शासन करता था या फिर धन और स्त्रियाँ लूटकर वापस चला जाता था। इससे आम आदमी के जीवन पर कोई विशेष प्रभाव नहीं पड़ता था, लेकिन इस्लाम आने के बाद सबसे पहले तो मुहम्मद ने पूरे अरब को एक छत्र के नीचे किया, जिससे सारे राज्यों की सेना मिलाकर एक विशाल सेना बन गई। रोज आपस में युद्ध करनेवाला अरब जिस प्रकार इस्लाम के नाम पर एक हुआ, उससे उनको समझ में आ गया कि यदि दुनिया पर लंबे समय तक राज करना है तो सैनिक अभियान को मजहबी अभियान बनाकर ही किया जा सकता है, इससे न केवल नियमित सेना के खर्च से बचा जा सकता है, बल्कि अभियान को अनंत समय तक चलाया जा सकता है। इसके लिए न केवल सैन्य विजय प्राप्त करनी होगी, बल्कि विजित राज्यों के लोगों को मुसलमान बनाकर अरबी संस्कृति फैलानी पड़ेगी। पूरी दुनिया के लोग जब मक्का-मदीना के श्रद्धालु हो जाएँगे तो अपने आप पूरी दुनिया में अरबवालों का स्थायी शासन हो जाएगा।

712 में मुहम्मद बिन कासिम ने सिंध पर हमला करके राजा दाहिर को हरा कर सिंध पर कब्जा कर लिया, लेकिन प्रारंभिक मार-काट, लूट और बलात्कार के बाद जब शासन स्थापित करने की बात आई तो मजबूरी में हिंदुओं की मदद लेनी पड़ी, क्योंकि अरब से आए सैनिक न तो पर्याप्त थे और न ही उनको प्रशासन चलाना आता था। इसके साथ-साथ भारत में आगे बढ़ने के लिए भी उनको सैनिकों की जरूरत थी, इसके लिए भी उनको हिंदुओं में से ही भरती करने पड़े। तब मुस्लिम सेनाओं के साथ आए विचारकों ने तेजी से हिंदुओं को मुसलमान बनाने की योजना बनाई। उन्होंने समझा था कि जैसे अरब को तेजी से मुसलमान बना लिया है, वैसे ही यहाँ भी बना लेंगे। लेकिन यह काम युद्ध जीतने से कहीं ज्यादा

मुश्किल साबित हुआ, क्योंकि भारतीय दर्शन इतना विकसित था कि तर्कों से किसी हिंदू को मुसलमान बना पाना असंभव था। मुसलमानों ने कहा कि आत्मा नहीं होती तो हिंदुओं ने पूछा कि बिना आत्मा प्राणी और परमात्मा के बीच संबंध कैसे स्थापित हो सकता है? ईश्वर के लिए की गई भक्ति कैसे ईश्वर तक पहुँचेगी। मुसलमानों ने कहा कि सभी मृत व्यक्तियों का फैसला कयामत के दिन होगा, कयामत के दिन सारे मुरदे उठ खड़े होंगे, तब अल्लाह उनका फैसला करेगा तो हिंदुओं ने पूछा कि लाखों वर्षों से मर रहे लोग कयामत तक कहाँ रहेंगे, यदि आत्मा नहीं है तो कयामत के दिन फैसला किसका होगा, शरीर तो मिट्टी में मिल चुका है। मुसलमान जब जवाब नहीं दे पाए तो हिंदुओं ने बताया, मोक्ष पाकर आत्मा का परमात्मा में विलय होने तक पुनर्जन्म होता रहता है। मुसलमानों ने कहा कि ईश्वर एक है और उसका नाम अल्लाह है तो हिंदुओं ने कहा कि निश्चित ही परमपिता परमात्मा एक है और वही सब प्राणियों में है, लेकिन ईश्वर निराकार है, इसलिए उसका कोई नाम नहीं है, अलग-अलग लोग अलग-अलग नामों से बुला सकते हैं। मुसलमानों ने कहा कि केवल नमाज पढ़कर ही वंदना हो सकती है तो हिंदुओं ने कहा कि मन में श्रद्धा हो तो वंदना का हर तरीका सही है। मुसलमानों ने कहा कि मुसलमानों का अल्लाह हिंदुओं के परमात्मा से अलग है तो हिंदुओं ने पूछा कि यदि ऐसा है तो मुसलमानों की धरती, आसमान, पानी, हवा, सूरज, चाँद-सितारे अलग क्यों नहीं हैं। मुसलमानों ने कहा कि पत्थर की मूरत की पूजा करना पाप है तो हिंदुओं ने कहा कि पत्थर में मुसलमानों को भी तो एक छवि दिखाई देती है, तभी तो काबा में पत्थर को शैतान मानकर पत्थर मारते हैं। अंतर केवल इतना है कि हिंदुओं को पत्थर में भगवान् दिखाई देते हैं और मुसलमानों को शैतान दिखाई देता है। नौबत यह आ गई कि हिंदुओं को मुसलमान बनाना तो दूर, उलटे मुसलमानों के हिंदू बनने का खतरा पैदा हो गया। इससे डर कर सबसे पहले तो मुसलमान मौलवियों ने इस्लाम में सुधार और चर्चा पर प्रतिबंध लगा दिया, फिर बाद में इस्लामीकरण के लिए सूफियों की मदद लेने का फैसला किया। इससे पहले कि हम सूफियों के इतिहास पर जाएँ, यह समझ लें कि अरब के लोग कितने शातिर थे और लोगों को मुसलमान बनाने के लिए क्या-क्या कर सकते हैं।

भारत एक विशाल देश था, यहाँ विज्ञान और दर्शन इतना विकसित था कि तर्क द्वारा किसी को मुसलमान बना पाना असंभव था, इसलिए मुस्लिम सेनाओं और उलेमाओं ने नए-नए रास्ते खोजे। भारत में इस्लाम की पहली मसजिद पैगंबर

मुहम्मद साहब के जीते जी सन् 629 में ही केरल के मालाबार क्षेत्र में बन गई थी, यह मसजिद अरब से व्यापार करने आए मुसलमानों ने बनवाई। यह वही क्षेत्र है, जहाँ 1920 में बहुत बड़ा दंगा हुआ था, जिसमें हजारों हिंदू मारे गए थे, हिंदू औरतों की इज्जत लूटी गई और लोगों को जबरदस्ती मुसलमान बनाया गया था, बाद में जब ब्रिटिश फौजों ने कारवाई की तो दो हजार मुसलमान मारे गए, तब जाकर स्थिति सँभली। केरल का यह क्षेत्र आज भी मुस्लिम बहुल है, मुस्लिम कट्टरपंथियों का अड्डा है। शुरू में कुरान लिखित में नहीं थी, इसलिए भारत के लोगों को यह नहीं पता था कि इस्लाम न केवल हिंदू विरोधी है, बल्कि यह माना जाता है कि जो मुसलमान नहीं है, वह मुसलमान का दुश्मन है। न ही हिंदुओं को यह खबर थी कि अरब में किस तरह मुहम्मद साहब तलवार के दम पर इस्लाम फैला रहे थे। इस्लाम के बारे में धारणाएँ व्यापारी मुसलमानों के व्यवहार और बयान से बनती थीं, हिंदू वही समझते थे, जो मुसलमान समझाते थे। अरब के मुसलमान बहुत ही शातिर लोगों में से एक थे। प्रारंभ में मुहम्मद साहब को जब इस्लाम का ज्ञान आया और उन्होंने यह ज्ञान मक्का के लोगों को देना शुरू किया, लेकिन इतना भयंकर विरोध हुआ कि नौबत मक्का को छोड़ने तक आ गई। मुसलमानों का 5 स्त्रियों और 12 पुरुषों का पहला जत्था निकलकर दक्षिण की ओर गया और अबीशिया राज्य (अब इथोपिया और सूडान) पहुँच गया, लेकिन मक्कावालों ने वहाँ भी उनका पीछा किया और वहाँ के ईसाई राजा नेगस से मुसलमानों को पनाह न देने की प्रार्थना की। नेगस ने इनसाफ करने की नीयत से जानना चाहा कि मामला क्या है। इसके लिए उसने मुसलमानों को दरबार में बुलाया और इस्लाम के बारे में बताने को कहा। मुसलमानों के इस जत्थे में मुहम्मद साहब के ताऊ और संरक्षक अबू तालीब का बेटा जफर भी था, उसने कहा कि अब तक अरब के लोग अनजान थे, बुतों की पूजा कर रहे थे, बासी मांस खाते थे, भोग-लालसा में लिप्त थे, रिश्तों के मोह में फँसे हुए थे और शक्तिशाली कमजोर लोगों का शोषण कर रहे थे। अल्लाह ने मुहम्मद के माध्यम से हमें सही रास्ता दिखाया है। आगे जफर ने स्थिति को समझाते हुए बड़े सुंदर ढंग से कुरान की वे आयतें सुनाईं, जिनमें ईसाइयों की देवी मदर मेरी और प्रभु ईशु का सम्मान देते हुए वर्णन किया गया है। सुनने के बाद पूरा दरबार आँसू बहा रहा था। तब नेगस ने मुसलमानों को बाहर निकालने से मना कर दिया। इसी तरह मालाबार या अन्य क्षेत्रों में आए मुसलमान व्यापारियों ने हिंदुओं को अपमानित करनेवाली आयतें छुपाकर सिर्फ ऐसी आयतें पढ़ी होंगी,

जिससे इस्लाम में सबकुछ अच्छा ही अच्छा नजर आए। इसलिए उनकी बातों से प्रभावित होकर वे लोग सबसे पहले मुसलमान बने, जिनको समाज से शिकायत थी, हिंदुओं में ऊँच-नीच या आर्थिक शोषण का शिकार थे। मोपला दंगों में भाग लेनेवाले भी अधिकतर मजदूर वर्ग के ही थे। ये मुसलमान बनाने का पहला तरीका था, जिसमें बहुत अधिक सफलता नहीं मिली, जो मिली वह भी निम्न वर्ग तक ही सीमित होकर रह गई।

पूरी दुनिया को मुसलमान बनाने के लिए उलेमा कुछ भी कर सकते हैं, कोई भी हथकंडा अपना सकते हैं। ऐसे भी उदाहरण हैं, जहाँ लोग आर्थिक मदद के लालच में मुसलमान बने। तलवार के भय से मुसलमान बनाने से तो पूरा इतिहास भरा पड़ा है। दलितों को हिंदुओं के खिलाफ भड़का के मुसलमान बनाने की बहुत कोशिश की गई, लेकिन अधिक सफलता नहीं मिली। मिस्र के प्रसिद्ध मौलवी महमूद-अल-मसरी मिस्र के एक टेलिवीजन चैनल पर फरमा रहे थे कि इस्लाम में झूठ बोलना मना है, इसके बावजूद कुछ परिस्थितियों में झूठ बोला जा सकता है। इसके लिए उन्होंने एक कहानी सुनाई। एक मुसलमान के घर के बगल में एक यहूदी रहता था, वह बहुत ही अच्छा, नेक, ईमानदार और गुणवान इनसान था। मुसलमान पड़ोसी ने सोचा, क्यों न इस अच्छे इन्सान को मुसलमान बनने की दावत दी जाए। एक दिन उसने यहूदी को अपना प्रस्ताव सुनाते हुए कहा कि क्यों नहीं आप इस्लाम कबूल कर लेते हैं। इस पर यहूदी ने जवाब दिया, ''निस्संदेह इस्लाम में सारी विशेषताएँ हैं, मुझे इस्लाम अच्छा भी लगता है, पर समस्या यह है कि मुझे रोज शराब पीने की लत है और इस्लाम में शराब पीना मना हैं।" यहूदी की बात सुनकर मुसलमान बोला "कोई बात नहीं, आप इस्लाम स्वीकार कर लें, फिर शराब पी सकते हैं।" इस पर यहूदी ने खुश होकर इस्लाम स्वीकार कर लिया और शराब पीने की इच्छा प्रकट की तो मुसलमान ने कहा कि अब आप मुसलमान बन गए हैं, इसलिए शराब नहीं पी सकते, अगर आप शराब पीएँगे तो इस्लाम के गुनहगार होंगे और उसकी सजा मौत भी हो सकती है। इस कहानी से पता चलता है कि क्यों उलेमा पूरी दुनिया को मुसलमान बनाना चाहते हैं। असल में मुसलमान बनते ही आदमी उनकी मुट्ठी में आ जाता है, वह पूरी दुनिया को इस तरह अपनी मुट्ठी में करना चाहते हैं। नाम खुदा का, मर्जी उलेमा की। अब आते हैं सूफीयों के इतिहास पर।

इस्लाम आने से पहले अरब में कवि-परंपरा बहुत सशक्त थी। ये लोग

कविताएँ गढ़ते थे और पूरे अरब में घूम-घूमकर सुनाते थे; भारत के साधुओं की तरह दान-दया का महत्त्व समझाते थे, इसीलिए समाज में उनका ऐसा ही सम्मान था जैसा कि भारत में साधुओं का होता था। अरब में पहले तो यह माना जाता था कि मृत्यु के बाद कोई जीवन नहीं है, लेकिन अगर मृत्यु के बाद जीवन है तो कवियों की कविताओं में जिया जा सकता है। इन कवियों की परंपरा और प्रभाव कितना ज्यादा था, इसका पता इस बात से चलता है कि हातिम ताई, जिसके ऊपर सिनेमा बना, जिसकी अनेक कथाएँ प्रचलित हैं, वह इन्हीं कवियों के कारण कथाओं में अमर हो गए। हातिम ताई और इस्लाम के अंतिम पैगंबर मुहम्मद साहब जब बच्चे थे तो दोनों अपने-अपने चाचा के घर में रहते थे। हातिम ताई भी उन्हीं के हमउम्र थे और मुहम्मद की ही तरह बिना माँ-बाप के थे, फर्क इतना था कि हातिम ताई के पिता मरते समय काफी दौलत छोड़ गए थे, इसलिए हातिम जब बड़े हुए तो उनको वह दौलत मिल गई। लेकिन हातिम बहुत ही ज्यादा बड़े दिल वाला इन्सान था, लोगों की मदद करने में उसे आनंद आता था। एक बार तीन यात्री वहाँ से गुजर रहे थे तो हातिम ने उनके लिए तीन ऊँटों की बलि दे दी। संयोग से वे तीनो कवि थे, वो हातिम की इस आव-भगत से इतने खुश हुए कि हातिम पर कविताएँ लिख-लिख कर पूरे अरब में गा-गाकर हातिम को अमर कर दिया।

इस्लाम आने से पहले काबा की मसजिद एक मंदिर था, जिसमें 360 मूर्तियाँ थीं, जो इस्लाम आने के बाद सन् 630 में मुहम्मद साहब की देख-रेख में तोड़कर या तो जला दी गईं या फिर सीढ़ियों में चुनवा दी गईं, ताकि वे आते-जाते मुसलमानों के पैरों तले कुचली जाएँ। इस्लाम आने के बाद अल्लाह के सिवा किसी और की स्तुति गान करना कुफ्र था, जिसकी सजा मौत थी। इसलिए ये सारे कवि जो पहले 360 देवी-देवताओं के गीत गाया करते थे, अब अल्लाह और इस्लाम के गीत गाने लगे। ये असली सूफी थे। वास्तव में सूफी परंपरा का जन्म मुस्लिम सम्राटों के दरबार में वैभव और विलासिता के विरुद्ध हुआ था। शुरुआत के सूफी जैसे कि रूबिया (8वीं शताब्दी), मंसूर बिन हल्लाज (10वीं शताब्दी) असली सूफी थे, जो ईश्वर और बंदे के बीच प्रेम को सबसे बड़ा संबंध मानते थे; धार्मिक रूढ़िया, बंधन नहीं थे, इन पर बौद्ध धर्म का प्रभाव था और गुरु-शिष्य परंपरा थी, जिनको 'फकीर' और 'मुरीद' कहते थे और परंपरा को 'सिलसिला' कहते थे। 10वीं शताब्दी में जब खलीफा का पद तुर्कों के हाथ में आ गया तो फिर से इस्लाम में कट्टरवाद की लहर आ गई, जो इन सूफियों के विरुद्ध थे, इसीलिए मंसूर बिल

हल्लाज को सजा देकर मार दिया गया। मंसूर की हत्या के बाद सूफियों में भारी परिवर्तन आया। सूफी अल गजाली (1112) ने सूफीवाद को इस्लाम से जोड़कर कहा कि भक्ति के लिए कुरान का ज्ञान होना जरूरी है, अर्थात् यहाँ से सूफीवाद कट्टर इस्लाम का ही एक अंग बन गया। इस समय सूफियों में दो पंथ हो गए, एक 'बा-शरा', जो कि शरीयत के प्रति पूरी तरह प्रतिबद्ध थे, दूसरे, 'बे-शरा', जो कि शरीयत के प्रति प्रतिबद्ध नहीं थे; भारत में जो सूफी प्रारंभ में आए वे बा-शरा थे, इनकी केवल जीवनशैली ही सूफी थी, विचारों से तो ये कट्टर और खूँखार मुस्लिम ही थे, इनमें से बहुत से तो प्रशिक्षित सैनिक थे, इनको भारत में मुस्लिम सेनाओं ने एक खास मकसद से बुलाया था।

मुस्लिम सेनाओं ने भारत में लोगों को इस्लाम की खूबियाँ बताकर तर्क द्वारा लोगों को मुसलमान बनाने की बहुत कोशिशें कीं, लेकिन सफलता नहीं मिली। लेकिन मुस्लिम सेनाओं ने जब देखा कि यहाँ साधुओं का बहुत सम्मान है तो इस्लाम के प्रचार-प्रसार के लिए इन लोगों के इस्तेमाल करने की रणनीति बनाई। अरब से इन जल्लाद सूफियों को बुला लिया, ये लोग मुस्लिम फौजों के साथ ही आए थे, पर यहाँ आकर चोला बदलकर अपने को मुस्लिम साधु बताकर हिंदुओं से भी सम्मान पाने लगे, जिससे हिंदू समाज में इनकी घुसपैठ हो गई। सच बात यह है कि सूफियों के भेष में जो लोग आए, उनमें अधिकतर मौलवी और फौज के जासूस थे, बाद में भारतीय दर्शन के प्रभाव से बुल्लेशाह जैसे सूफियों का विकास हुआ, जो सच्चे लोग थे, पर ये अधिकतर भारतीय मूल के लोग थे और इनको न तो इस्लाम में न ही मुस्लिम बादशाहों ने कोई महत्त्व दिया। इनको मुसलमानों से ज्यादा हिंदुओं ने सम्मान दिया। विदेशों से आए सूफियों में अधिकतर हिंदुओं की साधुओं के प्रति श्रद्धा का अनुचित लाभ उठाकर जासूसी करने और लोगों को मुसलमान बनाने का काम करते थे।

यों तो भारत में अधिकतर आम हिंदुओं, बुद्धिजीवियों और नेताओं को इस्लाम और मुसलमानों के बारे में सही जानकारी नहीं है, पर सूफी मुसलमानों के बारे में ज्ञान तो अज्ञानता की चरम सीमा पर है। सूफियों के बारे में प्रचार किया गया कि साधु परंपरा के लोग हैं, गाते बजाते हैं, इनको सत्ता से कुछ लेना-देना नहीं है। लेकिन सच यह है कि साधु-परंपरा भारतीय दर्शन की संन्यास परंपरा से निकली है, जबकि इस्लाम में संन्यास की परंपरा दूर-दूर तक नहीं है। इस्लाम में आदमी जब तक जीता है, भोग करना उसका अधिकार है, इसीलिए इस्लाम में 80 साल

के आदमी का 14 साल की लड़की से ब्याह करना अनैतिक नहीं माना जाता है। इसलिए सूफियों को मुस्लिम साधु बताना भी मुसलमानों का एक षड्यंत्र था, वास्तव में ये लोग तीन काम करते थे—

1. मुस्लिम सेनाओं द्वारा की गई हैवानियत का हिंदुओं के दिमाग पर यह बताकर कड़ुवाहट कम करना कि इस्लाम में यह सब नहीं है, इस्लाम तो बस अल्लाह का नाम लेकर मस्त रहना सिखाता है, जिससे कि इस्लाम की छवि अच्छी बनी रहे और लोग मुसलमान बनते रहें। ये लोग सफल भी हुए, क्योंकि किसी हिंदू को नहीं पता था कि कुरान में क्या-क्या है। इनकी नीति ठीक वैसी ही थी, जैसी कि आज पाकिस्तान की है, एक ओर तो पाकिस्तान की सरकार सेना और आतंकवादियों से हमले करवाती है, दूसरी ओर बड़े ही भोलेपन से प्रचारित करती है कि क्या करें, यह लोग हमारे बस में नहीं हैं। अगर ये लोग बस में नहीं हैं तो पाकिस्तान की सरकार कम-से-कम इनकी योजनाओं के बारे में गुप्त सूचनाएँ तो भारत को दे सकती है, पर सूचनाएँ देने के बजाय उल्टा गुमराह करती रहती है।
2. इन सूफियों का दूसरा काम यह था कि जो हिंदू शिष्य बनते थे, उनको मौका देखकर या कोई प्रलोभन देकर पहले मंदिरों से, हिंदू जीवन पद्धति से अलग-थलग कर देना, फिर मौका देखकर पूरा मुसलमान बना लेना, अर्थात् पहले आधा फिर पूरा मुसलमान बना लेना।
3. तीसरा काम यह था कि हिंदुओं का पैसा खींचते रहना। वास्तव में जब मुस्लिम सेनाएँ भारत में आईं तो मंदिरों का वैभव देखकर हैरान रह गईं। इन सूफियों ने भी हिंदुओं की मंदिरों के प्रति श्रद्धा का लाभ उठाने की सोची और इस्लाम में मजारों की पूजा पर प्रतिबंध होते हुए भी मजारों को पुजवाना शुरू का दिया, जिससे इनके पास हिंदुओं की दौलत आने लगी और ये लोग उस दौलत को इस्लाम के प्रचार-प्रसार में खर्च करने लगे, हिंदुओं का पैसा बिना किसी मेहनत और खून-खराबे के मुसलमानों के पास पहुँचने लगा, ज्यादा-से-ज्यादा हिंदुओं को वहाँ लाने के लिए इनके चमत्कारों का झूठा प्रचार किया गया। सारे मुस्लिम एक सुर में बोलते थे, इसलिए भोले-भाले हिंदू जल्द ही इनके चक्कर में आने लगे। यह काम आज भी जोर-शोर से जारी है। इनके आने का एक मकसद

और था, वह यह कि नए बने मुसलमानों की मूर्तिपूजा की आदत को मजार पूजा में बदलना, फिर धीरे-धीरे पूरा मुसलमान बनाना। इनके इस काम की वजह से उनको मुसलमान बादशाहों के दरबार में भी सम्मान मिलने लगा, जबकि देखा जाए तो इस्लाम में मजारों की पूजा मना है। मौलवी अहमद रिजा खान एक ओर तो इतने कट्टर हैं कि कहते हैं कि इस्लाम के फायदे के काम में भी हिंदुओं की मदद लेना कुफ्र है, मगर दूसरी ओर मजारों की पूजा की छूट देते हैं।

4. इनका चौथा काम था मुस्लिम सेनाओं के लिए जासूसी करना, क्योंकि साधु की श्रद्धा इनके साथ जुड़ी होने के कारण ये लोग उन सैनिक क्षेत्रों में भी जा सकते थे, जहाँ मुसलमान नहीं जा सकते थे। 1191 में मुहम्मद गोरी पहला युद्ध पृथ्वीराज चौहान से हार गया था, तभी अजमेर में चिश्ती का आना हुआ। एक साल बाद ही दूसरे युद्ध में पृथ्वीराज गोरी से युद्ध हार गया, चिश्ती पहले दिल्ली और लाहौर में कार्यरत था, पर पृथ्वीराज चौहान के विरुद्ध षड्यंत्र के लिए विशेष तौर पर अजमेर आया और वहीं रम गया, चिश्ती भी बा-शरा सूफी था। चिश्ती ने ही मुहम्मद गोरी को सलाह दी थी कि पृथ्वीराज चौहान को सीधे-सीधे युद्ध में हराना संभव नहीं है, इसलिए धोखे का सहारा लेना जरूरी है। गोरी ने वही किया, पहले तो चौहान को संधिं प्रस्ताव भेजा फिर भोर होने से पहले हमला कर दिया, जिससे पृथ्वीराज की सेनाएँ सँभल नहीं पाईं और पृथ्वीराज पकड़ा गया।

सूफीवाद के नाम पर आज भी भारत के लोगों को बेवकूफ बनाया जा रहा है। आज भी सूफी गायकी के नाम पर पाकिस्तान से गायक यहाँ आते हैं और लाखों रुपए या तो ले जाते हैं या फिर यहाँ के पाकिस्तानी एजेंटों को देकर चले जाते हैं, पाकिस्तान में वह पैसा उनको आई.एस.आई. से मिल जाता है। अगर आप ध्यान से सुने तो आपको उनके गीतों के बोल समझ में नहीं आएँगे। इन आयोजनों में जाना एक स्टेटस की निशानी हो गई है। लोग वहाँ सूफी गायन नहीं, गायन के बाद मुर्गा पार्टी के लिए जाते हैं। भारत के मूर्ख हिंदुओं को पता ही नहीं कि दुनिया का सबसे बड़ा सूफी संत कबीर भारत में हुआ था, उसके दोहे कोई नहीं गाता। अप्रत्यक्ष या प्रत्यक्ष रूप से बस अल्लाह के गीत गाए जाते हैं, अगर ये धर्म निरपेक्ष मुसलमान हैं तो इनके गीतों में राम, कृष्ण, कबीर क्यों नहीं हैं? अकबर के राज के शुरुआती

दिनों में इन्हीं सूफियों ने हिंदू संन्यासियों पर सैकड़ों हमले किए। संन्यासियों ने दरबार में शिकायत की, लेकिन कुछ नहीं हुआ तो आत्मरक्षा में हथियार उठाकर अपनी रक्षा की।

अबुल हसन यामीनुद्दीन खुसरो (1253 से 1325), जो हिंदी में अमीर खुसरो देहलवी के नाम से प्रसिद्ध हैं, निजामुद्दीन औलिया के शिष्य थे। इनको भारतीय साहित्य और संगीत में बहुत सम्मान प्राप्त है, मगर यही खुसरो हिंदुओं का समूल नाश चाहते थे। वे लिखते हैं—"हमारे मजहबी योद्धाओं की तलवारों के दम पर पूरा भारत ऐसा बन गया, जैसे कि आग जंगल को काँटों समेत समाप्त कर देती है। हिंद के शक्तिशाली लोग पाँव के नीचे कुचल डाले गए हैं। यदि शरियत ने हिंदुओं को जजिया देकर जिंदा रहने की छूट न दी होती तो हिंद का नाम जड़-मूल से मिट गया होता।"

अकबर ने तब हिंदुओं पर से जजिया कर हटाया तो सबसे ज्यादा विरोध सूफी शेख सरहिंदी ने किया था। सरहिंदी का कहना था कि इस्लाम की शान बनाए रखने और बढ़ाने के लिए हिंदुओं को अपमानित करना जरूरी है। इसी प्रकार जब मराठों और सिक्खों के आक्रमण से मुगल शासन नष्ट होने ही वाला था, तब सूफी वलीउल्लाह ने अफगानिस्तान के अब्दाली से भारत पर हमला करके उसे बचाया। पाकिस्तान में एक ईश निंदा कानून है, जिसके कारण वहाँ गैर-मुसलमानों को रोज झूठे आरोप लगाकर मारा जा रहा है। यह कानून भी जनरल जिया पर दबाव डालकर सूफी शेख उन इस्लाम ताहिर अल कादरी ने ही बनवाया था। उनका स्पष्ट कहना है कि जो शरीयत और कुरान में पूरा विश्वास नहीं रखता, अर्थात् जो बा-शरा नहीं है वह सूफी नहीं हो सकता।

ऐसे ही एक थे कश्मीर में सम्मानित और प्रसिद्ध सूफी सईद अली हमदानी (सन् 1314-1385)। उसने तो हिंदुओं पर अत्याचार करने में हैवानियत की सारी हदें पार कर दीं। हमदानी ने हिंदुओं के लिए ये नियम बनाए—

1. हिंदू कोई नया मंदिर नहीं बनाएँगे।
2. पुराना मंदिर अगर गिर गया तो उसको दोबारा नहीं बनाएँगे।
3. मुसलमान यात्रियों को मंदिरों में ठहरने दिया जाएगा।
4. मुसलमान यात्रियों को तीन दिन तक हिंदू अपने घर में ठहराएँगे, खिलाएँगे, पिलाएँगे।
5. हिंदू न तो जासूसी करेंगे और न ही जासूसों को शरण देंगे।

6. अगर कोई हिंदू इस्लाम स्वीकार करना चाहे तो उसे रोका नहीं जाएगा।
7. हिंदू सभी मुसलमानों को इज्जत देंगे।
8. जो मुसलमान उनकी किसी सभा में आना चाहे, उनको सम्मान दिया जाएगा।
9. हिंदू लोग मुसलमानों के जैसे कपड़े नहीं पहनेंगे।
10. हिंदू मुसलमानों के जैसे नाम नहीं रखेंगे।
11. हिंदू जीन लगाकर घोड़े पर नहीं चढ़ेंगे।
12. हिंदू तलवारें और तीर-कमान नहीं रखेंगे।
13. वे अँगूठी नहीं पहनेंगे।
14. वे खुलेआम शराब आदि नहीं बेचेंगे।
15. वे अपनी परंपरागत पोशाक ही पहनेंगे, ताकि मुसलमानों से अलग दिखें।
16. वे मुसलमानों के बगल में अपना घर नहीं बनाएँगे।
17. वे अपने शवों को मुस्लिम कब्रिस्तान के पास नहीं जलाएँगे।
18. वे मुस्लिम गुलामों को नहीं खरीदेंगे।
19. किसी की मौत पर हिंदू जोर-जोर से रोएँगे नहीं।

इसी हमदानी ने कश्मीर के काली मंदिर को तुड़वाया था, उसी जगह पर आज उसकी दरगाह बनी हुई है। यह है उस समय बाहर से आए सूफियों का असली चेहरा।

□

इस्लामीकरण का अर्थशास्त्र

किसी भी समाज में उसके सदस्यों की सोच समाज की परिस्थितियों के अनुसार विकसित होती है। व्यक्ति की सुरक्षा, परिवार की सुरक्षा, सम्मान की सुरक्षा तथा आर्थिक सुरक्षा मुख्य तत्त्व हैं, जो व्यक्ति की प्रकृति और प्रवृत्ति का निर्माण करते हैं। भारत में खेती थी, यहाँ भोजन की समस्या नहीं थी, रहने के लिए जमीन की कमीं नहीं थी, पानी की कमी नहीं थी, एक विकसित जीवनदर्शन था, इसलिए लोग संतोषी थे, उनमें चंटपना नहीं था। लेकिन आज से 1500 साल पहले अरब संपन्न नहीं था, भारत की तरह वहाँ भी पाखंड और भयंकर अंधविश्वास था। काबा की जो आज मसजिद है, वह एक मंदिर हुआ करता था, जिसमें 360 मूर्तियाँ थीं। यों तो सभी की पूजा होती थी, पर अलग-अलग देवी-देवता को अलग-अलग कबीले से जोड़ा जाता था। चूँकि कोई दर्शन विकसित नहीं हुआ, इसलिए भोग ही प्रमुख लक्ष्य था, जिसमें स्त्री और भोजन मुख्य थे। रेगिस्तान होने के कारण खेती नाममात्र की थी, मुख्य भोजन ऊँट और भेड़ों का मांस थे। फलों की स्थिति यह थी कि संतरा वहाँ एक पुरस्कार था, कुरान में जन्नत मिलने पर जो जिन चीजों के मिलने का जिक्र है, संतरा उनमें से एक है।

आज से लगभग 3000 वर्ष पूर्व में जहाँ अब अरब राष्ट्र समूह है, वहाँ कोई इन्सानी बस्ती नहीं थी, केवल रेगिस्तान था। ऊँट तब तक पालतू जानवर नहीं बना था, धीरे-धीरे आदमी ने ऊँट को पालतू बना लिया और उस पर चढ़कर रेगिस्तान का निरीक्षण करने निकला तो उसको बीच-बीच में पानी के स्रोत दिखे, जिन्हें अब 'ओएसीस' कहा जाता है। पानी नजर आते ही आदमी ने वहाँ बस्तियाँ बसानी शुरू कर दीं, इसीलिए सभी कबीले इन पानी के स्रोतों के आसपास ही हैं, जैसे कि भारत में शहर नदियों के किनारे बसाए गए। समय के साथ ये बस्तियाँ गाँव और शहर बन गए! एक बस्ती में कई-कई कबीले बस गए, जैसे भारत में एक जिले में कई

गाँव और शहर। एक इस्लामी विद्वान् के अनुसार अरब जाकर बसनेवाले लोग कोई और नहीं, कौरव सेना के पांडवों से प्राण बचाकर भागे हुए सैनिक थे, क्योंकि उन दिनों हाथ आए पराजित सैनिकों को मार दिया जाता था। इन कबीलों में चूँकि खेती नाममात्र की थी, इसलिए अधिकतर लोग निर्धन होते थे, कबीले का सरदार ही शक्तिशाली होने के कारण सबसे ज्यादा संपन्न होता था। भोजन के लिए पशु भी अमीरों के पास ही ज्यादा होते थे, शादी के लिए भी पैसों की जरूरत होती थी, क्योंकि वधू-धन देने पर ही वधू मिलती थी। इसलिए अमीर तो कई-कई शादियाँ कर लेते थे, पर गरीब बड़ी उम्र तक कुँवारे रह जाते थे। पैगंबर मुहम्मद की शादी 25 वर्ष की आयु में हुई, क्योंकि उनके पास देने को वधू-धन नहीं था। स्थिति यह थी कि स्त्री और पशुधन के लिए कबीलों के बीच तथा कबीले के भीतर संघर्ष होते रहते थे, इसीलिए हर पुरुष को कुश्ती, तलवारबाजी और तीर आदि चलाना आता था। कबीलों के भीतर यह संघर्ष कभी-कभी इतने खूँखार हो जाते थे कि पराजित पक्ष कबीला छोड़कर शत्रु कबीले से मिलकर आक्रमण करवा देता था। कबीलों के बीच संघर्ष के कारण ही उस समय काबा के मंदिर में लोगों को पूरे कपड़े उतारकर ही जाने देते थे, ताकि कोई हथियार छुपाकर न ले जाए और मंदिर में खून-खराबा न हो। नियम के अनुसार कबीलों के बीच युद्ध होने पर पराजित कबीले के भाग्य का फैसला विजेता कबीला करता था, इस फैसले में प्राय: सभी पुरुषों को मार दिया जाता था, बच्चों और स्त्रियों को गुलाम बना लिया जाता था और कबीले को लूट लिया जाता था। पुरुषों को शायद इसलिए मार दिया जाता था, ताकि भोजन और स्त्रियों के भागीदार कम हो जाएँ जैसे जंगल में एक मांसाहारी जानवर दूसरे मांसाहारी जानवर को मार देता है। नियम यह था कि लूट के माल और स्त्रियों में 25 प्रतिशत हिस्सा सेनापति अर्थात् विजेता कबीले के सरदार का होता था, बाकी सैनिकों में बाँट दिया जाता था। अपने हिस्से में आई स्त्री को सैनिक चाहे तो हरम में रख सकता था, चाहे बेच सकता था। पैगंबर मुहम्मद ने स्वेच्छा से अपना हिस्सा 20 प्रतिशत कर दिया था। कबीले के बिना किसी भी आदमी की कोई हस्ती नहीं होती थी, यदि कोई व्यक्ति भटकता हुआ पकड़ा जाए तो उसको पकड़कर गुलाम बना लिया जाता था, यदि कोई छुड़ाने आए तो कीमत वसूली जाती थी। इस प्रकार भयंकर असुरक्षा का वातावरण होने के कारण लोग बहुत चौकन्ने रहते थे, हर व्यक्ति दूसरे पर नजर रखता था, हर बात के, हर काम के कई-कई मतलब निकाले जाते थे, ताकि बाद में पछताना न पड़े। अस्तित्व पर हर समय संकट बना रहने के

कारण शंका करना, हर समय युद्ध के लिए तैयार रहना अरब के लोगों की आदत में था। यही आदत आर्थिक पक्ष को लेकर भी थी और यहीं से दूर तक सोचने और चौकन्ना रहने की आदत मुस्लिम जगत् में आई।

इस्लामीकरण की सबसे सफल नीति रही है, तेजी से जनसंख्या वृद्धि करते रहना और मुसलमानों को सदा स्वस्थ तथा मजबूत बनाकर हमेशा युद्ध के लिए तैयार रखना। मांसाहारी भोजन पर इसीलिए बल दिया जाता है। मांसाहारी भोजन तामसी होने के कारण आक्रमकता बनी रहती है, शरीर को पोषण मिलने से शरीर मजबूत और चुस्त बना रहता है, साथ ही पशु की बलि देने और देखने से खून देखकर डर नहीं लगता। इसी नीति का दूसरा पक्ष है गैर-मुसलमानों की जनसंख्या के अनुपात को कम करना, चाहे दंगों में मारकर या किसी प्रकार से मुसलमान बनाकर। गैर-मुसलमानों की संख्या में कमी लाने का एक तरीका यह भी है कि उनको आर्थिक रूप से कमजोर करते जाना, ताकि वे स्वास्थ्य पर पर्याप्त पैसा न खर्च सके और धीरे-धीरे लड़ने लायक न रहें, ज्यादा बच्चे पैदा न कर सकें। मुस्लिम राज में हिंदुओं पर जजिया कर लगाने का मकसद यही था कि हिंदुओं का पैसा खींचकर उसे मुसलमानों पर खर्च करो। भारत के आजाद होने के बाद मुसलमान नेताओं ने इस नीति को जारी रखते हुए हमेशा मुसलमानों का ऐसा चित्र बनाया, जिससे कि वह बेचारा, गरीब लाचार और दया का पात्र लगे, ताकि वह सरकार से अधिकतम पैसा खींच सके और हिंदुओं पर कम-से-कम पैसा खर्च हो। हिंदू लेखको, नेताओं और समाजसेवियों की नासमझी के कारण मुस्लिम नेता इस मकसद में कामयाब भी रहे हैं।

मुसलमान अपनी गरीबी की जिम्मेदारी हमेशा भारत सरकार के माध्यम से हिंदुओं पर डाल देते हैं, जोर-शोर से प्रचारित किया जा रहा है कि मुसलमानों का शोषण हुआ है, इसलिए वे गरीब रह गए और भारत सरकार के साथ-साथ अधिकतर हिंदू भी उसको सर झुकाकर ओढ़ लेते हैं, जैसे कि उनको शाल पहनाकर सम्मानित किया जा रहा हो, पर किसी की अक्ल में यह बात नहीं आती है कि मुसलमान भारत में शासक रहे हैं और हिंदू शासित, तब प्रजातंत्र तथा सेक्यूलरिज्म नाम की कोई चीज नहीं थी, फिर जनता कैसे शासकों का शोषण कर सकती है। अकबर के शासन काल में ही हिंदुओं को थोड़ा सम्मान और सत्ता में भागीदारी मिली थी, बाकी अधिकतर बादशाहों के शासन में मुल्लाओं ने हिंदुओं का जीना हराम कर दिया था। हिंदुओं को जजिया जैसा टैक्स हिंदू होने के कारण देना पड़ता

था, उनको ऊँची नौकरियाँ नहीं दी जाती थीं, उनकी लड़कियों को उठा लिया जाता था, जिससे कि बाल विवाह जैसी कुरीतियाँ हिंदू समाज में आ गई। मुसलमानों की संख्या 10 प्रतिशत से कम होने के बावजूद उर्दू माध्यम को थोपा गया, यह हिंदुओं का साहस ही था कि वे भी लगातार कटते रहे, लड़ते रहे, पर हिम्मत नहीं हारे और हर बादशाह को आखिर समझौता करने पर मजबूर कर दिया। ऐसे में कोई बताए कि हिंदुओं ने मुसलमानों का शोषण कब किया, कैसे किया और कहाँ किया? जहाँ तक अंग्रेजों द्वारा शोषण की बात है तो अंग्रेजों ने हिंदुओं का भी उतना ही शोषण किया फिर हिंदू कैसे जिम्मेदार है। पाकिस्तान और बांग्लादेश में तो हिंदुओं की सत्ता नहीं है, फिर वहाँ मुसलमान गरीब क्यों है, क्यों सारे पाकिस्तानी भारत में आकर पैसा कमाने को तैयार बैठे रहते हैं? मुसलमान अपनी गरीबी अपने 600 साल के शासन में दूर नहीं कर सके तो हिंदू अब किस तरह जिम्मेदार हैं? यही नहीं, 1857 के बाद मुसलमानों को समझ में आ गया कि मुस्लिम शासन खत्म हो चुका है तो सर सैयद अहमद के नेतृत्व में फौरन पैंतरा बदला, अंग्रेजी और अंग्रेजों को मुसलमानों का उद्धारक बताते हुए अंग्रेजों की नौकिरियाँ लेनी शुरू कर दीं, जबकि हिंदू लगातार अंग्रेजों से संघर्ष करते रहे। इसी होशियारी से स्थिति बाद में यह हो गई कि कहीं-कहीं तो मुसलमानों के हाथ में नौकरियाँ उनके आबादी के अनुपात से ज्यादा थीं। यदि शिक्षा के अनुपात में देखें तो अधिकतर स्थानों पर ज्यादा थीं। यदि आमदनी की बात की जाए तो मुसलमान गरीब की आमदनी हमेशा हिंदू गरीब से ज्यादा रही है, पर बड़े परिवार के कारण उनकी बचत कम रही है। पढ़ाई के नाम पर बच्चों को या तो पढ़ाते ही नहीं थे या फिर मदरसे में पढ़ाते थे, इसलिए नौकरियाँ नहीं मिल पाती थीं, आज जब वे पढ़ने-लिखने लगे हैं तो नौकरियाँ मिल रहीं हैं। और तो और कश्मीर जैसे क्षेत्र से जहाँ के लोग हिंदुओं से घृणा करते हैं, लोग आई.ए.एस. में चुने गए हैं, आधा फिल्म उद्योग मुसलमानों के हाथ में है। आजादी के समय भारत में मुसलमान जनसंख्या 9.5 प्रतिशत थी, जो अब बढ़ते-बढ़ते 15 प्रतिशत तक पहुँच गई है, जबकि पाकिस्तान में हिंदू लगभग समाप्त कर दिया गया है, क्या यह भारत में मुसलमानों के शोषण की निशानी है? चाहे आजादी से पहले हो या आजादी के बाद, चाहे भारत हो या अमरीका, मुस्लिम परिवार में औसत सदस्यों की संख्या हमेशा दूसरों से ज्यादा रही है और सेहत भी दूसरों से अच्छी रही है, इससे सिद्ध होता है कि उनकी आमदनी औरों से कम नहीं है, बल्कि बड़े परिवार और बड़े शौक के कारण खर्च ज्यादा है, चूँकि ध्यान परिवार बढ़ाने पर

रहता है, उलेमा भी उनको आधुनिक शिक्षा लेने से रोकते हैं, कहते हैं कि कुरान पढ़ लो उससे ज्यादा इस दुनिया में कुछ भी नहीं है, कुरान में सबकुछ है, इस कारण गरीब मुसलमानों के बच्चे शिक्षा में पिछड़े रह जाते हैं और ज्यादा आमदनीवाली नौकरियाँ नहीं कर पाते, यह भी गरीबी का एक कारण है। वहीं मुस्लिम नेताओं को देखिए, वे गरीबों को तो कहते हैं कि बच्चों को मदरसे में भेजो और खुद के बच्चों को लंदन और अमरीका भेजकर पढ़ा रहे हैं, नतीजा यह कि मुस्लिम नेताओं के बच्चे राजनीति और रोजगार दोनों में लाखों कमा रहे हैं।

मुझे याद है, एक बार उत्तर प्रदेश के उलेमाओं ने फतवा दिया था कि बच्चों को पोलियो की दवा पिलाना शरीयत के खिलाफ है, इसलिए कोई भी मुसलमान बच्चों को पोलियो की दवा न पिलाए, चूँकि मुस्लिम समाज आँख बंद करके उलेमाओं के पीछे चलता है, इसलिए इसकी जिम्मेदारी सरकार की है या उलेमाओं की या फिर हिंदुओं की। यह तो आम मुसलमान की समझदारी है कि वह अब अपने दिमाग से भी इन मामलों में सोचने लगा है और सही फैसले लेने लगा है, वरना कट्टर उलेमाओं के हिसाब से तो किसी हिंदू से उसका हाल-चाल पूछना, हिंदू की मौत में जाना, हिंदू से दोस्ती करना भी कुफ्र है। इसी तरह बुरके को ले लीजिए, दुनिया भर में रसूखवाली औरतें, चाहे वे बेनजीर भुट्टो हों या परवेज मुशरफ की बीबी, हमेशा बिना बुरके के दिखी हैं। अमीर और रसूखवाले मुसलमानों की औरतें अकसर बिना परदे बाहर निकलती हैं, पर गरीब मुसलमानों को बुर्का पहनने के लिए फतवे दिए जाते हैं। वास्तव में उलेमाओं को डर है कि मुसलमान साइंस और अंग्रेजी पढ़ गए तो उनके शिकंजे से निकल जाएँगे। मुसलमानों के सच्चे हितैषी मौलाना वहीद्दुदीन खान ने भी यही कहा था कि मुसलमान अपने पिछड़ेपन का दोष दूसरों को देना छोड़ें और खुद को बदलाव से जोड़ें।

1835 में जब लॉर्ड बैंटिक ने कलकत्ता में पहले मेडिकल कॉलेज की स्थापना की घोषणा की तो उलेमाओं के आह्वान पर मुसलमानों ने कलकत्ता की सड़कों पर जुलूस निकालकर विरोध किया। मुस्लिम उलेमाओं और लीडरों ने मुसलमानों का वहाँ दाखिला नहीं लेने दिया, नतीजा यह हुआ कि दूसरे समाज के लोग डॉक्टरी पढ़कर पाँच साल बाद डॉक्टर बनकर निकलने लगे, जबकि मुसलमान उसको बंद करने की माँग करते रहे और सौ साल पीछे छूट गए। साफ है कि मुसलमानों के पिछड़ेपन के जिम्मेदार उनके उलेमा और उनके लीडर हैं, न कि हिंदू या भारत सरकार। लड़कियों की शिक्षा को लेकर तो और भी बुरा हाल है। फतवा-ए-

रबीमिंया में कहा गया है कि लड़कियों को स्कूल–कॉलेज जाने की इजाजत नहीं है, क्योंकि उच्च शिक्षा से लाभ कम हानि ज्यादा है। मौलाना थानवी कहते हैं कि अंग्रेजी सीखने से लाख गुना बेहतर है, मदरसों में पढ़कर बेकार रहना, इससे कम–से–कम मजहब के मामले में तो आदमी भ्रष्ट नहीं होगा, वकील–जज बनने से तो मसजिद का भंगी बनना ज्यादा अच्छा है। भ्रष्ट होने के डर बताकर ही उलेमाओं ने औरतों का मसजिद में जाना बंद कर दिया, जबकि पैगंबर साहब के जमाने में स्त्रियाँ बिना बुरके के पाँच समय नमाज के लिए मसजिद में जाती थीं, लेकिन हजरत उमर ने प्रतिबंध लगा दिया। हजरत उमर का साथ देते हुए हजरत आयशा ने भी यही कहा कि जो हाल हजरत उमर ने देखा वही हाल यदि पैगंबर साहब देख लेते तो वे भी यही करते। इस बात से साफ होता है कि फतवे केवल कुरान, हदीस या शरीयत के आधार पर नहीं, बल्कि जरूरत के हिसाब से भी दिए जाते हैं, तो फिर क्यों नहीं उलेमा आज की जरूरत के हिसाब से मुसलमानों को परिवार नियोजन की छूट देते हैं। कोई उलेमा कहता है कि लड़कियों को स्कूल या कॉलेज भेजना गलत है, कोई कहता है कि लड़कियों को लिखना–पढ़ना, गणित, उर्दू पढ़ाना, सिलाई–कढ़ाई आदि सिखाना चाहिए, मगर परदे के बाहर नहीं आना चाहिए।

मुसलमानों को तरक्की से रोकनेवाले उलेमा केवल शिक्षा के मामले में ही नहीं, दूसरे मामलों में भी मुसलमानों को उसी युग में ले जाना चाहते हैं, जिस युग में इस्लाम का ज्ञान आया था। यह तो भारत के आम मुसलमान की समझदारी है कि वह इनकी बात सुनता है और फिर जो उसे ठीक लगता है, वह करता है, वह लगातार इनकी जकड़ से निकलने का प्रयत्न कर रहा है। पिछले कुछ वर्षों में भारत के मुसलमानों में भारी परिवर्तन आया है, वे इन उलेमाओं को छोड़कर पढ़ने–लिखने पर ध्यान दे रहे हैं, जिससे अच्छे–अच्छे मुस्लिम डॉक्टर, इंजीनियर और व्यापारी निकलकर आ रहे हैं। कहीं–कहीं तो कमाल कर रहे हैं। मुसलमान बदल रहे हैं, लेकिन उलेमा और लीडर नहीं, वे कहते हैं कि इंश्योरेंस नहीं लेना चाहिए, क्योंकि यह जुआ है, और तो और मुसलमानों को इंश्योरेंस कंपनी में काम भी नहीं करना चाहिए यह शरीयत के विरुद्ध है। इस हिसाब से सोचा जाए तो मुसलमानों को बैंकों में भी काम नहीं करना चाहिए, क्योंकि वहाँ सूद लिया और दिया जाता है। शेयर बाजार में भी काम नहीं करना चाहिए, ऐसी किसी इस्लामी संस्था में भी काम नहीं करना चाहिए, जिसका बैंक में खाता है और जो ब्याज लेता है। अंग्रेजी दवाएँ नहीं लेना चाहिए, क्योंकि उनमें एल्कोहल होता है, जबकि मरने के बाद जन्नत

के फायदों में शराब एक है। रेडियो में भी केवल इस्लाम के बारे में प्रोग्राम करना चाहिए, किसी जीवित चीज की पेंटिग या फोटो घर में नहीं होनी चाहिए, शादी में गाना-बजाना नहीं होना चाहिए, फोटो नहीं खिंचवाना चाहिए, फोटो की दुकान पर काम नहीं करना चाहिए, वे काम नहीं करने चाहिए, जो काफिर करते हैं।

मुसलमानों की जनसंख्या बढ़ाने के अतिरिक्त इस्लामीकरण का एक तरीका यह भी है कि गैर-मुसलमानों की जनसंख्या को कम करना। इसे करने के दो तरीके हैं, एक तो सीधे-सीधे उनको मारकर, दूसरे उनको खदेड़कर, तीसरे उनको आर्थिक रूप से कमजोर करके, ताकि वे शारीरिक रूप से कमजोर होते जाएँ, ज्यादा बच्चे न पैदा कर पाएँ और जल्दी मर जाएँ। पूरी दुनिया में मुसलमानों की नीति बनाने का यही आधार रहा है, पर हमारे नेता आज तक इसको समझ नहीं पाए हैं। पाकिस्तान का उदाहरण ले लीजिए, 1947 में हिंदू पाकिस्तान छोड़कर जा रहे थे, फिर उनका कत्लेआम करने की क्या जरूरत थी, लेकिन उनको मारा गया, क्योंकि मार देने से उनकी औरतें और लड़कियाँ असहाय हो गईं, जिससे उनके साथ जो चाहे करने की छूट मिल गई। लाखों लड़कियों, औरतों का बलात्कार करके उनको या तो बेच दिया गया या मार दिया गया या फिर मुसलमान बनाकर किसी गरीब या अपंग के साथ जबरदस्ती ब्याह कर सड़ने के लिए छोड़ दिया गया। यदि ये औरतें भारत आ जातीं तो हिंदुओं की संख्या बढ़ातीं। इसी प्रकार दस लाख से भी ज्यादा हिंदू पुरुषों को भारत लौटते समय रास्ते में ही मार दिया गया। इसके पीछे सोच यही थी कि उनके मारे जाने के बाद पाकिस्तान में उनकी जायदाद का कोई दावेदार नहीं बचेगा और वे मुसलमानों की हो जाएँगी। घरों के साथ-साथ बहुत सी दुकानों और कारखानों में काम करनेवाले मुसलमानों ने अपने मालिकों को मारकर उन पर कब्जा कर लिया और रातोरात नौकर से मालिक बन बैठे। हिंदुओं को मार देने के पीछे एक और सोच यह थी कि ये लोग भारत पहुँचकर फिर हिंदू बच्चे पैदा करेंगे और जनसंख्या में मुसलमानों के प्रतिशत को तेजी से बढ़ने नहीं देंगे, इसलिए पहुँचने ही मत दो, यदि ये हिंदू जिंदा भारत पहुँच जाते तो आज भारत में 40 लाख हिंदू ज्यादा होते। जो हिंदू फिर भी पाकिस्तान में रह गए, उनको डराकर, उन पर जुल्म करके उनकी लड़कियों का अपहरण करके उनको मुसलमान बनने पर मजबूर कर दिया। परिणाम यह है कि है कि 1947 में जहाँ पाकिस्तान में हिंदू 3 प्रतिशत थे, वे अब लगभग आधा प्रतिशत रह गए हैं।

इसी प्रकार चूँकि कश्मीर में भारतीय फौजें होने के कारण न तो मार सकते

थे और न ही डरा-धमकाकर मुसलमान बना सकते थे, इसलिए खदेड़ने का रास्ता अपनाया। कश्मीर के मुसलमानों ने पाकिस्तान के आतंकवादियों से हिंदुओं पर हमले करवा-करवाकर, लड़कियों, औरतों का बलात्कार करवा-करवाकर ऐसे हालात पैदा कर दिए कि तीन लाख हिंदू और सिख, जो वहाँ हजारों वर्षों से रह रहे थे, उनको रातोरात छोड़कर भागना पड़ा। इससे एक तरफ तो विस्थापित हिंदुओं के मरने-खपने का इंतजाम हो गया, दूसरी ओर तीन लाख हिंदुओं के घर, नौकरियाँ, भोजन मुसलमानों के हिस्से में आ गया, जिससे उनको अपनी आबादी और तेजी से बढ़ाने का मौका मिल गया।

शेष भारत में चूँकि सत्ता हिंदुओं के हाथ में है, इसलिए मुसलमानों ने हिंदुओं के आर्थिक अशक्तीकरण का रास्ता अपनाया। मुसलमानों की दूरगामी सोच का ही परिणाम है कि वे 1965 और 1971 के युद्धों की हार को भी जीत में बदलने में कामयाब हो गए। 1965 में न केवल जीती हुई जमीन वापस ले ली, बल्कि षड्यंत्र करके तत्कालीन प्रधानमंत्री श्री लालबहादुर शास्त्री को भी मरवा दिया, क्योंकि शास्त्रीजी नेहरू की तरह मुस्लिमपरस्त नहीं थे, इस्लामीकरण के रास्ते में भविष्य में बहुत बड़ा रोड़ा बन सकते थे। 1971 में मुस्लिम नेताओं ने देखा कि बांग्लादेश तो बन ही गया है, उस पर रोने-धाने से कोई फायदा नहीं और आगे की सोचते हुए बांग्लादेश से आए 70 लाख शरणार्थियों को यहीं पर रोक लिया, जिससे भारत में मुसलमानों का प्रतिशत और तेजी से बढ़ने लगा, आज वे 70,00,000 से बढ़कर तीन करोड़ तक पहुँच गए हैं। यही नहीं, उसके बाद तो मुसलमान लीडरों ने बांग्लादेश से मुसलमानों को यहाँ लाकर बसाने का अभियान ही चला रखा है। मोटे-मोटे अनुमान के हिसाब से आज भारत में लगभग चार करोड़ मुसलमान बांग्लादेश से आए हुए हैं। इसका अर्थ यह है कि चार करोड़ बांग्लादेशी मुसलमान हिंदुओं के पैसे से पल रहे हैं, यहाँ से कमाकर या चोरी-डकैती करके हिंदुओं को गरीब कर रहे हैं। भारतीयों के हिस्से का दाना-पानी, निवास उनके पास चला गया है; दूसरी ओर बांग्लादेश पर अपनी आबादी को पालने का दबाव कम हो गया है। यदि ये चार करोड़ बांग्लादेशी मुसलमान भारत में नहीं होते तो भारत में आज इतनी महँगाई नहीं होती, इतने किसानों को आत्महत्या नहीं करनी पड़ती, इतने हिंदू नौजवान बेरोजगार नहीं होते, बहुत सी लड़कियाँ और औरतें मजबूरी में देह व्यापार करने से बच जातीं और लाखों बच्चे बाल मजदूर बनने से बच जाते। इस प्रकार यह जीत भी हार में बदल गई।

उर्दू के नाम पर हो रही राजनीति इसका सबसे अच्छा उदाहरण है। जिस तरह हिंदुओं में अब कोई अपनी मातृ भाषा नहीं पढ़ना चाहता, हर कोई अंग्रेजी ही पढ़ना चाहता है, उसी प्रकार आज मुसलमानों में भी सब अपने बच्चों को अंग्रेजी माध्यम से पढ़ाना चाहते हैं, लेकिन मुसलमान नेता लगातार सरकारों पर उर्दू के लिए और पैसा, और पैसा देने पर दबाव बनाए हुए हैं, इसकी वजह एक ही है कि उर्दू पढ़नेवाले हों, न हों, पर एक मुसलमान को नौकरी मिलने का मतलब है 7 से 8 लोगों की रोटी का इंतजाम होना और हिंदुओं के ऊपर उतना पैसा खर्च होने से बचना। सरकारी नौकरियों में आरक्षण की माँग भी इसी आर्थिक जेहाद का हिस्सा है। आप कहेंगे कि क्या मुसलमान इस देश का नागरिक नहीं है तो मैं कहूँगा कि क्या ब्राह्मण इस देश का नागरिक नहीं है। केवल गरीबी ही अगर आधार है तो ब्राह्मणों को भी आरक्षण मिलना चाहिए, क्योंकि उनमें भी बहुत बड़ा प्रतिशत गरीब है। लेकिन केवल गरीबी आरक्षण का आधार नहीं हो सकती। हमारे संविधान निर्माताओं ने दलितों और आदिवासियों को आरक्षण केवल इसलिए नहीं दिया था कि वे गरीब हैं, बल्कि उसका आधार था भूतकाल में उन पर हुए अत्याचार, उनका शोषण, उनको कभी सम्मान से जीने का हक नहीं मिलना था। इसलिए उनको समाज में उचित सम्मान दिलाने के लिए आरक्षण का प्रावधान किया था।

ओ.बी.सी. को दिया गया आरक्षण भी गलत है, क्योंकि ओ.बी.सी. कभी भी अछूत नहीं रहे, उनका सवर्णों के शादी-ब्याह में आना-जाना था, वे अधिकतर कारीगर होते थे। इसी आधार पर मुसलमानों को आरक्षण का कोई हक नहीं बनता है, वे यहाँ पर शासक थे, उनका न तो कोई अपमान कर सकता था और न ही शोषण। जहाँ तक मुसलमानों की गरीबी की बात है, मैं पूछता हूँ कि अगर उनके अपने 600 साल के शासन में उनकी गरीबी कम नहीं हुई तो हिंदू उसके लिए कैसे जिम्मेदार हैं? पाकिस्तान और बांग्लादेश में तो हिंदू नहीं हैं, वहाँ तो उनका ही शासन है, फिर वहाँ मुसलमानों की गरीबी क्यों कम नहीं हुई। सच तो यह है कि हिंदुओं की गरीबी 600 साल के मुस्लिम शासन और 200 साल के अंग्रेज शासन के कारण है और मुसलमानों की गरीबी अंग्रेजों और उनके उलेमाओं के कारण है, भारत में भी और पाकिस्तान में भी। सच ये भी है कि भारत भर में मुस्लिम वक्फ बोर्डों के पास अरबों रुपए की संपत्ति है, अरबों रुपए की आमद है, जिसमें दुनिया का सबसे ज्यादा और सबसे बड़ा भ्रष्टाचार है, यह भ्रष्टाचार खत्म करके आमदनी यदि मुसलमानों पर खर्च की जाए तो किसी सरकारी मदद की जरूरत नहीं है, उल्टा

वे लोग हिंदू गरीबों की मदद कर सकते हैं। चाहे वे आरक्षण हो, चाहे अलग-अलग तरह से सरकारी मदद या उर्दू का मामला, यह सब इस्लामीकरण की राजनीति नहीं, रणनीति का हिस्सा हैं। अब ताजमहल को भी वक्फ बोर्ड को सौंपने की माँग उठाई जा रही है। उसके पीछे नीयत उससे होनेवाली आमदनी पर कब्जा करना है, ताकि पैसा सरकार के पास न जाकर सीधे मुसलमानों को मिले, उसमें जो हिंदू कर्मचारी है, उनको निकालकर बाहर किया जाए। मुस्लिम नेताओं ने जहाँ-जहाँ मौका मिला, सरकार से मुसलमानों को पैसा दिलाने का कोई मौका नहीं छोड़ा, जैसे कि हिंदुओं के दिए गए टैक्स से मुसलमान हज कर रहे हैं। उत्तर प्रदेश में तो आजम खान ने हद ही कर दी, मंत्री बनते ही आदेश जारी करवा दिया कि जो भी मुस्लिम लड़की मैट्रिक कर लेगी, उसको सरकार की ओर से 30,000 रु. की नकद सहायता दी जाएगी, इसमें यह शर्त भी नहीं है कि वे अच्छे नंबरों से पास हो या किसी सरकारी स्कूल से हो, जिसका अर्थ है कि कहीं से कोई मुस्लिम लड़की बोगस सर्टिफिकेट लाकर भी सरकार से 30,000 रु. ले सकती है, हिंदुओं को आर्थिक रूप से कमजोर करने का बहुत अच्छा उदाहरण है। उत्तर प्रदेश की मुस्लिमपरस्त यादव सरकार ने यह भी नहीं सोचा कि इससे हिंदुओ में नहीं तो दलितों और पिछड़ों को कैसा लगेगा। इसी प्रकार पूरे भारत में लगभग हर प्रदेश में उर्दू अकादमियाँ खुली हुई हैं, जिससे उर्दू का तो कोई भला नहीं हो रहा है, हाँ हिंदुओं के विकास पर खर्च होनेवाला मोटा पैसा मुसलमान नेताओं की जेब में जा रहा है, इसी पैसे से भारत और हिंदू विरोधी राजनीति हो रही है।

एक और उदाहरण दे रहा हूँ। 1875 में सर सैयद अहमद को मुसलमानों के लिए अंग्रेजी माध्यम का कॉलेज खोलना था। उत्तर प्रदेश में मुसलमान नवाबों की लाखों एकड़ जमीन पड़ी थी, पर सर सैयद अहमद ने अंग्रेजों को पटाकर हिंदू राजा महेंद्र प्रताप की 467 हेक्टेयर जमीन का अधिग्रहण करवा दिया। उसी पर मुस्लिम एंगलों ओरियंटल कॉलेज बनाया गया, जो 1920 में अलीगढ़ मुस्लिम यूनिर्वसिटी बन गया और पाकिस्तान बनाने के षड्यंत्र का सबसे बड़ा केंद्र बना। सच तो यही है कि अगर अलीगढ़ मुस्लिम विश्वविद्यालय नहीं बनता तो पाकिस्तान भी नहीं बनता। जैसे-जैसे मुसलमानों का जनसंख्या में प्रतिशत बढ़ता जा रहा है, वैसे-वैसे उनकी राजनैतिक शक्ति बढ़ती जा रही है और वैसे-वैसे ही वे वोटबैंक की राजनीति में लगे सत्ता के भूखे हिंदू नेताओं से और ज्यादा आर्थिक लाभ मुसलमानों को दिलवाकर हिंदुओं का अशक्तीकरण कर रहे हैं।

मुसलमान बहुत दूर तक सोचते हैं। भारत में जब मुसलमानों ने देखा कि शहरों में सरकारी सुविधाएँ, रोजी-रोटी तथा उपचार की अधिक सुविधा होने के कारण जीवन ज्यादा सुरक्षित और सुविधापूर्ण है तो उन्होंने शहरों की ओर पलायन शुरू कर दिया। उदारीकरण के बाद शहरों में जब पैसा तेजी से आया तो यह पलायन और तेज हो गया, जिसका परिणाम यह है कि आज भारत में उनकी जनसंख्या 15 प्रतिशत है, पर शहरों में वे 35 प्रतिशत से ज्यादा हैं, जिसका अर्थ है कि वे शहरों की सुविधाओं के लाभ उनके जनसंख्या के अनुपात से दो गुने से भी अधिक उठा रहे हैं, जिससे उनकी संख्या गाँवों के अभावों में रहने वालों की तुलना में ज्यादा तेजी से बढ़ रही है। दूसरी ओर गाँवों में हिंदू अपनी जनसंख्या के अनुपात से कहीं ज्यादा कष्ट उठा रहे हैं, जिससे उनकी संख्या वृद्धि दर कम है।

□

हिंदुओं की संघर्ष गाथा

वर्ष 1192 में जब मुहम्मद गोरी और पृथ्वीराज चौहान के बीच युद्ध हुआ तो भारत के राजा समझ रहे थे कि जिस तरह महमूद गजनी लूटपाट करके चला गया, यह भी चला जाएगा, पर ऐसा हुआ नहीं। भारत में इस्लाम के प्रसार और अकूत संपदा के लालच ने उसको यहाँ स्थायी शासन स्थापित करने को मजबूर कर दिया। उस समय भी स्थिति यही थी कि भारत राजा भोज था और अफगानिस्तान गंगू तेली। मुहम्म्द गोरी का इरादा भारत से प्राप्त संपदा के दम पर केंद्रीय एशिया के अन्य भागों पर अपना राज स्थापित करना था। भारत में हिंदुओं में यह माना जाता है कि यहाँ से भारत में पूरी तरह मुस्लिम शासन स्थापित हो गया था, पर सच ये है कि मुहम्मद गोरी से लेकर 1947 तक हिंदुओं ने युद्ध अवश्य हारे, पर मन से कभी पराजय स्वीकार नहीं की। इसीलिए चाहे वे मुस्लिम शासक रहे हों या फिर अंग्रेज, किसी को भी चैन से शासन नहीं करने दिया। सच कहा जाए तो भारत का इस काल का इतिहास जितना हिंदुओं की मूर्खता का इतिहास है, उतना ही हिंदुओं के उस वीरतापूर्ण संघर्ष का इतिहास भी है। इस इतिहास में न केवल सशस्त्र संघर्ष है, बल्कि अध्यात्म और दर्शन का युद्ध भी शामिल है, जिसमें मुस्लिम कभी हिंदुओं के तर्कों का उत्तर नहीं दे पाए, इसलिए मुस्लिम हमेशा हीनता का शिकार रहे और इसी कारण हिंदुओं का बड़े पैमाने पर धर्मांतरण नहीं हुआ, इसी कारण भारत का इस्लामीकरण आज तक पूरा नहीं हो पाया। बीच में केवल अकबर ही ऐसा बादशाह था, जो चैन से शासन कर सका, क्योंकि उसने न केवल हिंदुओं को धार्मिक स्वतंत्रता दी, बल्कि सत्ता में सम्मानजनक भागीदारी भी दी। बाबर के आने तक भारत में परिदृश्य यह था कि हिंदू से हिंदू, मुसलमान से मुसलमान और हिंदू से मुसलमान राजा लगातार युद्ध करते रहे। हिंदू फौजों में मुसलमान सिपाही और मुसलमान फौजों में हिंदू सिपाही होना आश्चर्य की बात नहीं थी, न तो सारे

हिंदू राजा कभी एक थे और न ही मुस्लिम बादशाह कभी एक हो सके। हिंदू-मुसलमान से ज्यादा राज्य का विस्तार महत्त्वपूर्ण था। ऐसा भी हुआ था कि एक मुस्लिम बादशाह ने दूसरे मुस्लिम बादशाह को हराने के लिए हिंदू राजा की मदद ली, महमूद लोधी ने राणा साँगा से मिलकर बाबर के विरुद्ध युद्ध लड़ा था, लेकिन इब्राहीम लोधी के साथ राणा के संबंध अच्छे नहीं थे, इसलिए राणा ने ही बाबर को न्योता भेजा था, हालाँकि वे बाद में साथ नहीं आए। अकबर के सौतेले भाई ने जब अफगानिस्तान से हमला किया तो अकबर ने एक हिंदू सेनापति को भेजकर उसे खदेड़ा। ऐसा अकसर होता था कि दिल्ली का बादशाह किसी राज्य को जीतकर जब दिल्ली लौट आता था तो वहाँ पर नियुक्त गवर्नर अपने को स्वतंत्र घोषित कर देता था, जैसे कि मुहम्मद गोरी के एक सेनापति बख्तियार खिलजी ने बंगाल को जीतकर अपने को कुछ समय बाद ही स्वतंत्र घोषित कर दिया था। वास्तव में बंगाल अकबर से पहले कभी पूरी तरह दिल्ली के अधीन रहा ही नहीं, हालाँकि शासक दोनों ही जगह मुसलमान रहे।

इस दौर के मुस्लिम शासकों में हर तरह के शासक थे, पर कोई भी न तो अकबर जैसा उदार था और न ही कोई औरंगजेब जैसा दरिंदा। होता यह था कि विजय के बाद प्रारंभिक मार-काट और लूट-पाट के बाद सब शांत होने लगता था, क्योंकि एक तो हिंदुओं का घृणा विहीन व्यवहार उनको शांत कर देता था, दूसरे प्रशासन चलाने के लिए उनको हिंदुओं की जरूरत पड़ती थी। उनके साथ आए हुए सैनिक तो राज्य के विस्तार या उसकी रक्षा में ही लगे रहते थे, वे न तो खेती कर सकते थे, न ही टैक्स वसूल सकते थे। बिना खेती उन दिनों कोई राज्य चल ही नहीं सकता था, इसलिए हिंदू किसान ही उनके काम आते थे। उनके साथ आए सैनिकों की संख्या भी इतनी नहीं होती थी कि सब जगह लगा सकें, इसलिए केवल उच्च पदों पर मुसलमान होते थे, नीचे के प्रशासन में सब हिंदू ही होते थे। ऐसे में यदि बादशाह हिंदुओं पर अत्याचार जारी रखता तो पूरे प्रशासन के ठप्प हो जाने का खतरा था, जिससे सैनिकों को वेतन न मिल पाने पर विद्रोह होने का खतरा था।

सबसे बड़ा सच तो ये है कि मुसलमान बादशाहों को हिंदू प्रजा से उतना खतरा नहीं रहता था, जितना मुस्लिम सामंतों और उलेमाओं से रहता था। मुस्लिम सामंत हमेशा सत्ता के भूखे रहते थे, इसलिए सत्ता हथियाने के षड्यंत्र करते रहते थे। इस पूरे काल में मुस्लिम बादशाहों ने षड्यंत्र करनेवाले जितने मुसलमान सामंतों को मरवाया, उसके मुकाबले हिंदुओं की संख्या कुछ भी नहीं है। सच यह भी है कि

मुस्लिम बादशाहों के साथ असली वफादारी हिंदुओं ने निभाई, मुस्लिम सामंतों के षड्यंत्रों से हिंदुओं ने ही बचाया। जहाँ तक मुस्लिम उलेमाओं की घातों की बात है, बादशाहों का सबसे बड़ा सरदर्द वे ही थे, उनकी जरा कोई बात नहीं मानी तो फौरन बादशाह के विरुद्ध जेहाद चालू कर देते थे। उनकी सबसे बड़ी माँग हर बादशाह से यही रहती थी कि सारी सेना को सारे काम छोड़कर हिंदुओं को मुसलमान बनाने पर लगा दो। बादशाह को लगता था कि खुदा को खुश रखना आसान है, पर इन उलेमाओं को खुश रखना नामुमकिन है। इससे उलट हिंदू धर्म गुरु थे, जिनको थोड़ा सा सम्मान मिलते ही बादशाह को लंबी उम्र का आशीर्वाद दे देते थे। इन्हीं सब बातों का प्रभाव यह हुआ कि शुरुआती कड़ुवाहट के बाद हिंदुओं और बादशाहों में एक तालमेल बन गया।

फिरोज तुगलक के राज में गुजरात के मुस्लिम प्रशासक ने हिंदुओं की मूर्तिपूजा पर किसी भी प्रकार का हस्तक्षेप नहीं किया। उसके बाद वहाँ जफर खान आया, जो कि एक राजपूत का बेटा था, उसके पिता ने इस्लाम कबूल कर लिया था। तैमूर के हमले के समय जफर खान ने अपने को स्वतंत्र घोषित कर दिया और मुजफ्फरशाह के खिताब से शासन करने लगा। इसी का पोता था अहमद शाह (1411 से 1413), जिसने राजधानी पाटन से अहमदाबाद लाकर कई भव्य इमारतें बनवाईं। उसने एक तरफ तो हिंदुओं पर जजिया लगाया, पर दूसरी ओर दरबार में हिंदू को मंत्री बनाया, मालवा के राजा को हराने के बाद भी वहाँ किसी मुस्लिम प्रशासक को नियुक्त न करके हारे हुए राजा हुशंग शाह को ही वापस शासन दे दिया, हत्या के आरोप में अपने बेटे की बीच बाजार में गरदन कटवा दी। कई बादशाहों, जैसे कि अलाउद्दीन खिलजी, फिरोज तुगलक ने तो हिंदू, जैन और बौद्ध धर्म-गुरुओं को अपने दरबार में सम्मानित भी किया। जलालुद्दीन खिलजी के राज में तो यह हालत थी कि हिंदू अपने धार्मिक जुलूस गाजे-बाजे के साथ बादशाह के महल के नीचे से भी निकाल लेते थे। इस काल में हिंदुओं का धर्म-परिवर्तन भी बड़े पैमाने पर नहीं हो पाया, जो हुआ, वह भी उलेमाओं ने करवाया, जिसमें लालच देना भी शामिल था। यह हिंदुओं के जीवनदर्शन की ही शक्ति थी कि पद, प्रतिष्ठा, धन-दौलत, सबकुछ उनको मिल सकता था, पर सवर्ण तो छोड़िए, दलितों ने भी इस्लाम कबूल नहीं किया।

जब-जब जरूरत पड़ी, हिंदुओं ने प्रतिक्रिया भी दी। अलाउद्दीन खिलजी के सेनापति मलिक मुहम्मद कफूर ने जब दक्षिण में जाकर लूट-पाट की तो कुछ समय

बाद ही कृष्णदेव राय के नेतृत्व में विजय नगर साम्राज्य खड़ा हो गया, जिसने 1320 से 1565 तक दक्षिण भारत की रक्षा की, भव्य शासन चलाया और जिसके राज्य का क्षेत्रफल अकबर के राज्य से भी बड़ा था। हिंदुओं की ताकत और वफादारी को सबसे पहले हुमायूँ ने ठीक से पहचाना और सत्ता में हिंदुओं की भागीदरी का युग शुरू किया, जो शाहजहाँ के शासन काल तक चली और जिसके कारण मुगल सत्ता का न केवल विस्तार हुआ, बल्कि शांति भी बनी रही। कलिंजर एक ऐसा राज्य था, जिसने कभी किसी बादशाह के सामने समर्पण नहीं किया। 630 में हुमायूँ ने भी उस पर हमला किया, लेकिन दाँत खट्टे हो गए तो समझौता कर लिया, जिसके अंतर्गत कलिंजर को मुगल साम्राज्य में अति विशिष्ट दर्जा देकर मिलाया गया। इसी नीति को आगे बढ़ाते हुए अकबर ने राजपूत राजा टोडरमल की पुत्री जोधाबाई से शादी करके राजपूतों को अपने दरबार में बड़े-बड़े पद देना शुरू कर दिया। राजा मान सिंह को बंगाल का गवर्नर पद देकर सम्मानित किया। इससे पहले के मुस्लिम बादशाहों के राज में हिंदुओं को बड़े पद यदाकदा ही मिलते थे, पर अकबर ने एक-दो नहीं, अनेक हिंदुओं को उनकी योग्यता के कारण भी मंत्री पद दिया।

अकबर के राज में तो स्थिति यह थी कि हिंदू पदाधिकारी ज्यादा महत्त्वपूर्ण हो गए थे, जिसके कारण मुस्लिम उलेमा बहुत नाराज रहते थे। अकबर ने जब बंगाल पर विजय प्राप्त की तो वहाँ प्रशासन व्यवस्था स्थापित करने के लिए राजा टोडरमल को नियुक्त किया। अफगानिस्तान पर उस समय अकबर के सौतेले भाई मुहम्मद हाकिम का राज था। अफगानिस्तान उस समय आज से भी ज्यादा गरीब था, भारत राजा भोज था तो अफगानिस्तान गंगू तेली, इसलिए हाकिम ने अकबर से भारत से मिल रहे राजस्व में हिस्से की माँग की, लेकिन अकबर ने जब नहीं दिया तो उसने भारत पर हमला कर दिया, तब भी अकबर ने राजपूतों के नेतृत्व में सेना भेजकर उसको खदेड़ा। चाहे बिहार हो या बंगाल, मुस्लिम हाकिम लगातार विद्रोह करते रहे और हिंदू लगातार अकबर के वफादार बनकर राज्य की रक्षा करते रहे। राजपूतों को सम्मान देने के कारण धीरे-धीरे सारे राजपूत राजा अकबर से जुड़ते गए और महाराणा प्रताप अलग-थलग पड़ गए, अंत में हल्दी घाटी के युद्ध में अकबर से परास्त हुए और पहाड़ों में चले गए। यही नहीं अकबर ने दीन-ए-इलाही के नाम से एक नया पंथ भी चलाया, जिसमें सभी धर्मों के लिए आदर था। संस्कृत, अरबी, फारसी के अनेक ग्रंथों का अनुवाद एक भाषा से दूसरे में करने के लिए एक विभाग भी खोला। अकबर की भाईचारे की नीति के कारण ही मुसलमान उसकी गिनती

काफिरों में करते हैं, पाकिस्तान की इतिहास की पुस्तकों में औरंगजेब आदर्श है, अकबर नहीं।

मुस्लिम शासकों में कई पत्नियों से कई बच्चे होने के कारण महल के बाहर से ज्यादा षड्यंत्र महलों के भीतर होते रहते थे, बाप-बेटों के बीच सत्ता के लिए युद्ध तक हुए हैं। जहाँगीर के साथ भी हुआ। सबसे बड़े बेटे खुसरो ने इतनी बड़ी बगावत कर दी कि लाहौर में बाप-बेटे के बीच युद्ध हुआ, जिसमें खुसरो को परास्त करके जेल में डाल दिया गया। जहाँगीर के राज में बीबी नूरजहाँ, बेटे शाहजहाँ और महावत खान के षड्यंत्र तो सारी हदें पार कर गए। शाहजहाँ ने विद्रोह करके बंगाल और बिहार पर कब्जा कर लिया तो महावत खान ने दोनों राज्यों को वापस विजय करके शाहजहाँ को पकड़ लिया। जहाँगीर ने बेटे शाहजहाँ को माफ तो कर दिया, पर उसके दोनों बेटे दारा शिकोह और औरंगजेब को अपने पास गिरवी रख लिया। औरंगजेब द्वारा अपने पिता शाहजहाँ को 8 साल तक कैद में रखने और अपने बड़े भाई दारा शिकोह को सुमेरगढ़ के युद्ध में हराकर सत्ता पर कब्जा करने की बात तो सब जानते हैं, लेकिन विशेष बात यह है कि औरंगजेब भी दारा शिकोह से इसलिए जीत सका, क्योंकि राजपूत उसके साथ थे।

सन् 1605 में अकबर की मृत्यु के बाद जहाँगीर को जो राज्य विरासत में मिला, उसकी सीमा काबुल से असम तक, दक्षिण में विध्यांचल और गुजरात तक थी। लंबे समय तक शांति के कारण खजाना भरा हुआ था। जहाँगीर अपने को कट्टर मुसलमान मानता था, इसलिए अकबर के उदार सलाहकार अबुल फजल की हत्या करवा दी, दीन-ए-इलाही बंद हो गया, लेकिन प्रशासन में उसने समझदारी से काम लिया और अकबर की नीतियों को और आगे बढ़ाते हुए महाराणा प्रताप के बेटे को पहले युद्ध में समझौते के लिए मजबूर किया, फिर पूरे सम्मान से राज दरबार में खुद उठकर गले लगाया, ऊँचा पद दिया, जिससे कि राजपूतों के साथ रिश्ते और प्रगाढ़ हो गए। कमोबेश यही नीति शाहजहाँ ने भी चालू रखी, जिससे मुगल साम्राज्य का विस्तार होता गया। औरंगजेब जब सत्ता में आया तो मुगल साम्राज्य का क्षेत्र अकबर के काल से भी ज्यादा था; उसका एक ही कारण था कि हिंदुओं और विशेष तौर पर राजपूतों को साथ लेकर चलना, लेकिन औरंगजेब ने आते ही सत्ता का इस्लामीकरण करना शुरू कर दिया, जिससे सारे हिंदू धीरे-धीरे उससे साथ छोड़कर अलग होते गए और उसका साम्राज्य बिखरता गया। दक्षिण में मराठा, उत्तर में राजपूत, पश्चिम में जाट और सिक्ख उसके विरुद्ध

खड़े हो गए। औरंगजेब ने 1679 में जजिया फिर से लगा दिया, क्योंकि शिवाजी से लड़ते-लड़ते खजाना खाली हो गया था।

अकबर का शासन 50 वर्षों तक चला तो उसका सबसे बड़ा कारण यही था कि राजपूत उसके साथ थे, उसने हिंदू, ईसाई, बौद्ध, पारसी आदि सभी धर्मों को सम्मान दिया, हिंदुओं को बड़े-बड़े पदों पर बिठाया, जजिया टैक्स समाप्त किया, कैदियों को बलात् मुसलमान बनाने पर रोक लगाई। अकबर ने एक दीन-ए-इलाही नाम से नया धर्म भी चलाने का प्रयास किया, जिसमें भारतीय सोच का समावेश था और जिसके कारण मुस्लिम उलेमाओं ने नाराज होकर विद्रोह कराने की भी कोशिश की, लेकिन हिंदुओं की वफादारी के कारण सफल नहीं हुए। अकबर पर जब उसके चचेरे भाई मुहम्मद हाकिम ने अफगानिस्तान से हमला किया तो राजपूतों ने ही उसको मारकर खदेड़ा। हाकिम का कहना था कि अफगानिस्तान की सत्ता तो बंजर खेती के समान है, इसलिए उसे हिंदुस्तान की मलाई में हिस्सा मिलना चाहिए। इससे यह बात सिद्ध होती है कि उन दिनों भी अफगानिस्तान आर्थिक रूप से भारत से बहुत ज्यादा पिछड़ा हुआ था।

अकबर की मौत के बाद जहाँगीर को जो विरासत मिली, उसमें पूरा बंगाल, पूरा उत्तर और पश्चिम भारत था, खजाना भी भरा हुआ था। जहाँगीर और शाहजहाँ भी कम-ज्यादा अकबर की नीतियों पर चलते रहे, इसलिए परेशानी अधिक नहीं आई, लेकिन सन् 1658 में औरंगजेब के कुरसी पर बैठते ही नीतियाँ फिर एक बार हिंदू विरोधी हो गईं, मुल्लाओं की चलने लगी परिणाम ये हुआ कि अकबर से लेकर शाहजहाँ तक जो हिंदू विरोध शांत था, बादशाह का वफादार था, वह फिर से जाग गया और औरंगजेब को ललकारने लगा। सबसे पहले शिवाजी ने हिंदुओं पर फिर से जजिया लगाए जाने के विरोध में पत्र लिखा। राजपूतों ने विद्रोह के झंडे गाड़ दिए, औरंगजेब के अत्याचारें के कारण ही सिक्ख खालसा का जन्म हुआ। गुरुनानक जी संत रामानंद के शिष्य थे और कबीर की ही तरह संत थे, पर बाद में सिक्खों ने मजबूरी में अपने को सैनिक बना लिया। सिक्खों ने जिस बहादुरी से औरंगजेब को जवाब दिया, वह इतिहास में एक मिशाल है; हालाँकि औरंगजेब के काल में ही मुगल शासन दक्षिण में स्थापित हुआ, पर हिंदुओं के विरोध के कारण धीरे-धीरे राज्य की हालत बिगड़ने लगी और इतनी बिगड़ी कि उसके बादवाले बादशाहों का कोई नाम भी नहीं जानता है, बहादुर शाह जफर के आते-आते मुगल साम्राज्य बस नाम का ही रह गया था।

औरंगजेब ने यह सोचा था कि हिंदुओं पर जुल्म करके, उनको जबरदस्ती मुस्लिम बनाकर वो भारत से लेकर काबा तक मुल्लाओं में लोकप्रिय हो जाएगा, पर हुआ उल्टा। मुल्लाओं और मुस्लिम सामंतों में सत्ता की चाह बहुत ज्यादा होने के कारण उनके षड्यंत्र तो कम नहीं हुए, उल्टा हिंदुओं से दुश्मनी और हो गई। जिन रातपूतों के दम पर अकबर ने अफगानिस्तान से होनेवाले आक्रमणों को विफल कर दिया और जहाँगीर तथा शाहजहाँ के शासन में अमन के कारण तरक्की होती रही, उन्हीं राजपूतों के दुश्मन बनते ही मुगल साम्राज्य का पतन शुरू हो गया। बहादुर शाह जफर के आते-आते केवल मुगल शासन का नाम ही रह गया था, शासन समाप्त हो चुका था। और तो और, औरंगजेब के बाद के बादशाहों का इतिहास में कोई खास स्थान नहीं है। वास्तव में मुगल साम्राज्य के उत्थान के कारणों में ही पतन के कारण भी छुपे हैं। हिंदुओं से जजिया टैक्स, ऊँचा लगान और लूटे हुए पैसे मिलते रहने के कारण मुसलमान सामंतों को कोई काम-धंधा करने की आदत नहीं रह गई थी, इसलिए वे जबरदस्ती उठाई गई हिंदू औरतों के साथ अय्याशी, तीतर-बटेर लड़ाने और मुजरा देखने में इतने व्यस्त हो गए कि अंग्रेजों से लड़ने के लायक ही नहीं रह गए। ज्यादा बीबियाँ, गुलाम औरतें और ढेर सारे बच्चे होने के कारण षड्यंत्र भी खूब होते थे। बहादुर शाह जफर का बड़ा बेटा जब अंग्रेजों के हाथों मारा गया तो उससे छोटे बेटे की माँ खुश हो रही थी कि अब गद्दी उसके बेटे को मिल जाएगी। वह हिंदुस्तान के बेताज बादशाह की बेगम थी, पर उसे यह भी पता नहीं था कि गद्दी ही नहीं बची है तो मिलेगा क्या।

औरंगजेब की मुल्लापरस्त नीतियों कें कारण केवल राजपूत ही दुश्मन नहीं हुए, पश्चिम में शिवाजी के नेतृत्व में मराठा हिंदू शस्त्र लेकर खड़े हो गए और वीरता का अद्भुत इतिहास रच डाला। गुरुनानक का सिक्ख समुदाय मूलतः भक्ति समुदाय था, पर औरंगजेब के अत्याचारों ने उनको भी शस्त्र उठाने पर मजबूर कर दिया। सिक्खों की वीरता तो इतिहास में अद्वितीय है, उनकी शक्ति धीरे-धीरे इतनी बढ़ी कि महाराजा रणजीत सिंह के नेतृत्व में सबसे पहले सिक्खों ने ही मुगलों से पंजाब छीनकर फिर से भारत में हिंदू राज की स्थापना की। इसी कारण आज भी कट्टरपंथी मुसलमान सिक्खों से सबसे ज्यादा चिढ़ते हैं। पाकिस्तान के विभाजन के बाद पाकिस्तान में सिक्खों को ढूँढ़-ढूँढ़कर मारा गया, हिंदू को भले ही एक बार छोड़ दिया गया, पर किसी हाथ आए सिक्ख को जिंदा नहीं छोड़ा गया। हिंदुओं के खड़े होते ही मुगल साम्राज्य कमजोर होने लगा और 1706 में औरंगजेब के मरने

तक यह हालत को गई के बादवाले कई बादशाहों का तो लोग नाम भी नहीं जानते हैं। अंतिम बादशाह बहादुर शाह जफर को भी लोग इसलिए जानते हैं कि वो 1857 के विद्रोह का नेता था। बादशाह तो वह बस नाम का रह गया था।

सन् 1618 में जिस ईस्ट इंडिया कंपनी ने जहाँगीर से इजाजत लेकर सूरत से व्यापार शुरू किया था, वह फैलते-फैलते बंगाल तक फैल गई थी, 1690 में चर्नाक नाम के अंग्रेज ने कलकत्ता नाम के शहर की स्थापना करके ईस्ट इंडिया कंपनी के लिए एक आधार तैयार कर लिया था। औरंगजेब की मृत्यु के बाद बंगाल के नवाब अलीवर्दी खान ने भी अपने को दिल्ली से स्वतंत्र घोषित करके खुद को बंगाल का सुल्तान घोषित कर दिया। 1715 में ईस्ट इंडिया कंपनी ने अलीवर्दी से जमीनें खरीदने की छूट भी प्राप्त कर ली, जिससे कि कंपनी अब जमींदार भी बन गई। अलीवर्दी हिंदुओ पर जुल्म नहीं करता था, इसलिए उसके राज्य में शांति थी और राज तरक्की कर रहा था। अंग्रेजों ने भी वहाँ से जूट, मसाले, सूत आदि यूरोप भेजकर खूब पैसा कमाया। इसी तरक्की की खुशबू पाकर अलीवर्दी के जमाने में राजस्थान से मारवाड़ियों ने भी बंगाल आना शुरू कर दिया और अंग्रेजों के साथ-साथ वे भी मालामाल होते गए।

सन् 1756 में अली वर्दी खान की मृत्यु के बाद सिराजुद्दौला नवाब बना, लेकिन तब तक बंगाल में मारवाड़ी व्यापारी और अंग्रेज बहुत सशक्त हो चुके थे, सारी आर्थिक शक्ति इन दोनों के हाथ में आ चुकी थी, नवाब तो बस नाम का शासक रह गया था। अंग्रेजों ने हुगली के किले को और मजबूत बनाना चाहा तो अंग्रेजों और सिराजुद्दौला में ठन गई, जिसमें नवाब ने कूटनीति से काम न लेकर सीधे अंग्रेजों को गिरफ्तार कर लिया और कलकत्ता पर भी कब्जा कर लिया। यह खबर जब मद्रास पहुँची तो रॉबर्ट क्लाइव 6 जहाज भरकर अंग्रेजी फौज लेकर कलकत्ता की ओर रवाना हो गया। उधर बंगाल में नवाब ने किसी बात को लेकर मारवाडी सेठ जगत् का अपमान कर दिया, जिससे वे नवाब के खिलाफ अंग्रेजों से साँठ-गाँठ कर बैठे। सिराजुद्दौला का सेनापति मीर जाफर उसका ही एक रिश्तेदार था, लेकिन वह भी नवाब बनने के चक्कर में अंग्रेजों से जा मिला। परिणाम यह हुआ कि 23 जून, 1757 को प्लासी नामक स्थान पर हुए युद्ध में अंग्रेजों कें 800 गोरे और 2100 भारतीय सिपाही के मुकाबले में नवाब के 40,000 सैनिक होते हुए भी दो दिन में ही नवाब की फौज हार गई, बंगाल पर अंग्रेजों का कब्जा हो गया। यहीं से भारत में अंग्रेजी राज की विधिवत् शुरुआत हो गई। कहावत है कि इतिहास

खुद को दोहराता है, वही हुआ, 1192 में जयचंद की गद्दारी से भारत में मुस्लिम शासन की शुरुआत हुई तो अब मीर जाफर की गद्दारी से अंग्रेजी शासन की नींव पड़ी। रॉबर्ट क्लाइव ईस्ट इंडिया कंपनी का नौकर था, उसकी तनख्वाह 5 पाउंड सालाना थी, साथ में 3 पाउंड सालाना मोमबत्तियों और नौकरों के लिए मिलते थे, रहने की जगह मुफ्त थी। अंग्रेजों की इस बात के लिए तारीफ करनी पड़ेगी कि कंपनी के नौकर होते हुए भी कभी किसी अंग्रेज ने पैसों के लिए गद्दारी नहीं की और कूटनीति से एक-एक नवाब को हटाकर पूरे भारत पर कब्जा कर लिया, भारत के नवाब और राजे-महाराजे आपस में लड़ते रहे, गद्दारी करते रहे।

1765 बक्सर की लड़ाई

मुस्लिम भाईचारे की बात अकसर होती है, पर सच तो यह है कि मुसलमानों के साथ सबसे ज्यादा घात मुसलमानों ने ही किया है। 1739 की बात है, दिल्ली की गद्दी पर मुगल बादशाह महमूद शाह का राज था। महमूद शाह ने अपनी शान-शौकत दिखाने के लिए ईरान के सम्राट् नादिर शाह को मेहमान के तौर पर बुलाया। भारत के खजानों को लेकर नादिर शाह की नीयत पहले ही खराब थी, इसलिए वह पूरे लश्कर के साथ दिल्ली मेहमान बनकर आया। दो दिन नादिर शाह मेहमान की तरह रहा, लेकिन दो दिन में ही दिल्ली की शान देखकर उसका सब्र टूट गया और तीसरे दिन उसके सैनिकों ने लूटमार शुरू कर दी। मुगल साम्राज्य की हालत यह हो थी गई कि पूरे 58 दिन तक नादिर शाह के सैनिक दिल्ली में हिंदू और मुसलमानों को बिना किसी भेदभाव गाजर-मूली की तरह काटते रहे, लूटते रहे, औरतों का बलात्कार करते रहे, लेकिन उनको रोकनेवाला कोई नहीं था। 58 दिनों में उसने 20,000 लोगों को कत्ल किया, 58 दिनों के बाद जब वह ईरान वापस गया तो बेशुमार दौलत के साथ-साथ अनमोल कोहिनूर हीरा भी लेकर गया। अगर औरंगजेब ने हिंदुओं पर अत्याचार नहीं किए होते और हिंदुओं को उसी तरह सम्मान से रखा होता, जैसे अकबर ने रखा था तो यह नौबत नहीं आती। इससे एक बात और भी सामने आती है कि अरबवाले आज की तरह तब भी भारत के मुसलमानों की इज्जत नहीं करते थे। औरंगजेब के अंतिम दिनों में और मृत्यु के बाद मुगल साम्राज्य बिखरने लगा था। अवध में वाजिद अली शाह, बंगाल में अली वर्दी, हैदराबाद में निजाम, मैसूर में हैदर अली, ग्वालियर में सिंधिया, इंदौर में होलकर आदि ने एक-एक करके स्वतंत्रता के झंडे गाड़ दिए थे, दिल्ली का सुल्तान बस

नाम का सुल्तान रह गया था। इतना होने के बावजूद सुल्तान और नवाब मजे में थे, पर आम जनता, विशेषकर हिंदू परेशान थे, क्योंकि सुल्तानों को इतना धन तो मिल ही जाता था कि वो अपनी अय्याशी चालू रख सकते थे।

इन सबसे अलग एक वर्ग मुस्लिम उलेमाओं का था। ये बेताज बादशाह जैसे थे, इनका अस्तित्व और मौज-मस्ती सत्ता के समर्थन के दम पर थी। अपना अस्तित्व बनाए और बचाए रखने के लिए ये लोग लगातार सुल्तान के दिमाग में हिंदुओं के खिलाफ जहर भरते रहते थे। आम मुसलमानों को हिंदुओं से दूरी बनाए रखने को कहते रहते थे, ठीक वैसे ही, जैसे आज पाकिस्तान अपने अस्तित्व को बनाए और बचाए रखने के लिए भारत के विरुद्ध धार्मिक जहर फैलाता रहता है। नादिर शाह के हमले और टूटते हुए मुगल साम्राज्य से सबसे ज्यादा चिंता इन लोगों को थी। 1757 में प्लासी युद्ध के बाद अंग्रेजी शासन के स्थापित होने के उपरांत तो इनका विश्वास पूरी तरह से हिल गया और वे भारत में इस्लामी शासन को बचाने के तरीकों की खोज में लग गए। इन उलेमाओं ने जब मुगल साम्राज्य के पतन के कारणों का विश्लेषण किया तो इस नतीजे पर पहुँचे कि भारत के मुसलमान शरीयत के रास्ते से भटक गए हैं, इसलिए पतन हुआ। इन्हीं उलेमाओं में से एक थे, मौलाना वलीउल्लाह 1703-1762, जिनकी नसों में अरबी खून था और अरबी खून होने का उनको गर्व भी था। वास्तव में वे अरबी उलेमा थे, इसलिए हिंदुओं से उतनी ही घृणा करते थे, जितनी कि हिटलर यहूदियों से करता था, दूसरी ओर भारत में धर्म-परिवर्तन करके मुसलमान बने भारतीय मुसलमानों को भी वे शक की नजर से देखते थे, भारतीय मुसलमानों द्वारा भारतीय परंपराओं को छोड़कर अरबी परंपराओं को न अपनाने से चिंतित थे।

वलीउल्लाह की चिंता अरबी संस्कृति का प्रसार थी, न की भारत की सत्ता की। लेकिन अरबी संस्कृति के प्रचार के लिए सत्ता की जरूरत थी, इसलिए वो चिंतित थे कि सैकड़ों सालों में जिन लोगों को मुसलमान बनाया था, वो मुस्लिम शासन समाप्त होते ही फिर से हिंदू न बन जाएँ, इसलिए विश्लेषण में उनको हिंदुओं की एक भी खूबी नजर नहीं आई और मुस्लिम शासकों द्वारा एक-दूसरे की पीठ में छुरा भोंकना नहीं दिखाई दिया, मुसलमान शासकों की अय्याशी, तीतर-बटेर लड़ाना नहीं दिखाई दिया, दिखाई दिया तो शरीयत का पालन न होना दिखाई दिया। वलीउल्लाह का सरोकार भारत में अरब की संस्कृति को स्थापित करके, भारत की संस्कृति को जड़ से नष्ट करके भारत को स्थायी रूप से अरब का गुलाम बनाना

था, इसलिए उसने मुसलमानों को श्रेष्ठ और हिंदुओं को नीच बताकर दूरियों के सिद्धांत को जन्म दिया। इस सिद्धांत के अनुसार हिंदू और मुसलमानों में किसी भी प्रकार का संपर्क वर्जित था। हिंदुओं को मुसलमान बनने और मौत के बीच एक को चुनने की छूट थी, दूसरी कोई छूट नहीं थी। इस सिद्धांत में भारत के मुसलमानों को पूरी तरह अरबी मुसलमान बनाना शामिल था, इसीलिए हिंदू और मुसलमानों में किसी प्रकार की समानता या तुलना का निषेध था। वलीउल्लाह के अनुसार एक आदर्श इस्लामी राज्य में हिंदू, शिया और अन्य गैर-सुन्नी मुसलमानों का नामोंनिशां मिटा देना ही बादशाह का पहला कर्तव्य है। वलीउल्लाह का मानना था कि मुसलमानों और हिंदुओं के मेल-जोल से इस्लाम प्रदूषित हो रहा है, इसलिए मुस्लिम सत्ता का पतन हो रहा था। उनका मानना था कि मुसलमान और हिंदुओं में इतनी दूरी होनी चाहिए कि मुस्लिम घरों का धुआँ भी न दिखाई दे। यही घृणा, यही अलगाव और सुन्नी मुसलमानों को छोड़कर बाकी सबके सर्वनाश का सिद्धांत ही पाकिस्तान के जन्म के कारणों में है, इसी सिद्धांत के आधार पर पाकिस्तान में पहले हिंदुओं को समाप्त किया गया और अब शिया मुसलमानों को खत्म किया जा रहा है।

शाह वलीउल्लाह की मौत 1762 में हो गई, लेकिन उनके मदरसे को उनका बेटा शाह अब्दुल अजीज चलाता रहा, जिससे कि उनकी मौत के बाद भी उनकी विचारधारा चलती रही। इसी मदरसे से एक मौलवी निकला, जिसका नाम था सैयद अहमद बरेलवी (1786-1821), जिसने खुद जेहाद का कमांडर बनकर पंजाब में सिक्खों के शासन को उखाड़ने का प्रयास किया, लेकिन मारा गया। संयोग देखिए कि जिन दिनों भारत में बरेलवी कट्टर इस्लाम के प्रचार में लगा था, उन्हीं दिनों 1803-92 में अरब में मुहम्मद बिन अब्दुल्ला वहाब भी शुद्ध इस्लाम के लिए जंग छेड़े हुए था, उसी के नाम पर जेहादी इस्लामी विचारधारा को 'वहाबी इस्लाम' कहा जाता है। सैयद अहमद बरेलवी जीते-जी तो कुछ खास नहीं कर पाया, मगर मरने के बाद उसको और उसकी विचारधारा को बहुत सम्मान मिला। दारूल उलूम देवबंद इसी सम्मान के कारण 1867 में अस्तित्व में आया।

1757 के प्लासी युद्ध और सन् 1857 के मेरठ छावनी से शुरू हुए विद्रोह के बीच पूरे सौ साल का अंतर था, लेकिन ये सौ साल दूसरे सौ सालों से ज्यादा महत्त्वपूर्ण हैं, क्योंकि 1725 में बिजली के आविष्कार के बाद यूरोप में औद्योगिक क्रांति आ चुकी थी, पूरा यूरोप तेजी से बदल रहा था, नई-नई मशीनों का आविष्कार

हो रहा था, उस समय का सबसे बड़ा आविष्कार रेल आ चुकी थी। सन् 1800–1857 के बीच भारत में दो अंग्रेज गवर्नर जनरल आए। पहले थे लार्ड मार्क्युस, जिन्होंने सती प्रथा पर प्रतिबंध लगाया, दूसरे थे लॉर्ड डलहौजी, जिन्होंने भारत में चौतरफा विकास की शुरुआत की। केंद्रीय संविधान सभा, पहली रेल लाइन, रुड़की इजिंनियरिंग कॉलेज आदि लॉर्ड डल्हौजी की ही देन हैं। यह वह समय था, जब हिंदुओं को लंबे समय बाद मुस्लिम मुल्लाओं के अत्याचारों से राहत मिली थी, हालाँकि अंग्रेजी शासन भी शोषण में कम नहीं था, लेकिन अंग्रेजी शोषण मुख्य रूप से आर्थिक था।

मुस्लिम शासन में तो यह हाल था कि अकबर जैसे समझदार और उदार बादशाह के राज में भी नीचे के अधिकारी, फौजी और मुल्ले मिलकर हिंदुओं को लूटते रहते थे, अपमानित करते रहते थे। सैनिक–उलेमा गठ–जोड़ का सबसे घृणित काम था—मंदिरों को लूटना–तोड़ना, हिंदू औरतों की इज्जत लूटना, उनका अपहरण करके जबरदस्ती मुसलमान बनाकर जबरदस्ती शादी करके हरम में डाल देना। अंग्रेजी शासन में यह सब नहीं था, जब कोई भारतीय किसी अंग्रेज के सामने पड़ता था, तभी उसके अपमानित होने का खतरा पैदा होता था, मुस्लिम शासन में तो पड़ोस में रहनेवाला मुसलमान ही अकसर आँखें दिखाता रहता था, अपमानित करता रहता था, हालाँकि उनमें भी सारे मुसलमान ऐसे नहीं थे, यह काम अधिकतर मुल्लाओं के उकसाने पर होता था। हिंदुओं ने इस अवसर को पहचाना और तेजी से अंग्रेजी शिक्षा लेकर अंग्रेजी राज में नौकरियाँ लेने लगे। दूसरी ओर मुसलमान अपने मुल्लाओं के कहने में आकर पढ़ने–लिखने के बजाय जेहाद से पुन मुस्लिम शासन स्थापित करने में लग गए। नतीजा यह हुआ कि इन सौ सालों में मुसलमान आर्थिक और शैक्षिक रूप से पिछड़ते गए। आज भारत का मुसलमान अगर पिछड़ा है तो उसकी जड़ में यही सौ साल और वहाबी सोचवाले सुन्नी उलेमा हैं, न कि भारत की सरकार या फिर हिंदू।

1857 के विद्रोह के बारे में बहुत बढ़–चढ़कर लिखा गया है। कवियों ने ही नहीं, इतिहासकारों ने भी इस को पता नहीं क्या–क्या लिखा है, पर सत्य यह है कि यह केवल उत्तर–मध्य भारत तक ही सीमित था, बहुत बड़ा पश्चिमी, दक्षिणी और पूर्वोत्तर भारत इससे अछूता ही रहा। सच यह भी है कि 1857 के विद्रोह पर अंग्रेजों ने सिक्खों की मदद से काबू पाया था। सत्य यह भी है कि मुस्लिम उलेमाओं ने बहादुर शाह जफर से कहा था, "इसके बाद हिंदुओं का शासन हो जाने का खतरा

है।" पर जफर ने जब यह कहा, "हिंदुओं का शासन गोरों के शासन से अच्छा होगा।" तब जाकर हिंदू और मुसलमानों में सहयोग संभव हो पाया, वह भी इस शर्त के साथ कि नेता मुस्लिम बादशाह बहादुर शाह जफर ही होगा। एक बहुत बड़ा सवाल यह भी है कि अगर भारतीय सैनिकों को गाय और सूअर की चरबीवाले कारतूस नहीं दिए जाते तो क्या तब भी विद्रोह होता। सत्य यह भी है कि मुसलमानों द्वारा विद्रोह मुस्लिम शासन स्थापित करने के लिए किया गया था, 1856 में अवध पर बिना एक गोली चलाए कब्जा होने के बाद मुसलमानों की मजबूरी बन गया था, हिंदू तो इसमें धार्मिक कारणों से शामिल हो गए थे, एक तरह से मुस्लिम उलेमाओं द्वारा झूठे वादे करके इस्तेमाल किए गए थे, अगर विद्रोह सफल हो जाता तो भारत में फिर से राजाओं, नवाबों का राज आ जाता, आम जनता विशेष तौर पर हिंदुओं पर अत्याचार शुरू हो जाते।

पहले बिना किसी संघर्ष अवध पर अंग्रेजों का कब्जा, फिर विद्रोह के असफल होने से मुसलमानों की समझ में आ गया कि अब मुगल राज का अंत अंतिम रूप से हो गया है। इस बात को समझ के जहाँ एक ओर सैयद अहमद खान बरेलवी जैसे मुल्ला जेहाद में लग गए, वहीं 1817 में एक ऊँचे खानदान में जन्मे एक और सैयद अहमद खान ने दूसरा रास्ता अपनाया। इन सैयद अहमद खान ने देखा कि जहाँ एक ओर मुसलमान मुल्लाओं के चक्कर में पड़कर जेहाद और परंपराओं में फँसकर पिछड़ते जा रहे हैं, वहीं दूसरी ओर हिंदू अंग्रेजी शिक्षा लेकर तेजी से अंग्रेजी हुकूमत का हिस्सा बनकर मुसलमानों से आगे निकलते जा रहे हैं, पैसा भी कमा रहे हैं, शासन में बड़े-बड़े पद भी पा रहे हैं। चूँकि खान खुद शिक्षित थे, इसलिए उन्होंने आह्वान किया कि मुसलमानों को जेहाद का रास्ता छोड़कर उदार अंग्रेजी शिक्षा लेकर शासन का हिस्सा बनना चाहिए। अंग्रेजों के लिए भी यह राहत की बात थी, क्योंकि तलवार के जेहाद के बजाय कलम के जेहाद से निपटना उनके लिए ज्यादा आसान था, इसलिए सैयद अहमद को मुसलमानों के लीडर के रूप में आगे बढ़ाने के लिए अंग्रेजों ने उनको 1869 में 'आर्डर ऑफ क्रास' और 1888 में 'सर' की उपाधि से विभूषित करके ओरियंटल कॉलेज की स्थापना की स्वीकृति दी, जो बाद में अलीगढ़ मुस्लिम विश्वविद्यालय बना।

सर सैयद अहमद खान का जन्म 17 अक्तूबर, 1817 को दिल्ली में हुआ था। उनके पिता मीर मुहम्मद मुत्ताक्वी मुगल बादशाह अकबर शाह (2) के राज में अधिकारी थे। सैयद अहमद खान का लालन-पालन उनके मामा की बहुत बड़ी

जायदाद पर हुआ था। उनके मामा ख्वाजा फरीदुद्दीन प्रधानमंत्री थे। उन्होंने उस्तादों से अरबी, फारसी, उर्दू, गणित, संगीत आदि की शिक्षा प्राप्त की। 1838 में पिता की मृत्यु के बाद एक रिश्तेदार की मदद से अहमद खान को अंग्रेजी सरकार में 'रिकार्ड कीपर' की नौकरी मिल गई, लेकिन काबिलीयत के कारण दो साल में ही उनको मुंसिफ बना दिया गया। 1846 में वे स्थानांतरण कराकर दिल्ली आ गए और माँ के साथ रहने लगे। दिल्ली में उनका एक परचा छपा, जिसमें उन्होंने दिल्ली की इमारतों पर बहुत अच्छी रिसर्च की थी। इसके बाद वे तरक्की करते गए और जब 1857 का विद्रोह हुआ, उस समय वे एक बड़े अंग्रेजी अधिकारी थे। 1857 के संग्राम में उनके परिवार को बहुत नुकसान उठाना पड़ा था, उनके एक चाचा मारे गए थे, घर बरबाद कर दिया गया था और माँ को खाली जेब भागकर मेरठ जाना पड़ा, जहाँ कुछ दिनों बाद मृत्यु हो गई।

1857 में विद्रोहियों ने एक बार तो दिल्ली पर कब्जा कर ही लिया था, लेकिन सिख फौजियों की मदद से अंग्रेज दोबारा दिल्ली पर कब्जा करने में सफल हो गए, बहादुर शाह जफर को गिरफ्तार करके रंगून की कैद में डाल दिया गया। विद्रोह को कुचलने के बाद अंग्रेजों ने जो हैवानियत दिखाई, जो नरसंहार किया, दिल्ली का जो हाल किया, उसको देखकर मुसलमानों की रूह काँप गई, उनको समझ में आ गया कि क्रूरता में अंग्रेज अरबी मुसलमानों के भी बाप हैं, इसलिए इनसे मिलकर रहने में ही भलाई है। सैयद अहमद खान ने भी यह सब देखा और व्यक्तिगत हानि तथा दर्द को भूलकर खुद भी अंग्रेजों के साथ ही रहे और दूसरे मुसलमानों को भी पढ़ने-लिखने की सलाह दी। अंग्रेजों ने भी इसीलिए उनको आगे किया।

ए.ओ.ह्यूम एक ब्रिटिश आई.सी.एस. अधिकारी थे। पदोन्नति को लेकर उनकी सरकार से अनबन हो गई, क्योंकि वे भारतीय लोगों से हमदर्दी रखते थे, इसलिए उन्होंने नौकरी से इस्तीफा देकर 28 दिसंबर, 1885 'को भारतीय राष्ट्रीय कांग्रेस' की स्थापना की, ताकि भारतीय लोगों की समस्याओं को एक मंच मिल सके। इस समय भारत में हिंदुओं के लिए कोई मंच नहीं था, इसलिए हिंदुओं ने बड़ी संख्या में इसकी सदस्यता ले ली, लेकिन मुसलमानों ने इसको हिंदुओं की संस्था घोषित करके बायकाट किया, क्योंकि मुसलमान नहीं चाहते थे कि हिंदू स्वतंत्र हों, मुसलमान चाहते थे, वे जो भी करें, हिंदू आँख बंद करके उनका साथ दें, पर हिंदू जो भी करें, वे उसमें साथ नहीं दें। सर सैयद अहमद को लगा कि कांग्रेस के खड़े हो जाने से उनका मुस्लिम सशक्तीकरण का एजेंडा खतरे में पड़ गया है, इसलिए

उन्होंने मुसलमानों से कांग्रेस के बायकाट का आह्वान किया, नतीजा यह हुआ कि कांग्रेस की स्थापना के समय 72 में से केवल दो प्रतिनिधि मुसलमान थे। कांग्रेस ने सर सैयद अहमद को जोड़ने की बहुत कोशिश की, लेकिन वे नहीं माने। 1887 के तीसरे अधिवेशन में कांग्रेस ने न्यायाधीश बदरुद्दीन तैयब 1844–1904 को अध्यक्ष बनाया। तैयबजी ने भी सैयद अहमद को साथ लेने की कोशिश की, लेकिन सैयद अहमद ने झिड़की देते हुए कहा, "हिंदू और मुसलमान दो कौम हैं, दो राष्ट्र हैं।" सर सैयद अहमद, वलीउल्लाह के हिंदुओं से दूरी के सिद्धांत को आगे ले जाना चाहते थे, उनकी नीयत हिंदुओं को फिर से मुसलमानों का गुलाम बनाने की थी। यहीं से दो राष्ट्र के सिद्धांत का जन्म हुआ।

□

1857 का सच

1857 के विद्रोह के बारे में बहुत बढ़ चढ़ कर लिखा गया है। कवियों ने ही नहीं इतिहासकारों ने भी इस को पता नहीं क्या क्या लिखा है, पर सत्य ये है कि ये केवल उत्तर-मध्य भारत तक ही सीमित था, बहुत बड़ा पश्चिमी, दक्षिणी और पूर्वोत्तर भारत इससे अछूते ही रहे। सच ये भी हे कि 1857 के विद्रोह पर अंग्रेजों ने सिख्खों की मदद से काबू पाया था। सत्य ये भी है कि मुस्लिम उलेमाओं ने बहादुर शाह जफर से कहा था, इसके बाद हिंदुओं का शासन हो जाने का खतरा है। पर जफर ने जब ये कहा, ''हिंदुओं का शासन गोरों के शासन से अच्छा होगा'' तब जाकर हिंदु ओर मुसलमानों में सहयोग संभव हो पाया, वो भी इस शर्त के साथ कि नेता मुस्लिम बादशाह बहादुर शाह जफर ही होगा। एक बहुत बड़ा सवाल ये भी है कि अगर भारतीय सैनिकों को गाय और सूअर की चर्बी वाले कारतूस नहीं दिए जाते तो क्या तब भी विद्रोह होता। सत्य ये भी है कि मुसलमानों द्वारा विद्रोह मुस्लिम शासन स्थापित करने के लिए किया गया था, 1856 में अवध पर बिना एक गोली चलाए कब्जा होने के बाद मुसलमानों की मजबूरी बन गया था, हिंदू तो इसमें धार्मिक कारणों से शामिल हो गए थे, एक तरह से मुस्लिम उलेमाओं द्वारा झूठे वादे करके इस्तेमाल किए गए थे, अगर विद्रोह सफल हो जाता तो भारत में फिर से राजाओं, नवाबों का राज आ जाता, आम जनता विशेष तौर में हिंदुओं पर अत्याचार शुरू हो जाते।

1757 के प्लासी के युद्ध में मुगलों की पराजय के बाद अंग्रेजी शासन भारत में विधिवत् स्थापित हो गया और तेजी से चारों ओर फैलने लगा। ईस्ट इंडिया कंपनी के माध्यम से स्थापित अंग्रेजी शासन में हिंदुओं को राहत यह थी कि जबरन मुसलमान बनने और उनकी बहू-बेटियों के रोज बलात्कार का खतरा कम होता गया। इधर मुसलमानों को मुस्लिम शासन और इस्लाम की तलवार पर घमंड के

कारण अंग्रेजों से लड़ने के लिए कभी हिंदुओं से कोई मदद नहीं माँगी। इसका एक कारण यह भी था कि इस्लाम में काफिर की मदद लेना कुफ्र है। परिणाम यह हुआ कि अंग्रेज धीरे-धीरे मुसलमानों को परास्त करके उनके राज्य छीनते गए, मौलवियों ने जिहाद की बहुत कोशिश की, पर अंग्रेजों की क्रूरता से उनकी रूह काँप गई। मौलवी सोच रहे थे कि अंग्रेज भी हिंदुओं की तरह होंगे, पर वे क्रूरता में उनके भी बाप निकले। बहुत जल्द ही मुस्लिम सामंत और मौलवी परेशान हो उठे, क्योंकि अंग्रेजों के कारण उनकी अय्याशी बंद होती जा रही थी। हिंदुओं से लूटे गए लगान और जजिया तथा तलवार के दम पर उठाई गई हिंदुओं की लड़कियों का मिलना अब मुश्किल होता जा रहा था। तीतर-बटेर लड़ाने के लिए, मुजरे देखने के लिए, मँहगी शराब के लिए पैसे चाहिए थे। लूटमार के अलावा कोई काम धंधा तो उनको आता नहीं था, इसलिए परेशान रहने लगे।

लेकिन तभी एक ऐसी घटना घट गई कि हिंदू-मुसलमान साथ आ गए। अंग्रेजों ने भारतीय सिपाहियों को गाय और सूअर की चरबीवाले कारतूस देने शुरू कर दिए, जिन्हें मुँह से खोलना होता था। यह बात हिंदू और मुसलमान बरदाश्त नहीं कर सके। वास्तव में यह हिंदुओं को मूर्खता दिखाने का एक और अवसर था, क्योंकि मुस्लिम शासन में लगातार गाएँ काटी जाती रहीं, मंदिर तोड़े जाते रहे, देवी-देवताओं का अपमान रोज की बात थी, अगर गाय की चरबीवाले कारतूस दिए जा रहे थे तो कौन सा नया अपमान था, इस अपमान की तुलना में मुस्लिम अत्याचारों से जो राहत मिली थी, वह कहीं ज्यादा थी। मुसलमानों ने हिंदुओं की इस उत्तेजना का लाभ उठाकर हिंदुओं का शोषण करने की योजना बनाई, हिंदुओं की मदद लेकर फिर से मुस्लिम शासन स्थापित करने की योजना बनाई। इसी योजना के अंतर्गत मुसलमानों ने हिंदुओं को जरा सा पुचकारा और मूर्ख हिंदू जरा सा पुचकारते ही 600 साल के अपमान को भूलकर मुसलमानों के नेतृव में विद्रोह करने को तैयार हो गए। भारत का सौभाग्य था कि मंगल पांडे की मूर्खता के कारण विद्रोह असफल हो गया, वरना आज भारत एक मुस्लिम राष्ट्र होता और यहाँ अफ्रीका के कबीलों जैसा हाल होता।

मौलवी सैयद अहमद का जन्म 1780 में उत्तर प्रदेश के रायबरेली में हुआ था, उनके ऊपर वहाबी इस्लाम का असर था, जो मक्का जाकर हज करने के बाद और गहरा हो गया। हज से लौटने के बाद मौलाना ने अंग्रेजों के खिलाफ जेहाद की योजना बनाई और 17 जनवरी, 1826 को वे बरेली से जेहाद के लिए निकल

पड़े। जेहाद को शुरू करने के लिए मौलवी ने पश्चिम भारत में बलूचिस्तान और पख्तूनिस्तान के कबाइली क्षेत्र को चुना, जिसके दो कारण हो सकते हैं—एक तो यह कि कबाइली बहुत अच्छे लड़ाके होते हैं, दूसरे यह कि उस समय वहाँ महाराजा रणजीत सिंह का शासन था और मौलवी ने सोचा कि हिंदुओं को हराना अंग्रेजों को हराने से ज्यादा आसान होगा। पर तब उनकी उम्मीद पर पानी फिर गया, जब वहाँ के मुसलमानों ने जेहाद करने में कोई रुचि नहीं दिखाई। मौलाना सैयद अहमद ने वहाबी इस्लाम लागू करने के चक्कर में बहुत सी स्थानीय परंपराओं को बंद करा दिया, जिससे लोग उनके खिलाफ हो गए। परिणाम यह हुआ कि 6 मई, 1831 को एक हमले में मारे गए। मौलवी सैयद अहमद जीते जी तो कोई कमाल नहीं कर सके, पर मरने के बाद उनकी विचारधारा को उत्तर भारत में प्रबल समर्थन मिला, प्रचार मिला, प्रसार मिला। उनके अनुयायियों ने 'दारूल उलूम देवबंद' की स्थापना की, जो आज मुस्लिम राजनीति का भारत में सबसे बड़ा और सशक्त केंद्र है। मौलवी सैयद अहमद के शागिर्द गाँव-गाँव जाकर जेहादी भाषण देने लगे, जिससे अंग्रेजों को भी चिंता होने लगी। इसी की परिणति 1857 के संग्राम के रूप में हुई। मुसलमानों का यह जेहादी प्रचार इतना खतरनाक था कि अंग्रेज हिंदुओं को अपने पक्ष में लेने की सोचने लगे।

वास्तव में हिंदुओं के पास कोई ऐसा नेतृत्व नहीं था, जो परिस्थितियों को समझ के हिंदू हित को सोच सकते। 1843 में गवर्नर जनरल लॉर्ड एलनबोर्ग ने लिखा था, "मैं इस बात की अनदेखी नहीं कर सकता हूँ कि मुस्लिम जन्मजात अंग्रेजों से घृणा करते हैं, इसलिए हमें हिंदुओं पर ध्यान देना चाहिए।" 1857 के बाद भी अंग्रेज हिंदुओं पर उतने सख्त नहीं थे, जितने कि मुसलमानों पर। उनके अत्याचार मुसलमानों पर इतने ज्यादा हुए कि पूरे देश में मुसलमानों और मौलवियों की रूह काँप गई, अंग्रेजों के खिलाफ हथियार उठाने की हिम्मत पूरी तरह पस्त हो गई। अंग्रेजों ने नौकरियों, शिक्षा और प्रशासन में हिंदुओं को अधिक महत्त्व देना शुरू कर दिया। प्रगतिशील सोच होने के कारण हिंदू बहुत तेजी से तरक्की करने लगे और मुसनमान पिछड़ने लगे। यह हिंदुओं के लिए सुनहरा मौका था, पर कोई दूरदर्शी और बौद्धिक नेतृत्व न होने के कारण बहुत जल्द यह मौका हाथ से जाता रहा। हुआ यह कि 1857 के बाद बहुत से हिंदू लंदन जाकर पढ़कर आए, जिससे भारत में लंदन पढ़े लोगों का एक वर्ग तैयार हो गया, जिसे अपने आक्रोश के लिए एक मंच चाहिए था। यह मंच उनको 1885 में एक स्काटिस अंग्रेज ए.ओ. ह्यूम द्वारा बनाई

गई कांग्रेस के रूप में मिला। शुरुआत में अंग्रेज चिंतित नहीं थे, पर जैसे-जैसे कांग्रेस की लोकप्रियता बढ़ने लगी, अंग्रेजों की हिंदुओं के प्रति सहानुभूति समाप्त होने लगी, उनका ध्यान अब हिंदू-मुसलमान के बीच खाई पैदा करने पर लग गया।

सर सैयद अहमद खान का जन्म 17 अक्तूबर, 1817 को दिल्ली में हुआ था। उनके पिता मीर मुहम्मद मुत्ताक्वी मुगल बादशाह अकबर शाह (II) के राज में अधिकारी थे। सैयद अहमद खान का लालन पालन उनके मामा की बहुत बड़ी जायदाद पर हुआ था। उनके मामा ख्वाजा फरीदुद्दीन प्रधान मंत्री थे। उन्होंने उस्तादों से अरबी, फारसी, उर्दू, गणित, संगीत आदि की शिक्षा प्राप्त की। 1838 में पिता की मृत्यु के बाद एक रिश्तेदार की मदद से अहमद खान को अंग्रेजी सरकार के लेखागार में (Record Keeper) की नौकरी मिल गई लेकिन काबलियत के कारण दो साल में ही उनको मुन्सिफ बना दिया गया। 1846 में वो स्थानांतरण करा कर दिल्ली आ गए और माँ के साथ रहने लगे। दिल्ली में उनका एक पर्चा छपा जिसमें उन्होंने दिल्ली की इमारतों पर बहुत अच्छी रिसर्च की थी। इसके बाद वो तरक्की करते गए और जब 1857 का विद्रोह हुआ उस समय वो एक बड़े अंग्रेज अधिकारी थे। 1857 के संग्राम में उनके परिवार को बहुत नुकसान उठाना पड़ा था, उनके एक चाचा मारे गए थे, घर बर्बाद कर दिया गया था और माँ को खाली जेब भाग कर मेरठ जाना पड़ा जहाँ कुछ दिनों बाद मृत्यु हो गई। वो मौलवी सैयद अहमद के समर्थक थे और भारत में वहाबी इस्लामी राष्ट्र स्थापित करने के पक्षधर थे, लेकिन मौलवी सैयद अहमद की मृत्यु के बाद वे समझ गए कि हथियारों के दम पर अंग्रेजों को भगा पाना संभव नहीं है, चूँकि उनको कई प्रकार की शिक्षा मिली थी, इसलिए वे अन्य मौलवियों की अपेक्षा ज्यादा अच्छा सोच सकते थे, विश्लेषण कर सकते थे। उनके विश्लेषण से वे इस नतीजे पर पहुँचे कि 1857 के बाद मुसलमानों के अंग्रेजों से खराब हुए संबंध जल्द ही ठीक नहीं हुए तो हिंदू छा जाएँगे और मुसलमानों का भारत में अस्तित्व ही समाप्त हो जाएगा। इसके लिए उन्होंने एक रणनीति बनाई, जिसमें उन्होंने मौलवी सैयद अहमद के उद्देश्यों को सही बताते हुए हथियार से जेहाद को गलत बताया। उन्होंने कहा कि इसके लिए सबसे अच्छा माध्यम है अंग्रेजी शिक्षा। 1838 में पिता की मृत्यु के बाद उनको अंग्रेजों ने रिकॉर्ड कीपर की नौकरी दे दी। अब नौकरी में रहते हुए उन्होंने अंग्रेजों से नजदीकी बनाने की कोशिश की। अंग्रेजों को खुश करने के मकसद से 1854 में उन्होंने बाइबल पर एक समीक्षा लिखी, जिसमें इस्लाम और ईसाइयत के बीच समानताओं पर

प्रकाश डाला गया था। इस लेख का उद्देश्य दोहरा था, एक तरफ वे अंग्रेजों को बताना चाहते थे कि इस्लाम और ईसाइयत में कोई टकराव नहीं है दूसरी ओर यह बताकर कि ईसाइयत इस्लाम के ज्यादा पास है, वे अंग्रेजों को हिंदुओं से दूर करना चाहते थे। इस लेख का उनको बहुत फायदा भी हुआ, 1857 आते-आते वे तेजी से तरक्की करके एक उच्च अधिकारी बन चुके थे।

1857 में विद्रोहियों ने एक बार तो दिल्ली पर कब्जा कर ही लिया था, लेकिन सिख फौजियों की मदद से अंग्रेज दोबारा दिल्ली पर कब्जा करने में सफल हो गए, बहादुर शाह जफर को गिरफ्तार करके रंगून की कैद में डाल दिया गया। 1857 के विद्रोह के विफल होने के बाद जो हुआ, उससे सैयद अहमद की रूह ही काँप गई। मेरठ से लेकर दिल्ली तक विद्रोही मुसलमानों के साथ-साथ अन्य मुसलमानों की लाशें बिछ गईं, मेरठ से लेकर दिल्ली तक दोनों ओर पेड़ों पर लाशें लटकी हुई थीं। दिल्ली मुसलमानों से लगभग खाली हो गई, उनके घरों को लूट लिया गया। जामा मसजिद को सिख सैनिकों की बैरक बना दिया गया, मुसलमानों के घर, मसजिद आदि हिंदुओं को बेच दिए गए। यह सब देखकर सैयद अहमद के भीतर दहशत और खौफ बैठ गया, उनको लगा कि कयामत आ गई है, इसलिए भारत से भागकर मिस्र में शरण लेने की सोचने लगे। लेकिन इससे पहले कि वे भागकर जाते, हालात बदलने लगे। अंग्रेजों ने जून 1858 में हिंदुओं को दिल्ली वापस लौटने की अनुमति दे दी, लेकिन मुसलमानों को यह अनुमति अगस्त 1859 में जाकर मिली। सैयद अहमद ने मिस्र जाना स्थगित कर दिया और यहीं रहकर कुछ करने की सोचने लगे। 1857 के नरसंहार में उनके चाचा, चचेरे भाई मारे गए थे, उनका घर लूट लिया गया था, फिर भी आक्रोश को दबाकर नए जोश से अंग्रेजों को खुश करने में लग गए, क्योंकि सैयद अहमद को साफ दिख रहा था कि यदि स्थिति को नहीं सँभाला गया तो अंग्रेज और हिंदू मिलकर मुसलमानों को साफ कर देंगे। इसी योजना के अंतर्गत अंग्रेजों को मस्का लगाने के लिए उन्होंने लिखा, "1857 में अंग्रेजों से लड़ने के बजाय मुसलमानों को उनके साथ होना चाहिए। अंग्रेजों से विद्रोह करके मुसलमानों ने नमकहरामी की है।" मुसलानों का मजाक उड़ाते हुए सैयद अहमद ने लिखा, "अंग्रेजों के आने से पहले भारत में मुस्लिम इतिहास निर्दयता, लूट, हत्या और बलात्कार का इतिहास है।" अंग्रेजों की प्रशंसा में इसके आगे उन्होंने लिखा कि अंग्रेजों के राज में अत्याचार रुक गए, अन्याय खत्म हो गया, सबको धार्मिक आजादी मिल गई, इसलिए हिंदू और मुसलमान की सुरक्षा, दोनों की एक-दूसरे से

सुरक्षा अंग्रेजी राज ने ही दी है।

1857 के बाद जन्मे जन आक्रोश तथा जेहाद के और उग्र हो जाने की संभावना से अंग्रेज चिंतित थे, इसलिए उससे निपटने के उपायों की खोज में लग गए। ऐसे समय पर सैयद अहमद द्वारा अंग्रेजी शिक्षा में मुसलमानों का उद्धार बताना और अंग्रेजों को न्यायप्रिय बताना अंग्रेजों की नजर में आ गया। अंग्रेजों को लगा कि सैयद अहमद को आगे लाकर जेहाद के खतरे को कम कर सकते हैं, इसलिए उन्होंने सैयद अहमद को आर्थिक और प्रशासनिक मदद देकर मुसलमानों के लीडर के रूप में स्थापित करना शुरू कर दिया। 1869 में सैयद अहमद को "ऑर्डर ऑफ स्टार", 1888 में "सर" की उपाधि के साथ-साथ एडिनबरा यूनिवर्सिटी से मानद डॉक्टर की उपाधि से सम्मानित कर डाला। अंग्रेजों की सर सैयद अहमद खान ने 1859 में मुरादाबाद में भारत का पहला ऐसा मदरसा खोला, जिसका पाठ्यक्रम आधुनिक था और अंग्रेजी के साथ था। 1864 में अलीगढ़ आने के बाद सैयद अहमद ने अंग्रेजी में लिखी विभिन्न विषयों की पुस्तकों का उर्दू अनुवाद शुरू करवाया, ताकि मुसलमान ये सब पढ़कर अपनी कट्टरता को छुपाकर अपने मकसद में लगे रहें। हिंदीवालों ने जब हिंदी में अनुवाद का प्रस्ताव रखा तो चिढ़ गए, जिससे हिंदी और उर्दू के बीच टकराव शुरू हो गया। यही नहीं, सर सैयद अहमद ने यह कहकर हिंदीवालों का अपमान किया कि उर्दू सभ्य लोगों की भाषा है और हिंदी गँवार तथा अश्लील लोगों की भाषा है। 1990 में जब अंग्रेजों ने उर्दू के साथ-साथ हिंदी को भी अदालतों की भाषा के रूप में मान्यता दे दी तो नवाब मोहसिन मलिक के नेतृत्व में मुसलमानों ने इसके खिलाफ आंदोलन छेड़ दिया। यही मोहसिन आगे चलकर 1906 में मुस्लिम लीग के पहले अध्यक्ष बने। इससे मेरी यह बात सिद्ध हो जाती है कि 1857 में मुसलमानों ने हिंदुओं को इस्तेमाल कर के फेंक देने की योजना बनाई थी।

24 मई, 1875 को अलीगढ़ मोहम्मदन एंगले ऑरियंटल स्कूल स्थापित करके सर सैयद अहमद ने मुसलमानों को उच्च शिक्षा में भेजना शुरू कर दिया, यही स्कूल आगे जाकर 'अलीगढ़ मुस्लिम यूनिर्वसिटी' बना। 20 साल बाद यहीं से पढ़े छात्रों ने मुस्लिम लीग बनाई, यहीं से पढ़े छात्रों ने पाकिस्तान का विचार दिया, जिसे जिन्ना ने साकार किया। आज भी यह विश्वविद्यालय मुस्लिम दादागीरी का केंद्र बना हुआ है, जहाँ हिंदू छात्रों को मुस्लिम रीतियों का ध्यान रखना पड़ता है या यों कहें कि यह भारत में एक छोटा सा पाकिस्तान है।

1857 के आक्रोश को कम करने के लिए अंग्रेजों ने कई उपाय किए। उनमें से ही एक 1880 में लागू की गई चुनाव व्यवस्था थी। 1880 से पहले भारत में मत डालकर किसी को चुनने की कोई व्यवस्था नहीं थी। इस व्यवस्था को लागू करने का उद्‌देश्य यह था कि जो टैक्स अंग्रेज जनता से, जमीदारों आदि के माध्यम से वसूलते थे, वही टैक्स उनके ही द्वारा चुने गए प्रतिनिधियों के माध्यम से वसूलने पर क्रोध प्रतिनिधियों पर उतरेगा, अंग्रेज बुरे बनने से बच जाएँगे। जिला स्तर पर जिला समितियाँ और शहरों में नगरपालिकाओं का गठन किया, उनके चुनाव करवाए और कार्यभार जन प्रतिनिधियों को सौंप दिया, हालाँकि चुनाव के नियम इस प्रकार बनाए गए थे कि अंग्रेजों की पसंद के लोग ही चुनकर आते थे और चुने हुए लोग अधिकारियों का चुनाव भी इस तरह करते थे, कोई अंग्रेजों के खिलाफ न जा सके। यहीं से भारत में एक वर्ग का विधिवत् निर्माण शुरू हुआ, जिसे सरकारी कर्मचारी कहते हैं। चूँकि इनकी आमदनी हर महीने पक्की होती थी, इसलिए धीरे-धीरे लोगों में अंग्रेजी सीखकर सरकारी नौकरी करने की लालसा बढ़ने लगी, जिसने अंग्रेजी के प्रसार में महत्त्वपूर्ण भूमिका निभाई। आशा थी ये कर्मचारी भारतीय होने के कारण संवेदनशील होंगे, पर वे भी जमीदारों की तरह जनता को लूटकर अंग्रेजों को खुश करने में लग गए। निचले स्तर पर घूसखोरी शुरू हो गई, भारतीय कर्मचारी भी अंग्रेज की तरह निकले, इसीलिए इनको आज भी काले अंग्रेज कहा जाता है।

1857 के बाद अंग्रेजी व्यवस्था में पढ़े लोगों की संख्या तेजी से बढ़ने लगी। इसमें भारत में पढ़े हुए लोग तो थे ही, लंदन से पढ़कर आए हुए लोग भी थे। अंग्रेजों के उच्च अधिकारियों में भी बहुत से ऐसे थे, जो भारतीय जीवन-शैली, भारतीय जीवन-दर्शन और सरलता से बहुत प्रभावित थे तथा भारतीयों से सहानुभूति रखते थे। इनमें से एक थे आई.सी.एस. अधिकारी सर एलन ऑक्टवियन ह्यूम जो भारतीयों से सहानुभूति रखते थे। भारतीय समर्थक होने के कारण अंग्रेजों ने उनको पदोन्नति नहीं दी तो सर ह्यूम ने नौकरी से इस्ताफा दे दिया और लंदन से पढ़कर आए भारतीयों के साथ मिलकर 'भारतीय राष्ट्रीय कांग्रेस' की स्थापना कर डाली। 28 दिसंबर, 1885 को स्थापित इस संस्था का उद्‌देश्य भारतीयों को और अधिक अधिकार दिलाना था। कांग्रेस की स्थापना भी विवादों से शुरू हुई। स्थापना के समय 39 वकीलों 14 पत्रकारों और एक डॉक्टर को मिलाकर कुल 72 प्रतिनिधियों में से केवल 2 ही मुसलमान थे, इसलिए अंग्रेजों और सर सैयद अहमद ने इसको हिंदुओं की संस्था कहकर बदनाम करना शुरू कर दिया। एक कारण यह भी था कि कांग्रेस

के आ जाने से सर सैयद अहमद का मुसलमानों को पढा- लिखाकर प्रसाशन में भरने का एजेंडा खतरे में आ गया था, उनके सारे किए-धरे पर पानी फिरने का अंदेशा पैदा हो गया था। इसलिए भी सैयद अहमद ने कांग्रेस को हिंदुओं की संस्था बताकर मुसलमानों को इसमें न जाने का फतवा जारी कर दिया। सर ह्यूम और सुरेंद्रनाथ बनर्जी ने सर सैयद अहमद को बहुत मनाने की कोशिश की, पर हिंदुओं के प्रति घृणा ने उनको मानने नहीं दिया, उलटे उन्होंने यह भी कहा कि हिंदुओं को भी कांग्रेस में न जाकर यह सिद्ध करना चाहिए कि वे मुसलमानों के विरुद्ध नहीं हैं। कांग्रेस ने सर सैयद अहमद को जोड़ने की बहुत कोशिश की लेकिन वे नहीं माने। 1887 के तीसरे अधिवेशन में कांग्रेस ने न्यायाधीश बदरुद्दीन तैयब को अध्यक्ष बनाया। तैयबजी ने भी सैयद अहमद को साथ लेने की कोशिश की, लेकिन सैयद अहमद ने झिड़की देते हुए कहा, "हिंदू और मुसलमान दो कौम हैं, दो राष्ट्र हैं।" सर सैयद अहमद 'वलीउल्लाह के हिंदुओं से दूरी' के सिद्धांत को आगे ले जाना चाहते थे, उनकी नीयत हिंदुओं को फिर से मुसलमानों का गुलाम बनाने की थी। यहीं से दो राष्ट्र के सिद्धांत का जन्म हुआ।

सर सैयद अहमद सोच से उलट देवबंद मदरसे दारूल उलूम ने कांग्रेस के बनने और उसमें मुसलमानों के जाने का समर्थन किया। हिंदुओं की भेदभाव रहित कार्यशैली और सबको साथ लेकर चलने की प्रवृत्ति के कारण जल्द ही 1890 आते-आते मुसलमान इतनी बड़ी संख्या में कांग्रेस में आ गए कि अंग्रेजों को डर लगने लगा कि कहीं हिंदू-मुसलमान फिर से एक होकर 1857 की तरह अंग्रेजी सरकार के लिए चुनौती न बन जाएँ। मुसलमानों के कांग्रेस में बढ़ते जाने का एक कारण यह भी था कि मुसलमानों को लगा कि उनके बाहर रहने से मुस्लिम हितों की बात रखनेवाला कोई नहीं होगा और सारा खेल हिंदुओं के हाथ में चला जाएगा। इसका फायदा भी हुआ, मुसलमानों के बड़ी संख्या में आ जाने से कांग्रेस के हिंदू मुसलमानों के नाराज हो जाने के डर से उन बातों का विरोध करने की हिम्मत नहीं जुटा पाते थे, जो मुस्लिम एजेंडे में तो थी, पर देशहित में नहीं थीं, जैसे कि 1906 का बंगाल विभाजन, जिसका विरोध केवल बंगाल की कांग्रेस ने किया, राष्ट्रीय कांग्रेस ने नहीं। इसी प्रकार 1908 में अंग्रेजों द्वारा मुसलमानों को अलग चुनाव व्यवस्था दिए जाने का भी विरोध कांग्रेस नहीं कर सकी, यही व्यवस्था आगे चलकर विभाजन का आधार बनी।

1880 में जो चुनाव व्यवस्था लागू की गई थी, वह जैसे-जैसे नए जिलों और

शहरों में लागू होने लगी, वैसे-वैसे मुसलमान और हिंदुओं में एक नई होड़ शुरू हो गई। मुस्लिम बहुल क्षेत्रों से चुने हुए मुसलमान मुसलमानों पर ही ध्यान देने लगे, जिससे हिंदू और मुसलमान में ज्यादा-से-ज्यादा अपने प्रतिनिधि भेजने की होड़ लग गई। यह देख मुसलमान नेताओं के कान खड़े हो गए, उनको चिंता हो गई कि भारत में उस समय 85 प्रतिशत हिंदू होने के कारण मुसलमानों का बड़ी संख्या में चुनकर आना संभव नहीं होगा। मुसलमानों ने तुरंत मुस्लिम हितों की रक्षा का प्रश्न उठाना शुरू कर दिया। सर सैयद अहमद ने अप्रैल 1888 में 'पायोनियर' अखबार में लिखा, "भारत में 85 प्रतिशत हिंदू हैं, इसलिए अगर कांग्रेस की माँग के अनुसार, यदि चुनाव व्यवस्था का प्रसार होता है और विधानसभाओं में चुने हुए प्रतिनिधि जाते हैं तो विधानसभाओं में मुसलमान केवल नाममात्र के होंगे। मुसलमान हिंदुओं के गुलाम बनकर रह जाएँगे, क्योंकि सबकुछ हिंदुओं के हाथ में होगा।"

1890 में समीकरण इस प्रकार थे। अंग्रेज कांग्रेस को लेकर चिंतित थे, वे नहीं चाहते थे कि हिंदू और मुसलमान किसी भी मंच पर एक साथ दिखें। सर सैयद अहमद परेशान थे कि उनकी दुकान खतरे में थी, भारत को इस्लामी मुल्क बनाने का उनका सपना खतरे में पड़ गया था, क्योंकि कांग्रेस के आने से हिंदू लीडरशिप भी उभरने लगी थी, इसलिए सत्ता में हिस्सेदारी करने की स्थिति आ गई थी। 1888 में जैसे ही सर सैयद अहमद ने कहा कि नई चुनाव व्यवस्था में मुसलमान हिंदुओं के गुलाम बनकर रह जाएँगे, वैसे ही अंग्रेजों ने हिंदू और मुसलमान के बीच आग लगाने का कार्यक्रम शुरू कर दिया। कलकत्ता के एक रात्रिभोज में वाइसराय लॉर्ड डफरिन की उपस्थिति में भारत के पश्चिमोत्तर प्रांतों के गवर्नर जनरल ऑकलैंड काल्विन ने कहा कि मुसलमानों की जरूरतें और अपेक्षाएँ अलग हैं, जिसे कांग्रेस पूरा नहीं कर सकती। इसके अतिरिक्त मुसलमानों में चिंता यह थी कि 75 वर्ष के हो चुके सर सैयद अहमद शिक्षा के माध्यम से मुसलमानों को कितनी शक्ति दिला पाएँगे, ऐसा न हो कि कांग्रेस के नेतृत्व में हिंदू मलाई ले जाएँ और मुसलमानों के लिए सिर्फ छाछ रह जाए। इसी सोच के प्रभाव में मुसलमान तेजी से कांग्रेस में घुसने लगे।

धीरे-धीरे कांग्रेस में मुसलमान इतने ज्यादा हो गए कि कांग्रेस में मुसलमानों की गलत माँगों का विरोध करने की हिम्मत समाप्त हो गई। अंग्रेजों ने इस स्थित का पूरा लाभ उठाया और अलीगढ़ मुस्लिम कॉलेज से पढ़कर निकले मुसलमानों को इशारा करके 4 अक्तूबर, 1906 को सुल्तान महमूद शाह और आगा खान के नेतृत्व में 35 मुसलमान सामंतों और विद्वानों ने 1906 में लिखित रूप में अंग्रेजों से

गुहार लगाई कि नई चुनाव व्यवस्था में मुसलमानों को हिंदुओं की गुलामी से बचाने के लिए अलग चुनाव व्यवस्था दी जाए, जिसमें मुसलमानों की सीटें आरक्षित होगीं और मुसलमान को केवल मुसलमान ही चुनेंगे। वाइसराय मिंटो को मौका मिल गया और लंदन में भारतीय मामलों के मंत्री मार्ले से मिलकर 1908 में मुसलमानों की इस माँग को मान लिया गया, यही नहीं अधिकतर राज्यों में मुसलमानों को उनकी जनसंख्या के अनुपात से कहीं ज्यादा सीटें दे दीं, जैसे कि उत्तर प्रदेश में केवल 14 प्रतिशत मुसलमान थे, पर सीटें उनको 50 प्रतिशत दे दीं, कांग्रेस ने कोई विरोध नहीं किया।

16 अक्तूबर, 1906 को बंगाल का विभाजन भी अंग्रेजों की हिंदू-मुसलमान में दूरी बढ़ाने की नीति का हिस्सा था। उस समय के बंगाल में आज के बिहार, आसाम, उड़ीसा शामिल थे। पश्चिमी बंगाल में हिंदू अधिक थे, पूर्वी में मुसलमान अधिक थे (1.8 करोड़ मुस्लिम और 1.2 करोड़ हिंदू थे), लेकिन कोई समस्या नहीं थी, प्रशासन ठीक से चल रहा था, लेकिन 'लड़ाओ और राज करो' की नीति के अंतर्गत सर हरबर्ट रिशले से एक रिपोर्ट तैयार करवाई, जिसमें कहा गया था कि राज्य बहुत बड़ा है, इसलिए प्रशासनिक सुविधा के लिए इसको बाँट दिया जाए। इसी रिपोर्ट को आधार बनाकर विभाजन कर दिया गया। वाइसराय लॉर्ड कर्जन 6 फरवरी, 1899 को भारत आए थे, वे यह माने बैठे थे कि विभाजन को लोग आसानी से स्वीकार कर लेंगे, पर ऐसा हुआ नहीं। बंगाल कांग्रेस ने सुरेंद्रनाथ बनर्जी के नेतृत्व में, जो शेष भारत में कांग्रेस से ज्यादा सशक्त और ज्यादा सक्रिय थी, ने बहुत तीखी प्रतिक्रिया दी। 'संजीवनी' पत्रिका के 13 जुलाई, 1905 के अंक में अंग्रेजी वस्तुओं के बहिष्कार का विचार और प्रस्ताव आया, जिसे स्वीकार कर लिया गया। रवींद्रनाथ टैगोर ने हिंदू-मुस्लिम एकता बनाए रखने के लिए राखी बाँधने का आह्वान किया। स्कूल में बच्चों ने वंदे मातरम् गाना शुरू कर दिया। कांग्रेस के धड़े ने सशस्त्र संघर्ष का निर्णय किया और क्रांति दल का गठन कर डाला, जिसने विदेशी वस्तुओं के साथ-साथ विदेशी शिक्षा और अदालतों के बहिष्कार का भी आह्वान किया। पहला क्रांतिकारी हमला 27 अप्रैल, 1908 में प्रफुल्ल चाकी और खुदीराम बोस ने किया। यहीं से भारत में क्रांतिकारियों के युग का प्रारंभ हुआ। यही क्रांति की ज्वाला पंजाब होते हुए पूरे भारत में फैल गई, जिसका अंत 27 फरवरी, 1931 को चंद्रशेखर आजाद के बलिदान के साथ समाप्त हुआ।

1880 में लागू की गई चुनाव व्यवस्था जब ज्यादा शहरों, जिलों में लागू हो

गई तो इन पर कब्जा करने के लिए हिंदू और मुसलमानों में होड़ होने लगी, क्योंकि जहाँ मुसलमान ज्यादा थे, वहाँ-वहाँ मुसलमानों को ज्यादा फायदा पहुँचने लगा। मुसलमान मुसलमानों को फायदा पहुँचाते थे और हिंदू हिंदुओं को ही सताते थे, इसलिए मुसलमानों ने मुसलमानों को फायदा पहुँचाने के लिए ज्यादा-से-ज्यादा शक्ति प्राप्त करने की कोशिश की। यहाँ से हिंदू और मुसलमानों में जो अलगाव पैदा हुआ, उससे अंग्रेज बहुत खुश हुए और इसको और आगे बढ़ाने की सोचने लगे। इसके लिए अंग्रेजों ने एक तरफ तो मार्ले मिंटो कमेटी का गठन किया, जिसका काम था जिला और नगर पालिका की तरह चुने हुए प्रतिनिधियों की एक सभा राज्य स्तर पर बनाना, जिसको प्रोविंशियल काउंसिल का नाम दिया गया। दूसरी ओर मुसलमानों के लीडरों को बुलाकर काउंसिल में मुसलमानों के लिए आरक्षण की माँग रखवा दी। इस ड्रामे के अंतर्गत 1909 प्रोविंशियल काउंसिल बिल लाया गया और 1909 में जब पहली बार काउंसिलों के चुनाव हुए तो यू.पी. में मुसलमानों को 50 प्रतिशत आरक्षण था, जबकि उनकी आबादी केवल 14 प्रतिशत थी। बॉम्बे में 135 पाउंड कमानेवाला मुसलमान वोट दे सकता था, पर हिंदू और पारसी नहीं। वास्तव में गोरी सरकार यह दिखाने की कोशिश कर रही थी कि वे सभी भारतीयों को प्रतिनिधित्व देकर उनका ध्यान रख रही है, लेकिन सच यह था कि काउंसिल का गठन इस प्रकार से हुआ था कि भारतीयों के हाथ में कुछ नहीं था, क्योंकि काउंसिल में नामित सदस्यों की संख्या इस तरह होती थी कि उनकी मर्जी के बिना कुछ हो ही नहीं सकता था, न तो हिंदू और न ही मुसलमान अपने दम पर कोई प्रस्ताव पास नहीं कर सकते थे, उनका मुख्य उद्‌देश्य हिंदू और मुसलमानों में खाई पैदा करना था, जिसमें वे सफल हुए।

सन् 1920 तक काउंसिल में चुने हुए सदस्यों की संख्या आधे से कम थी, आधे से ज्यादा अंग्रेजों द्वारा नामित सदस्य ही होते थे। चुने हुए प्रतिनिधियों को केवल सवाल पूछने, बजट पर बोलने तथा अपना प्रस्ताव रखने का अधिकार तो था, पर उस पर अंतिम फैसला सरकार के ही हाथ में था। काउंसिल के सदस्यों का चुनाव जिला समितियों और नगरपालिका के सदस्य करते थे और चूँकि वहाँ पर जैसा पहले बताया जा चुका है, अधिकतर सदस्य अंग्रेजों के चमचे ही होते थे, इसलिए काउंसिल में भी अधिकतर सदस्य अंग्रेजों की पसंद के ही होते थे। इस व्यवस्था से अंग्रेज जो चाहते थे, वह हो गया। हिंदू-मुसलमान के बीच की खाई और चौड़ी हो गई, चूँकि काउंसिल के सदस्यों का चुनाव स्थानीय जिला

समिति तथा नगर पालिका के सदस्य करते थे, इसलिए यह अलगाव राज्य स्तर से निकलकर स्थानीय स्तर पर भी फैल गया। केवल जिन्ना ही एकमात्र मुस्लिम नेता थे, जिन्होंने इस व्यवस्था का विरोध किया, जिन्ना ने अलग चुनाव व्यवस्था का विरोध किया, पर हैरानी की बात यह है कि फिर भी वे दो बार बॉम्बे से काउंसिल का चुनाव मुस्लिम सीट से जीतकर आए, इस बात का विश्लेषण करना जरूरी है। इसका एक अर्थ तो यह निकाला जा सकता है कि सारे मुसलमान अलगाववादी नहीं थे, पर अगर ऐसा था तो केवल जिन्ना ही क्यों जीतकर आए, कोई और भी क्यों नहीं जीतकर आया। ऐसा नहीं हो सकता कि केवल जिन्ना ही मात्र विरोध करनेवाले थे। इस घटना के साथ एक और घटना को मिलाकर देखिए। नवंबर 1916 में जिन्ना और कांग्रेस अध्यक्ष ए.सी. मजूमदार के बीच एक समझौता हुआ, जिसके अनुसार मुसलमानों को दिल्ली में 1/3, पंजाब में 50 प्रतिशत, बंगाल में 40 प्रतिशत, यू.पी. में 30 प्रतिशत, बिहार में 25 प्रतिशत, असम में 15 प्रतिशत, मद्रास तथा मध्य भारत में 15 प्रतिशत और भारत की संसद् में 1/3 सीटों के देने को स्वीकार किया था, जबकि मुसलमानों की जनसंख्या तब भारत में केवल 22 प्रतिशत थी। इस समय तक गांधीजी भारत में आ चुके थे, लेकिन पूरी तरह सक्रिय नहीं हुए थे।

1916 में कांग्रेस द्वारा अलग मुस्लिम चुनाव व्यवस्था स्वीकार कर लेने के कारण काउंसिल के भीतर मुसलमानों की अच्छी-खासी संख्या आ गई। इन सुधारों से पहले अवध में शिया लोगों का ही वर्चस्व था, लेकिन अब सुन्नियों का दखल बढ़ गया था। सबसे बड़ा नुकसान यह हुआ कि सांप्रदायिक विभाजन शुरू हो गया, मुसलमान-मुसलमानों को ज्यादा फायदा पहुँचाने लगे। समीकरण बदलते-बदलते यह हुआ कि अब मुसलमान न तो हिंदुओं के साथ थे और न ही अंग्रेजों के साथ। मुसलमानों की शक्ति इतनी तो थी कि शांतिप्रिय हिंदुओं को दंगा करके मार दें, हिंदू औरतों का बलात्कार कर लें, लेकिन इतनी नहीं थी कि मुट्ठी भर खूँखार अंग्रेजों का कुछ बिगाड़ सकें। 1857 के असफल विद्रोह के बाद अंग्रेजों ने कैसे हिंदू और मुसलमालों को गाजर-मूली की तरह काटा था, कैसे पेड़ों पर फलों से ज्यादा लाशें दिखने लगी थीं, यह बात मुसलमान भूले नहीं थे, इसलिए मुसलमान करोड़ों हिंदुओं से नहीं, मुट्ठी भर अंग्रेजों से डरते थे। इस समय सर सैयद अहमद के कुटिल प्रचार के कारण मुसलमानों की चिंता यह भी थी कि अंग्रेजों के चले जाने पर मुसलमानों का क्या होगा। मुस्लिम लीग ने ये प्रचार कर दिया था कि हिंदुओं के राज में मुसलमानों की पहचान समाप्त हो जाएगी, अर्थात् इस्लाम खतरे में है। इसी चिंता ने

पाकिस्तान के विचार को जन्म दिया।

शायर इकबाल ने अफगानिस्तान की सीमा पर मुस्लिम बहुल क्षेत्रों को मिलाकर एक मुस्लिम राज्य की कल्पना की, जिसमें पूर्वी पाकिस्तान उस समय शामिल नहीं था। इसी बीच खिलाफत आंदोलन शुरू हो गया, जिसमें जिन्ना की भागीदारी नहीं थी, जिसमें मुस्लिम उलेमाओं ने गांधी को इस्तेमाल करके फेंक दिया। जब मुसलमानों को लगा कि गांधीजी उनके काम आ सकते हैं तो रातोरात गांधी मुसलमानों में लोकप्रिय हो गए। मुसलमानों को भी लाभ यह हुआ कि उन्हें शौकत अली, मुहम्मद अली, मौलाना अब्दुल कलाम आजाद के रूप में लीडरशिप मिल गई। गांधी के आ जाने से जिन्ना का महत्त्व कम हो गया तो वे खिन्न होकर लंदन चले गए। 1913 में मुस्लिम लीग के लखनऊ अधिवेशन में जब जिन्ना और मजरूल हक ने अलग चुनाव व्यवस्था के विरुद्ध प्रस्ताव पास करने की बात की तो लखनऊ नगरपालिका के सदस्यों ने उनके खिलाफ वोटडाल कर चुप करा दिया। 1915 के बंबई अधिवेशन में तो जिन्ना को कासिम मिया के गुंडों से जान बचाने के लिए ताजमहल होटल के कमरे में बंद होकर गुप्त रूप से सभा करनी पड़ी। यहाँ यह बात ध्यान देने की है कि कांग्रेस के नेताओं को अंदाज नहीं था कि इसका परिणाम क्या होगा। दूसरी तरफ जिन्ना हिंदू और मुसलमान, दोनों को साधने में लगे थे, शायद उनका लक्ष्य भारत का प्रधानमंत्री बनना था।

अंग्रेजों द्वारा काउंसिल में भारतीयों को सदस्यता तो दे दी, पर उनके अधिकार नाममात्र के थे। सबसे बड़ी बात तो यह थी कि काउंसिल में भारतीय सदस्यों से ज्यादा संख्या अंग्रेजों द्वारा नामित सदस्यों की थी, इसलिए भारतीय तब तक कोई प्रस्ताव पारित नहीं कर सकते थे, जब तक अंग्रेज न चाहें। लेकिन इसके बावजूद यह लाभ तो हुआ ही कि काउंसिल का सदस्य बन जाने के बाद एक सामाजिक पहचान तो हो ही गई, जनता को लीडर मिल गए, काउंसिल के भीतर सरकार सुने या न सुने बाहर जनता तो इन की बात सुनने ही लगी, नतीजा यह हुआ कि इन नेताओं के माध्यम से काउंसिल के भीतर और बाहर और अधिक सुधारों की माँग उठने लगी, जिसका परिणाम मॉण्टेग्यू चेम्सफोर्ड सुधारों के रूप में सामने आया। इन सुधारों में पहला काम तो ये हुआ कि काउंसिल में चुने हुए प्रतिनिधियों की संख्या बढ़ाकर नामित प्रतिनिधियों से अधिक कर दी गई, साथ ही कुछ मंत्री जैसे कि शिक्षा, कृषि और स्थानीय प्रशासन के भारतीय मंत्रियों को चुने हुए प्रतिनिधियों के प्रति जवाबदेह बना दिया गया, अर्थात् चुने हुए प्रतिनिधि अब इन मंत्रियों से

सवाल-जवाब कर सके थे। भारतीयों के हाथ में मंत्री पद आ जाने से स्थानीय स्तर पर भी उनका दखल शुरू हो गया। जिला समितियों, नगर पालिकाओं के सदस्य, जो अब तक केवल अंग्रेजों के प्रति जवाबदेह थे, अब काउंसिल के भारतीय मंत्रियों को भी जवाबदेह हो गए। इन सुधारों से एक फायदा यह हुआ कि लोग अपनी शिकायत लेकर ऊपर तक जा सकते थे, लेकिन नुकसान बहुत ज्यादा हुआ, चूँकि मुसलमानों को केवल मुसलमान चुनते थे, इसलिए मुसलमान नेताओं के भाषण अब सबके लिए नहीं, केवल मुसलमानों के लिए होते थे, जिसमें जेहाद की बातें की जाने लगीं और मुसलमानों में कट्टरता तथा हिंदुओं के प्रति घृणा और बढ़ गई।

□

जिन्ना

यद्यपि पाकिस्तान में जिन्ना का जन्म दिन 25 दिसंबर को मनाया जाता है, पर सिंध के जिस मदरसे में उनकी पहली शिक्षा हुई थी, उसके अनुसार उनका जन्म 20 अक्तूबर, 1875 को हुआ था, उनका पैतृक गाँव गांधीजी के गाँव से 45 किलोमीटर दूर था। मुहम्मद अली जिन्ना और मोहनदास करमचंद गांधी में कई समानताएँ थीं। दोनों का नाम म से शुरू होता है, दोनों गुजरात के काठियावाड़ जिले से थे, दोनों का जन्म अक्तूबर माह में हुआ था, दोनों बैरिस्टर थे, दोनों शुरुआती दिनों में अंग्रेजी सभ्यता के दीवाने थे, दोनों तेज दिमाग और दूरदर्शी थे। गांधीजी जब अफ्रीका गए तो ट्रेन में फर्स्ट क्लास में चलने के पक्ष में यही दलील दी कि वे बैरिस्टर हैं। उन्होंने जो बँगला खरीदा, वह भी एक बैरिस्टर की हैसियत का था, सरकारी वकील के बँगले के बगल में था। जब लंदन से पढ़कर भारत लौटे तो घर में अंग्रेजी फर्नीचर, उठना-बैठना चालू करवाया, जब बच्चों को 1897 में पहली बार अफ्रीका ले जा रहे थे तो अंग्रेजी कपड़े पहनाकर, अंग्रेजी तहजीब सिखाकर ले जा रहे थे। इंग्लैंड में गाया जाने वाला गीत 'GOD SAVE THE KING' भी बच्चों को याद करवाया था। लेकिन समय के साथ गांधी में परिवर्तन आया, उन्होंने देखा कि अंग्रेज वैसे तो बहुज तमीजदार हैं, पर यह केवल मुखौटा है, वास्तव में वे रँगे-पुते जल्लाद हैं। धीरे-धीरे गांधीजी इतने भारतीय हो गए कि उनके साथवाले नेताओं तक को परेशानी होने लगी, अंत समय में तो फकीर और महात्मा की श्रेणी में आ गए। यह परिवर्तन उनमें अफ्रीका से ही आना शुरू हो गया था। एक बार उन्होंने जीवन बीमा करवाया, किंतु पहली किश्त देने के बाद रोक दिया, उनका कहना था कि जैसे भारत में करोड़ों लोग बिना जीवन बीमा की सुरक्षा के जीते हैं, वैसे ही उनके बच्चे भी जी लेंगे। अफ्रीका में पहली बार विदाई में मिले कीमती तोहफों को कस्तूरबा के विरोध के बावजूद नहीं लिये और एक

ट्रस्ट में जमा करा दिए। जिन्ना और गांधी में सबसे बड़ी समानता ये थी कि प्रारंभ में दोनों ही धर्मनिरपेक्ष थे, लेकिन गांधी तो अंत समय तक नहीं बदले, मगर जिन्ना मुसलमानों के नेता रह गए। दोनों का निधन 1948 में हुआ, लेकिन गांधी नफरत की गोली से मारे गए और जिन्ना ने बिस्तर पर दम तोड़ा। सबसे बड़ा अंतर यह है कि आज दुनिया भर के नेता अपने भाषणों में गांधी का जिक्र करते हैं, पर जिन्ना का पाकिस्तान में भी कोई नाम नहीं लेता।

जिन्ना की शिक्षा की शुरुआत सिंध में मदरसातुल इस्लाम में हुई थी, लेकिन सात साल की उम्र में 8.3.1882 को उनका दाखिला चर्च मिशन सोसाइटी हाई कराची में करवा दिया गया था, जहाँ से उनके अंदर परिवर्तन आना शुरू हुआ। जब वे 16 वर्ष के ही थे, उनकी लंदन में क्लर्क के पद पर नियुक्ति हो गई। माँ ने बहुत जिद की तो एमी बाई नाम की लड़की से शादी करवा कर उनको लंदन जाने दिया गया। जिन्ना पत्नी को भारत में ही छोड़कर लंदन चले गए, पीछे से एमी बाई की कालरा से मौत हो गई। उधर लंदन में रहते हुए जिन्ना ने अपनी आकांक्षाओं को पूरा करने के लिए नौकरी करते हुए 29.04.1896 को बैरिस्टर की डिग्री भी हासिल कर ली। लेकिन बैरिस्टर बनते-बनते वे पूरे अंग्रेज भी बन चुके थे। अंग्रेजी सूट पहनते थे, अंग्रेजी बोलते थे, अंग्रेजों की तरह ही रहते थे। न तो नमाज पढ़ना आता था और न ही कुरान का कुछ भी ज्ञान था। इस समय तक उनकी सोच पूरी तरह भारतीय थी, इसीलिए जब वे भारत आए तो हर उस काम का विरोध किया, जिसका मुस्लिम लीग ने समर्थन किया। जिन्ना और गांधी के बीच एक और समानता थी कि दोनों जब भारत आए तो दोनों ही गोखले के शिष्य बने। 1906 में अंग्रेजों ने जब मुसलमानों को खुश करने के लिए बंगाल हिंदू बहुल पश्चिमी बंगाल और मुस्लिम बहुल पूर्वी बंगाल में विभाजन किया तो जिन्ना ने सबसे पहले उसका विरोध किया। 1906 में जब मुस्लिम लीग की स्थापना हुई तो जिन्ना स्थापना सत्र में नहीं गए। जिन्ना हमेशा अंग्रेजी कपड़े ही पहनते थे, 'मुस्लिम लीगी' बनने के बाद पहली बार मुस्लिम ड्रेस 1937 में पहनी और उसके बाद भी यदाकदा ही पहनी। 1940 के जिस लाहौर अधिवेशन में अलग पाकिस्तान की माँग उठी, उसमें जिन्ना ने भाषण अंग्रेजी में ही दिया, लोग उर्दू की माँग करते रहे।

जिन्ना को लेकर भारत में बहुत भ्रम है, कुछ लोग मानते हैं कि जिन्ना सेक्यूलर मुसलमान थे तो कुछ लोग मानते हैं कि वे भी एक कट्टर मुसलमान थे। सही बात यह है कि उनको समझने के लिए उनके पूरे जीवन को जानना जरूरी है,

1896 में बैरिस्टर की डिग्री लेकर जिन्ना उसी वर्ष में भारत आ गए। यहाँ से लेकर 1937 तक जिन्ना ने हमेशा मुस्लिम कट्टरपंथियों का विरोध किया, मुस्लिमों की अलग चुनाव व्यवस्था को समाप्त करने का प्रयत्न किया। लेकिन 1937 के चुनावों में मुस्लिम लीग को अपेक्षित सफलता न मिलने के कारण उनका रुख पलट गया। 1937 तक जिन्ना ने कभी कोई इस्लामी पोशाक नहीं पहनी, हमेशा सूट ही पहनते थे, उनके पास 200 अंग्रेजी सूट थे।

- जिन्ना अधिकतर अंग्रेजी बोलते थे, उर्दू या गुजराती नहीं। सीमित मात्रा में शराब पीते थे।
- जिन्ना को कुरान का ज्ञान बिल्कुल नहीं था, न तो मसजिद जाते थे, न नमाज पढ़ते थे, न रोजा रखते थे। उनको नमाज पढ़ना आता ही नहीं था।
- वे किसी भी जाति या धर्म की विशेष माँगों का विरोध करते थे।
- 1905 में जब अंग्रेजों ने हिंदू-मुस्लिम में दरार को बड़ा करने के लिए बंगाल का विभाजन किया तो जिन्ना ने सबसे पहले और सख्त विरोध किया।
- 1906 में जब मुस्लिम लीग की स्थापना हुई तो निमंत्रण होने के बाद भी वे ढाका नहीं गए, जबकि पास ही कलकत्ता में चल रहे कांग्रेस के अधिवेशन में उपस्थित थे।
- 1908 में अंग्रेजों ने जब मुसलमानों को मॉर्ले मिंटो अवार्ड से अलग चुनाव व्यवस्था दे दी तो जिन्ना ने यह कहकर सबसे पहले विरोध किया कि इससे भारतीय एकता खतरे में पड़ जाएगी।
- लंदन में छात्र जीवन में उनकी इच्छा थी कि वे रंगकर्मी बने और रोमियो का किरदार निभाएँ।

इटली के प्रधानमंत्री मुस्तफा कमाल अतातुर्क, जिन्होंने खलीफा का पद समाप्त कर के इटली में राजनीति में मुल्लाओं के दखल को खत्म कर दिया था, जिन्ना के आदर्श थे। जिन्ना कहते थे कि काश वे मुस्तफा कमाल होते तो भारत की समस्याओं को समाप्त कर देते।

सन् 1928 में जिन्ना ने कांग्रेस से वार्त्ता में मुसलमानों के लिए अलग चुनाव व्यवस्था की जगह आरक्षण पर सहमति बना ली, जिससे भारत को बहुत बड़ा लाभ था, पर अंत समय में कांग्रेस के कुछ लोगों ने इसको आगे नहीं बढ़ने दिया। 14 अगस्त, 1947 को पाकिस्तान के जन्म के अवसर पर रमजान का महीना था,

फिर भी मौलवियों की आलोचना की परवाह न करते हुए जिन्ना ने वाइसराय लॉर्ड माउंटबेटन के लिए दोपहर का भोजन रखा। जिन्ना चाहते थे कि पाकिस्तान एक सेक्यूलर मुस्लिम राष्ट्र बने, परंतु सेक्यूलर पाकिस्तान की चाहत की एक वजह ये भी हो सकती है कि जिन्ना शिया थे और जानते थे कि सुन्नी मौलवी शियाओं को भी काफिर ही मानते हैं। विभाजन के समय उन्होंने हिंदुओं के साथ हुई दरिंदगी को देखा तो हो सकता है कि उनके दिमाग में यह विचार आया हो कि कल को सुन्नी उलेमा यही दरिंदगी पाकिस्तान के शियाओं के साथ भी कर सकते हैं, इसलिए सेक्यूलर पाकिस्तान की सलाह देने लगे।

□

गांधीजी का प्रवेश

गांधी का विश्लेषण

मोहनदास करमचंद गांधी एक ऐसा नाम है, जिसके बिना भारत की आजादी का इतिहास लिखा ही नहीं जा सकता। लेकिन ऐसा तो कई देशों के कई नेताओं के बारे में कहा जा सकता है, लेकिन एक बात गांधी के बारे में अलग है कि दुनिया के सभी सभ्य देशों के सभी बड़े-बड़े नेताओं ने कभी-न-कभी गांधीजी का अपने भाषणों में जिक्र किया है और उनको महान् बताया है। विडंबना यह है कि भारत में गांधीजी को केवल अपनी स्वार्थसिद्धि के लिए याद किया जाता है। भारत में गांधीजी के साथ विवाद भी बहुत जोड़ दिए गए हैं, कोई कहता है कि उनकी अहिंसा से कोई लाभ नहीं हुआ, पाकिस्तान बन गया। हिंदुओं के नेता उनको मुस्लिमपरस्त मानते हैं तो मुसलमान उनको केवल हिंदुओं का नेता मानते हैं। तो सच क्या है, सच यह है कि गांधी को भारत ने गंभीरता से समझने की कोशिश नहीं की, सच यह है कि आज जो बचा हुआ भारत हिंदुओं के हाथ में है, वह गांधी के ही कारण है।

गांधीजी दक्षिण अफ्रीका से विजयी होकर जनवरी 1915 में भारत आए, उस समय कांग्रेस ही हिंदुओं का प्रतिनिधित्व कर रही थी, लेकिन 28 दिसंबर, 1885 में जन्म से लेकर गांधीजी के आने तक कांग्रेस कोई भी बड़ा आंदोलन नहीं खड़ा कर पाई थी, दूसरी ओर 1875 में सर सैयद अहमद द्वारा स्थापित मुहम्मडन एंग्लो ओरियंटल कालेज (Mohammedan Anglo-Oriental College), जो बाद में अलीगढ़ मुस्लिम यूनीवर्सिटी बना, ने मुसलमानों को शिक्षित नेता देकर लाम-बंद करना शुरू कर दिया था, इसी का परिणाम थी 1906 में मुस्लिम लीग की स्थापना। जहाँ कांग्रेस एक ओर एक स्वयंसेवी संस्थान (N.G.O.) की तरह काम कर रही थी, वहीं मुस्लिम लीग और जिन्ना ऐसा काम कर रहे थे, जिससे भविष्य में भारत पर फिर से मुस्लिम शासन स्थापित हो जाता। स्थापना के केवल दो साल

में ही मुस्लिम लीग ने 1908–09 में अंग्रेजों से मिलकर मॉर्ले–मिंटो समझौते से मुसलमानों के लिए अलग चुनाव व्यवस्था तथा विधानसभाओं में सीटों का आरक्षण प्राप्त कर लिया। किसी–किसी राज्य में तो यह आरक्षण उस राज्य में मुसलमानों की जनसंख्या के अनुपात से कहीं ज्यादा था, लेकिन कांग्रेस ने इसका विरोध नहीं किया, उल्टा 1915 में लखनऊ अधिवेशन में कांग्रेस ने खुद ऐसा ही समझौता मुस्लिम लीग से कर लिया। जिन्ना ने ही कांग्रेस के साथ–साथ लखनऊ में मुस्लिम लीग का अधिवेशन करवाया था। यही समझौता भारत के विभाजन का कारण बना, यद्यपि गांधीजी भी इस समझौते के समय मौजूद थे, पर वे तभी दक्षिण अफ्रीका से आए थे। इससे पहले जिन्ना 1902 में मुस्लिम वक्फ कानून पास करवाकर भारत में मुसलमानों के आर्थिक सशक्तीकरण की नींव रख चुके थे।

जिन्ना निश्चित रूप से हिंदू विरोधी नहीं थे, पर वे मुस्लिम हितों का भी खयाल रखते थे, जिन्ना ने अपना लक्ष्य स्पष्ट रखा था, वे हिंदू और मुसलमान दोनों के नेता बनकर आजादी मिलने पर भारत के प्रथम प्रधानमंत्री बनना चाहते थे। वे सफलतापूर्वक अपने लक्ष्य की ओर बढ़ भी रहे थे कि तभी पटल पर गांधी आ गए। गांधीजी जब आए तो जिन्ना भारत के सबसे शक्तिशाली नेता थे, पर वे भी लोकनायक नहीं थे, इसलिए गांधीजी चंपारण के आंदोलन से जैसे ही लोकनायक बने, जिन्ना का महत्त्व इतना कम हो गया कि वे खिन्न होकर वनवास पर लंदन चले गए। यदि गांधी उस समय भारत में नहीं आते तो निश्चित ही आजाद भारत के पहले प्रधानमंत्री जिन्ना ही होते। जिन्ना के जीते जी तो शायद हिंदू चैन से रह लेते, पर जिन्ना के जाते ही भारत फिर से शरीयतवादी मुसलमानों के हाथ में चला जाता, हिंदू फिर एक बार गुलामी का जीवन जी रहे होते। कुछ लोग कहना चाहेंगे कि गांधीजी ने भी तो विभाजन टालने के लिए जिन्ना को प्रधानमंत्री बनाने का प्रस्ताव रखा था। हाँ रखा था, पर दोनों स्थितियों में अंतर है। इस स्थिति में जिन्ना केवल प्रधानमंत्री होते, पर सरकार सेना और पुलिस में हिंदुओं का ही बहुमत रहता, लेकिन अगर आजादी मुसलमानों के प्रयासों से मिलती तो सेना–पुलिस में मुसलमान तेजी से बढ़कर हिंदुओं की शक्ति को समाप्त कर देते।

गांधी की भारत को एक और बड़ी देन है 'पूना पैक्ट'। 1930–31 में दांडी यात्रा के बाद अंग्रेज गांधी की शक्ति से घबरा गए थे। गांधी, हिंदू और भारत को कमजोर करने के लिए अंग्रेजों ने 1932 में लंदन में गोलमेज सम्मेलन बुलाया, जिसमें भारत के भविष्य पर वार्त्ता करने के लिए गांधीजी को बुलाया, पर साथ

में मुसलमानों के प्रतिनिधि के रूप में जिन्ना, दलितों के प्रतिनिधि के रूप में डॉ. भीमराव अंबेडकर तथा सिख, पारसी प्रतिनिधियों के साथ-साथ रियासतों के राजाओं को भी स्वतंत्र प्रतिनिधियों के रूप में बुला लिया। अंग्रेजों ने जिस मकसद से यह किया था, उसमें वे पूरी तरह सफल रहे, चूँकि सभी प्रतिनिधियों के अपने-अपने राजनैतिक स्वार्थ थे, इसलिए सभी ने गांधी और कांग्रेस को उनके समाज का प्रतिनिधि मानने से इनकार कर दिया और गांधी वहाँ पर केवल सवर्ण हिंदुओं के नेता बनकर रह गए। यही नहीं बची-खुची कसर पूरी करने के लिए अंग्रेजों ने मुसलमानों की तरह दलितों के लिए भी अलग चुनाव व्यवस्था और आरक्षण की घोषणा कर दी। गांधीजी एकमात्र नेता थे, जिन्होंने इसका विरोध किया और भारत आकर इसे समाप्त करने के लिए आमरण अनशन पर बैठ गए, क्योंकि गांधीजी दूरदर्शी थे, उनको पता था कि इससे हिंदू समाज पूरी तरह कमजोर हो जाएगा और मुसलमान दलितों को बहलाकर अपने साथ करके हिंदुओं को जड़ से नष्ट कर देंगे।

गांधीजी के लंबे अनशन और हिंदू नेताओं की मध्यस्थता के बाद डॉ. अंबेडकर आखिर 'पूना पैक्ट' में दलितों के लिए अलग चुनाव व्यवस्था समाप्त करने को तैयार हो गए। यदि ऐसा नहीं होता तो आज भारत में दलित भी मुसलमानों की तरह एक अलग वर्ग होते और पूरी संभावना थी कि भारत गृहयुद्ध में फँसकर फिर से मुसलमानों के हाथ में चला जाता, क्योंकि उस समय 25 प्रतिशत मुसलमान ही सबसे बड़े और सबसे ज्यादा संगठित तथा हिंसा में सबसे ज्यादा दक्ष घटक थे। गांधीजी ने जिन्ना को भी इसी तरह मनाने की कोशिश की, पर वह नहीं माने। यहाँ पर डॉ. भीमराव अंबेडकर की देशभक्ति और सूझ-बूझ का पता चलता है, चाहते तो वे भी जिन्ना की तरह दलित समाज के अलग नेता बनकर कांग्रेस से मोल-भाव कर सकते थे, पर वे जानते थे कि हिंदू समाज से कटते ही मुसलमान दलितों को भी निगल जाएँगे, इसलिए अपनी महत्त्वाकांक्षा को बलिदान करके गांधी को आगे बढ़ने दिया। हिंदू समाज डॉ. अंबेडकर के इस बलिदान का ऋण कभी नहीं चुका पाएगा। इस बलिदान के लिए डॉ. भीमराव अंबेडकर को नमन करता हूँ।

गांधी की अहिंसा को लेकर बार-बार ताने मारे जाते हैं, पर सच यह है कि अगर गांधी का ध्यान से अध्ययन किया जाए तो साफ उभरकर आता है कि अहिंसा उनकी रणनीति का एक हिस्सा मात्र थी। गांधीजी ने न केवल इतिहास का अध्ययन किया, बल्कि हिंदू समाज का भी गहन अध्ययन किया और पाया कि हाथ

में लाठी लेते ही अंग्रेजों को गोली चलाने का अधिकार मिल जाता है, यदि हिंसा से अंग्रेजों को भगा सकते तो मुसलमान कब का उनको भगा चुके होते। अंग्रेजों के पास न केवल आधुनिक शस्त्र थे, बल्कि एक आधुनिक, अनुशासित, गद्दारी मुक्त, भ्रष्टाचार मुक्त, मुसलमानों से ज्यादा क्रूर और समर्पित सेना भी थी, जिसके रहते उनको हिंसा से भगा पाना असंभव था। भारतीयों को गलतफहमी है कि उन्होंने आजादी ली, पर सच यह है कि अंग्रेजों ने अपने हालातों से मजबूर होकर भारत छोड़ा। भारत की आजादी का प्रस्ताव भारत की संसद् में नहीं, ब्रिटिश संसद् ने पास किया। इसीलिए हमें आजादी उनकी शर्तों पर मिली, हमारी शर्तों पर नहीं। एक बैरिस्टर होने के नाते गांधीजी ने देखा, अंग्रेजों के संविधान में अहिंसा के लिए कोई दंड नहीं है और अंग्रेज अपने संविधान का उल्लंघन नहीं करते, जो भी करते हैं, कानून बनाकर करते हैं, इसलिए अंग्रेजों से लड़ने के लिए अहिंसा ही उपयुक्त शस्त्र हो सकती है। इस शस्त्र को दक्षिण अफ्रीका में सफलतापूर्वक प्रयोग करके भारत आए गांधीजी ने जब भारत में घूम-घूमकर अध्ययन किया तो पाया कि हिंसा करना हिंदुओं के बस की बात नहीं है, हिंदू चूँकि घृणा को पालकर नहीं रख सकता, इसलिए मुसलमानों की तरह हिंसक या क्रूर नहीं हो सकता, जहाँ हिंसा की संभावना होगी, हिंदू नहीं जाएगा।

यही देखते हुए भारत में भी गांधीजी ने अहिंसा को ही अपना अस्त्र बनाया। कांग्रेस ने अहिंसा की बात नहीं की, इसीलिए भारत में कोई बड़ा आंदोलन नहीं खड़ा कर पाई, पर गांधीजी ने जैसे ही अहिंसा की बात की, हिंदू सड़कों पर निकल आए और गांधीजी रातोरात लोकनायक बन गए। अहिंसा के कारण ही गांधीजी अंग्रेजों से वह सम्मान पाने में सफल रहे, जो किसी अन्य भारतीय को नहीं मिला। यदि गांधीजी हिंसा की बात करते तो अंग्रेज उनको जेल में डालकर सड़ा देते। लोकमान्य तिलक ने तो केवल एक उत्तेजक लेख ही लिखा था और वे 6 साल के लिए जेल भेज दिए। अंग्रेजों के सामने आप हिंसा करते ही एक राजनैतिक कैदी नहीं, एक अपराधी बन जाते थे, जिसके बदले वो आप को फाँसी तक दे सकते थे। 1906 में बंगाल विभाजन से जो क्रांतिकारी आंदोलन शुरू हुआ था, उससे समाज में जोश तो आया, पर 1931 में बादल बंधुओं की शहादत के साथ वह आंदोलन बंगाल में ही समाप्त हो गया, क्योंकि हर साल 5-10 अंग्रेज मार देने से अंग्रेज भारत छोड़कर जानेवाले नहीं थे, क्रांतिकारियों ने सोचा था कि उनकी शहादत पर जनता उबल पड़ेगी, पर ऐसा कुछ नहीं हुआ। हिंदुओं के इस चरित्र को देखकर

ही गांधीजी ने अहिंसा का चुनाव किया था। गांधीजी ने कई बार स्पष्ट कहा था कि उनकी अहिंसा केवल सामाजिक परिवर्तन के लिए है, चोर-उचक्कों को माफ करने के लिए नहीं है।

गांधीजी पर मुसलमानों का पक्षधर होने का भी आरोप लगाया जाता है, पर यह भी या तो अज्ञानतावश है या फिर विभाजन के बाद पाकिस्तान जाते हुए मुसलमानों को रोक लेने के कारण है। इस एक घटना को हटा दें तो इसके लिए कोई कारण नहीं है। वास्तव में इतिहास में लगातार जब-जब जरूरत हुई, गांधीजी ने मुसलमानों को मुँह पर लताड़ा है। हाँ, यह जरूर है कि उनकी भाषा और शैली बहुत संतुलित थी। चाहे कोहट का दंगा हो या फिर हरिलाल के धर्म-परिवर्तन का किस्सा, गांधीजी ने मुसलमानों को हमेशा ऐसा लताड़ा कि आज आजाद भारत में कोई हिम्मत नहीं कर सकता है। अपनी आत्मकथा में तो गांधीजी ने यहाँ तक लिख दिया कि आम मुसलमान एक गुंडा होता है और आम हिन्दू कायर। मुसलमानों के साथ नरमी का सबसे बड़ा कारण हिंदुओं का स्वभाव से अहिंसक होना है। यदि हिंदू समय-समय पर मुसलमानों को ईंट का जवाब पत्थर से दे देते तो न तो गांधीजी को रक्षात्मक होने की जरूरत थी, न ही पाकिस्तान बनता। गांधीजी समझते थे कि 27 प्रतिशत संगठित मुसलमानों को विश्वास में लिये बिना कुछ भी करने से भारत में गृह-युद्ध होना पक्का था, जिससे हिंदुओं की भारी क्षति ही नहीं होती, बल्कि भारत के मुसलमानों के हाथ में चले जाने का भी खतरा था। आज गांधी नहीं हैं तो क्या भारत में 15 प्रतिशत मुसलमान हिंदुओं पर भारी नहीं पड़ रहे हैं? गांधी के जाने के बाद कितने मुसलमानों को पाकिस्तान भेजा गया? गांधीजी हिंदुओं को समझते थे, इसीलिए संयम की राह पकड़ी।

भारत लौटे गांधी

लंदन से भारत तक की यात्रा में न केवल समुद्र में लहरें उठ रहीं थीं, बल्कि गांधीजी अंदर भी एक मंथन चल रहा था। अफ्रीका में रहते हुए और लगभग बीस वर्ष के अविराम संघर्ष तथा विश्व भर के लेखकों की पुस्तकें पढ़कर गांधीजी पूरी तरह से जाति और धर्म से उठकर एक सच्चे भारतीय बन चुके थे; लेकिन भारत जातियों और धर्मों में बँटा हुआ था, इसलिए गांधीजी को पता था कि भारत में न केवल अंग्रेजों से संघर्ष करना होगा, बल्कि जाति और धर्म की संकीर्णता से भी लड़ना पड़ेगा, तभी वे अफ्रीका की तरह आम आदमी को स्वतंत्रता की लड़ाई में

जोड़ सकेंगे, लेकिन इसी कारण यहाँ रास्ता आसान नहीं होगा।

अफ्रीका में जिस तरह गांधीजी ने ब्रिटिश साम्राज्य को अहिंसा से झुकाया था, उस चमत्कार की खबरें भारत में पहुँच चुकी थीं, इसीलिए 9 जनवरी, 1915 को जब 'अरबिया' नाम के जहाज से वे बॉम्बे के बंदरगाह पर उतरे तो बड़े-बड़े नेता उनके स्वागत के लिए वहाँ मौजूद थे। आदरणीय गोखलेजी बीमार होते हुए भी पूना से बॉम्बे गांधी के लिए आए। बहुत से लोगों ने उनकी गाड़ी को खींचा, जिनमें प्रसिद्ध उद्योगपति घनश्याम दास बिड़ला भी एक थे। शहर में कई जगह उनके सम्मान में सभाएँ की गईं। सभी सम्मान सभाओं में सभी लोग या तो कीमती भारतीय पोशाकों में या फिर अंग्रेजी कपड़ों में आए थे, जबकि गांधीजी एक साधारण गुजरातीवाले कपड़ों में गए और सरल गुजराती भाषा में अपनी बात कही, जिसके कारण लोग सभा में कानाफूसी करते थे, कुछ लोग इसको शर्म की बात मानते थे तो दूसरे लोग हँसी उड़ाते थे और कहते थे कि "देखना, बहुत जल्द यह गांधी गुमनामी में खो जाएगा।" संयोग देखिए कि सम्मान सभा की अध्यक्षता मोहम्मद अली जिन्ना ने की। एक और संयोग यह था कि गांधी और जिन्ना दोनों ही गुजरात में काठियावाड़ से थे, लेकिन एक भारत को जोड़ना चाहता था तो दूसरा तोड़ने के लिए पैदा हुआ था।

भारत में गांधीजी अपने गुरु के रूप में गोखलेजी को बहुत मानते थे। भारत पहुँचते ही गोखलेजी ने सलाह दी कि वे एक वर्ष तक केवल भारत घूमें और सबकी बातें सुनें, बोलें कुछ नहीं। गांधीजी को भारत में भी अपना काम करने के लिए टालस्टॉय फार्म जैसा एक आश्रम, पत्राचार के लिए एक साथी और बात कहने के लिए एक समाचार-पत्र की आवश्यकता थी, इसलिए गांधीजी ने सोचा कि इस एक वर्ष के समय में यह काम भी कर लिये जाएँ। योजना के अनुसार जब आश्रम के लिए स्थान की तलाश शुरू हुई तो कई लोगों ने कई स्थान दिखाए, पर अंत में अहमदाबाद में बैरिस्टर जीवन जी देसाई का बहुत बड़ा मकान किराए पर लेकर उसमें आश्रम की स्थापना की गई और इसको 'सत्याग्रह आश्रम' का नाम दिया गया। इस आश्रम में रहनेवालों के लिए 11 बातों की शपथ लेना और उसका पालन करना अनिवार्य था, जिसमें छुआछूत का त्याग, स्वदेशी वस्तुओं का प्रयोग, शारीरिक श्रम करना, सत्य का आचरण करना, निडरता आदि प्रमुख थे। गांधीजी का परिवार कलकत्ता में गुरु रवींद्रनाथ टैगोर के शांति निकेतन में था। ट्रेन में तृतीय श्रेणी में चलना बहुत कष्ट कारक था, फिर भी गांधीजी परिवार को लेने गए तो ट्रेन में तृतीय श्रेणी से गए, ताकि भारत को समझ सकें। गांधीजी जब शांति निकेतन पहुँचे

तो वहाँ भी दो कारणों से उनका शानदार स्वागत हुआ। पहला कारण तो वही था, जिससे उनका बॉम्बे में सम्मान हुआ था, दूसरा कारण था, उनके परिवार द्वारा शांति निकेतन में अफ्रीका की उस परंपरा को जारी रखना, जिसमें सभी लोग अपना काम खुद करते थे, यहाँ तक कि पैखाना भी खुद साफ करते थे।

गांधी के भारत आने के केवल 42 दिनों बाद, 19 फरवरी, 1915 को गोखलेजी का निधन हो गया। अब गांधीजी को एक साल तक बोलने का वचन निभाने की जरूरत नहीं थी, इसलिए कलकत्ता में पहली बार क्रांतिकारियों की एक बड़ी सभा में बोलते हुए कहा, "हत्याएँ करना विदेशी संस्कृति का विस्तार है। जो लोग भारत में आतंक स्थापित करना चाहते हैं, उनको पता रहे कि गांधी उनके विरुद्ध खड़ा हो जाएगा। छात्र अगर मरने के लिए तैयार हैं तो मैं भी उनके साथ मरने के लिए तैयार हूँ।" गांधीजी के इस भाषण से भी खलबली मच गई। इसी भीड़ में मोहम्मद अली और शौकत अली नाम के दो लंदन से पढ़े बैरिस्टर भी थे, जो गांधीजी के प्रशंसक बन गए। हालाँकि मुसलमानों में आजादी के लिए उतनी उत्सुकता नहीं थी, जितनी हिंदुओं में थी, लेकिन प्रथम विश्वयुद्ध में अंग्रेजों के द्वारा मुसलमानों के खलीफा के देश तुर्की के साथ अच्छा व्यवहार न करने के कारण अली बंधु अंग्रेज सरकार से खफा थे, इसीलिए गांधी से जुड़ गए। लेकिन बाद में मुसलमान कट्टरपंथियों ने उनको भी गांधी का आलोचक बनने पर मजबूर कर दिया।

उधर आश्रम में भी एक तूफान आ गया था। गांधीजी ने धेड़ जाति के एक अछूत दंपती, दादा भाई दावदा को आश्रम में रहने के लिए स्थान दे दिया, जिससे आश्रमवासियों में बेचैनी फैल गई, पत्नी कस्तूरबा ने जब विरोध किया तो गांधीजी ने साफ कह दिया कि अछूत आश्रम से नहीं जाएँगे, जिसको जाना है जाए। कस्तूरबा को भी यदि जाना है तो झगड़ा होने से पहले ही चली जाएँ। गांधीजी को सिद्धांतों पर अडिग देखकर कस्तूरबा ने तो अछूतों के साथ रहना स्वीकार कर लिया, पर पड़ोस वालों ने कुएँ से पानी देना बंद कर दिया। गांधीजी आश्रम को किसी अछूत बस्ती में ले जाने की सोच ही रहे थे कि अंबालाल साराभाई नाम के एक युवा उद्योगपति आया और गांधीजी को 13000 रुपए नकद देकर चला गया। हमेशा की तरह जीत गांधीजी की ही हुई, आश्रमवासियों ने अछूत दंपती को स्वीकार कर लिया।

धमाका और पहली गलती

गांधीजी भारत के गरीब, दलित और आम आदमी को आजादी का सिपाही

बनाना चाहते थे, इसलिए उनकी वेशभूषा, बोलचाल की भाषा पूरी तरह आम आदमी की थी, यहाँ तक कि ट्रेन में भी वे तृतीय श्रेणी में ही चलते थे। दिसंबर 1915 में कांग्रेस के बंबई अधिवेशन में उन्होंने जो प्रस्ताव रखे और जिस तरह के विभिन्न स्थानों पर भाषण दिए, उससे वे आम आदमी से सीधे-सीधे जुड़ गए। पहली बार भारत के गरीबों को जहाँ उनमें अपना लीडर नजर आया, वहीं अमीर और ऊँची जाति के लोगों को समझ नहीं आ रहा था कि गांधी का रास्ता क्या है। उस समय जो लोग कांग्रेस या भारतीय राजनीति में थे, उनसे गांधी तीन तरह से अलग थे—

1. उनके मन में गरीबों के लिए चिंता थी, सहानुभूति थी और वे मन से अपने को उनका ही प्रतिनिधि मानते थे।
2. एक मात्र ऐसे नेता थे, जिसको लंदन और अफ्रीका में अंग्रेजों के साथ बीस वर्ष से भी अधिक संघर्ष करने का अनुभव था, इसलिए अंग्रेजों की फितरत को समझते थे। सबसे बड़ी बात वे अंग्रेजों की आँख-में-आँख डालकर बात करते थे, दूसरे नेताओं की तरह कभी हीनता का अनुभव नहीं किया।
3. वे जाति, धर्म, भाषा और प्रांतीयता से पूरी तरह ऊपर उठकर भारतीय बन चुके थे और पूरे भारत को अपना मानते थे।

इसका सबसे अच्छा उदाहरण देखने को मिला 6 फरवरी, 1916 को। पंडित मदन मोहन मालवीय द्वारा स्थापित काशी विद्यापीठ का शुभारंभ करने के लिए वाइसराय को बुलाया गया था। इस अवसर पर देश भर के सम्मानित नेताओं और समाजसेवियों के साथ-साथ गांधीजी को भी बोलने के लिए बुलाया गया था। गांधीजी ने मोटे-मोटे तकियों पर टिके नेताओं को देखा और जब मंच पर बोलने के लिए खड़े हुए तो सीधे-सीधे शब्दों में बिना किसी लाग-लपेट के सबसे पहले तो लोगों को शहर की गली-गली में फैली गंदगी के लिए लताड़ा, फिर सोने-चाँदी के जेवरों से लदे मोटे-मोटे तकियों पर पीठ टिकाए सामंतों की तुलना देश के करोड़ों गरीबों से करते हुए कहा, "जब तक ये सोने-चाँदी से प्रेम करनेवाले मोटी-मोटी तोंदवाले सामंत, यह सोना चाँदी उतार नहीं फेंकते, तब तक भारत का उद्धार नहीं हो सकता। भारत को आजादी वकील, डॉक्टर या इंजीनियर नहीं, बल्कि इस देश के किसान और मजदूर दिलाएँगे।"

मंच पर बैठे हुए वे लोग, जो अब तक गांधीजी की हँसी उड़ा रहे थे कि यह

फकीर क्या आजादी दिलाएगा, पल भर में सकते में आ गए, पूरे मंच को साँप सूँघ गया और बिना किसी आगे की काररवाई तथा औपचारिक धन्यवाद के सभा अचानक समाप्त कर दी गई। जिन लोगों को गांधीजी ने लताड़ा था, उनके चेहरे सफेद पड़ गए, लेकिन सामने बैठे कुछ लोगों का तो जीवन ही बदल गया। इनमें से एक थे प्रसिद्ध उद्योगपति घनश्यामदास बिड़ला, जो इतना प्रभावित हुए कि जीवन भर गांधीजी का साथ देते रहे और दूसरे थे बिनोबा भावे, जिन्होंने पूरा जीवन ही स्वतंत्रता संग्राम और गांधीजी को समर्पित कर दिया।

इस घटना के बाद गांधीजी की लोकप्रियता आकाश छूने लगी। भारत में पहली बार गरीब, अछूत और आदिवासियों को लगा कि उनको उनका लीडर मिल गया। वे जहाँ-जहाँ जाते, लोगों की भीड़ उनकी एक झलक पाने के लिए उमड़ पड़ती। इसी प्रकार कर्नाटक की एक सभा में गांधीजी ने घोषणा की कि वो हर उस वर्ग का विरोध करते हैं, जो अपने को दूसरों से ऊपर समझता है। अगर एक वर्ग दूसरे पर शासन करता है तो यह स्वराज्य नहीं हो सकता।

इसी प्रकार अक्तूबर 1916 में अहमदाबाद की एक सभा में गांधीजी की मुलाकात लंदन से बैरिस्टर बनकर आए शहर के नामी और अक्खड़ वकील वल्लभभाई पटेल से हुई। वल्लभभाई इससे पहले गांधीजी का मजाक उड़ाते हुए कहा करते थे, "अनाज पीसने और पैखाना साफ करने से भी कहीं आजादी मिलती है।" लेकिन जब इस सभा में उन्होंने गांधीजी को सुना तो उनको लगा कि गांधीजी बहुत गंभीर हैं और फालतू बातें नहीं करते हैं। इसके बाद दोनों फिर एक बार दिसंबर 1916 के कांग्रेस के लखनऊ अधिवेशन में मिले और हमेशा के लिए स्वतंत्रता संग्राम के साथी हो गए।

खिलाफत आंदोलन और गांधी

1453 में तुर्की के एक कबीले से निकले योद्धा ओसमान (प्रथम) ने एक ऐसी विजय यात्रा शुरू की, जिसने न केवल पूरे तुर्की पर अपना शासन कायम किया, बल्कि उसके बाद आनेवाली पीढ़ियों ने उसे इतना बड़ा साम्राज्य बना दिया कि जिसमें एशिया, यूरोप और रूस तक के क्षेत्रों को उसमें मिला लिया। ओसमान के नाम पर साम्राज्य का नाम 'ओटोमन सामाज्य' पड़ा। प्रथम विश्वयुद्ध में ओटोमन साम्राज्य जर्मनी के साथ था और तुर्की इसका एक हिस्सा था, लेकिन प्रथम विश्वयुद्ध में जर्मनी के हार जाने से ओटोमा राज्य भी हार गया और बँटवारे के

बाद एक बहुत बड़ा हिस्सा अंग्रेजों के कब्जे में आ गया, जिसमें तुर्की भी शामिल था। 1918 में अंग्रेजों ने ओटोमन के टुकडे करके कई राज्य बना डाले। इसी बीच मुस्तफा कमाल पाशा नाम के एक फौजी अफसर ने 1919 से 1922 तक चले सैनिक अभियान में तुर्की को अंग्रेजों से आजाद करा लिया और एक आधुनिक प्रजातांत्रिक मुस्लिम देश की स्थापना की, जिसमें मौलवियों की कोई भूमिका नहीं थी, तुर्की आज भी उसी रास्ते पर चल रहा है। मुस्तफा कमाल ने कानून बनाकर विधिवत् खलीफा के पद को समाप्त कर दिया।

28 जुलाई, 1914 को प्रथम विश्वयुद्ध प्रारंभ हो गया। शुरू में यह युद्ध फ्रांस, ब्रिटेन और रूस की तिकड़ी तथा हंगरी, जर्मनी, ओटोमन साम्राज्य आदि के संघ के बीच था, लेकिन धीरे-धीरे दूसरे देश भी इसकी चपेट में आ गए। अक्तूबर में ओटोमन साम्राज्य भी जर्मनी की ओर से युद्ध में कूद गया। तुर्की का शासक हामिद मोहम्मद-II, तुर्की का सम्राट् होने के साथ-साथ दुनिया भर के मुसलमानों का खलीफा भी था। खलीफा मुसलमानों के धार्मिक स्थलों, मदीना, फिलिस्तीन, यरुशलम, करबला और नजफ का संरक्षक होने के कारण मुसलमानों का सबसे बड़ा धार्मिक नेता भी था तथा मुसलमान उसके लिए जान देने को तैयार रहते थे। लेकिन विश्वयुद्ध में जर्मनी की हार हो जाने के कारण तुर्की अंग्रेजों के कब्जे में आ गया तो खलीफा की शक्ति भी समाप्त हो गई। अंग्रेजों ने अपनी चिर-परिचित नीति के अनुसार तुर्की साम्राज्य में से सीरिया, फिलिस्तीन, मिस्र, इराक और लेबनान को अलग कर दिया और खलीफा व्यवस्था समाप्त कर दी। दुनिया भर के मुसलमान इससे और इजरायल के बनाए जाने की खबर से अंग्रेजों के खिलाफ हो गए। भारत में भी जिन मुसलमानों ने 1884 में हिंदुओं की संस्था कह कर कांग्रेस की स्थापना में भाग लेने से मना कर दिया था, जो मुसलमान अंग्रेजों को अपना दोस्त और हिंदुओं को अपना दुश्मन मानते थे, वही मुसलमान अब अंग्रेजों से नाराज और परेशान थे। मुसलमानों का बस चलता तो एक-एक अंग्रेज की गरदन काट देते, मगर उनको पता था, दंगे करके शांतिप्रिय हिंदुओं को मारना एक बात है और बंदूक, तोपों से लैस खूँखार अंग्रेजों को चुनौती देना अलग बात है। स्थिति यह हो गई कि जिन अंग्रेजों के शासन से वे प्यार करते थे, उनसे भी दुश्मनी हो गई, हिंदुओं से नफरत तो थी ही, न इधर के रहे न उधर के।

ठीक 1857 की तरह जब अंग्रेजों के अत्याचारों से मजबूर होकर मुसलमानों ने हिंदुओं के साथ मिलकर लड़ना स्वीकार किया, इस बार भी मुसलमानों की

शक्ति अपेक्षित न होने के कारण, मुसलमानों के पास कोई दमदार लीडर न होने के कारण, अहिंसा मुसलमानों का दर्शन न होते हुए भी मुसलमान नेताओं ने पहली बार गांधीजी के नेतृत्व में अपना लड़ना स्वीकार किया और खलीफा को हटाने के विरोध में खिलाफत आंदोलन को भारत के स्वतंत्रता आंदोलन से जोड़ दिया। रातोरात हवा बदल गई, हर जगह मुसलमान अब हिंदुओं को भाई कहने लगे, हिंदुओं ने मुसलमानों को अपने यहाँ भोज पर बुलाया, राम को ईमाम-ए-हिंद कहा जाने लगा, हिंदू लीडरों को मसजिद में भाषण के लिए बुलाया गया, पहली बार ईद बिना गोमांस के मनाई गई, वकीलों ने अदालत जाना बंद कर दिया, पुलिस की नौकरी, जिसमें मुसलमान संख्या के अनुपात से कहीं ज्यादा थे, छोड़ दी गईं। मुसलमानों के उस समय सबसे बड़े नेता अली बंधुओं ने तो यहाँ तक कह डाला कि हजरत मोहम्मद के बाद गांधीजी का आदेश ही मानेंगे।

लेकिन तेल और पानी कितनी भी कोशिश करो, मिल नहीं सकते। जैसे ही चौरी-चौरा कांड के बाद गांधीजी ने आंदोलन वापस लिया, गांधीजी मुसलमानों के लिए फिर से काफिर हो गए। हिंदू और मुसलमानों की सोच, आस्था और रास्ते अलग-अलग थे और फिर अलग हो गए। पहले तो मुसलमान गांधी, खिलाफत और मुस्लिम लीग के बीच बँट गए, रही-सही कसर तब पूरी हो गई, जब तुर्की में प्रजातंत्र समर्थक मुस्तफा कमाल ने सरकार कायम करके खलीफा के पद को समाप्त कर दिया और अंग्रेजी तरह का संसदीय सिस्टम लागू कर दिया। मुस्तफा ने हिंदुस्तान के मुसलमानों से कोई मदद माँगी ही नहीं तो आंदोलन किसके लिए करते। खिलाफत आंदोलन की हवा निकल गई और हिंदू-मुसलमान फिर पुराने रंग में आ गए। वास्तव में मुसलमान एक तीर से दो शिकार करना चाहते थे। एक तो खलीफा को वापस कुरसी पर बैठाना, दूसरे खलीफा की मदद से अंग्रेजों के जाते ही भारत पर इस्लामी शासन कायम कर सकें।

□

विभाजन और आजादी

सर सैयद अहमद का मानना था कि भारत में दो राष्ट्र हैं, इसलिए लगातार संघर्ष होते रहना स्वाभाविक है। सिद्धांत रूप में कह सकते हैं कि दोनों सत्ता में बराबर के हिस्सेदार बनकर रह सकते हैं, पर यह व्यावहारिक नहीं होगा, कभी-न-कभी मतभेद होगा और एक-दूसरे को परास्त करके सत्ता पर कब्जा करने की कोशिश होगी, अंत में जो एक विजयी होकर दूसरे पर शासन करेगा। इसलिए दोनों में बराबरी की हिस्सेदारी लगातार लंबे समय तक असंभव है। इसी विश्वास के कारण सर सैयद अहमद ने अंग्रेजों से मिलकर लगातार मुसलमानों की शक्ति बढ़ाने लिए अंग्रेजी शिक्षा का रास्ता चुना। उनकी योजना थी कि धीरे-धीरे मुसलमान अंग्रेजी शिक्षा प्राप्त करके ऊँचे पदों पर अंग्रेजों की जगह लेते जाएँगे और समय आने पर भारत के शासक बन जाएँगे।

दूसरी ओर मौलाना सैयद अहमद भी यही चाहते थे, लेकिन वे इसे जिस रास्ते से चाहते थे, वह वही रास्ता है, जिस पर आज तालिबान चल रहा है। वह शस्त्रों के दम पर जेहाद करके मुस्लिम सत्ता स्थापित करना चाहते थे। दोनों की ही चिंता का कारण प्रजातंत्र था। सैयद अहमद के समय में भारत में मुसलमान केवल 18 प्रतिशत के लगभग थे। 1888 में अलग पाकिस्तान की कल्पना नहीं थी, लेकिन हिंदू और मुसलमानों के बीच रोटी-बेटी का रिश्ता भी नहीं था। दोनों का साथ रहना कुछ तो मजबूरी थी और कुछ हिंदुओं की समझदारी और उदार स्वभाव था। हिंदुओं की सबसे बड़ी विशेषता थी और अब भी है कि जो उनके साथ बुरा हुआ, उसे भुलाकर आगे की सोचना। हिंदुओं पर 712 में मुहम्मद बिन कासिम के सिंध पर हमले से लेकर आज तक पाकिस्तान भारत बांग्लादेश में मुसलमानों के द्वारा लगातार अत्याचार किए हैं और किए जा रहे हैं, फिर भी यह कमाल की बात है कि अत्याचार करनेवालों में तालिबान है, पर हिंदुओं में तालिबान नहीं है, हिंदू आज

भी इसी कोशिश में रहते हैं कि वे मुसलमानों के साथ मिलजुलकर रहें। अंग्रेजों की नीयत शुरू से ही खराब थी, इसलिए फेडरल व्यवस्था चुनी गई, जिसमें राज्य अधिक स्वतंत्र थे और केंद्रीय संसद् में मुसलमानों के लिए आरक्षण था।

भारत सरकार के 1935 के कानून के अनुसार 1937 के प्रारंभ में 11 राज्यों की विधानसभाओं के चुनाव करवाए गए। इनमें चार राज्य मुस्लिम बहुल छह राज्य हिंदू बहुल और एक राज्य असम था, जहाँ मुस्लिम 50 प्रतिशत से जरा ही ज्यादा थे। चुनाव के नतीजे चौंकानेवाले थे। कांग्रेस को हिंदू बहुल राज्यों में तो सफलता मिली ही, मुस्लिम बहुल राज्यों में भी उन राज्यों के क्षेत्रीय दलों के साथ मिलकर बहुमत प्राप्त किया। हिंदू महासभा को एक भी सीट नहीं मिली। अफगानिस्तान से लगे पश्चिमत्तोर प्रदेश, पंजाब, सिंध तथा बंगाल में जहाँ कि मुस्लिम 55 प्रतिशत या अधिक थे, में भी मुस्लिम लीग को केवल पाँच प्रतिशत वोट ही मिले। पंजाब में मुस्लिम लीग को 87 में से 2, बंगाल में 107 में 39, सिंध में 33 में से 3 तथा बिहार और पख्तूनिस्तान प्रदेश में शून्य सीटें ही मिलीं। लेकिन यूनाइटेड प्रॉविन्स (यू.पी.) में मुस्लिम लीग ने अपेक्षाकृत अच्छा प्रदर्शन किया, जहाँ उसे 66 में से 29 सीटें मिलीं। इसके बाद ही जिन्ना ने यू.पी. पर अधिक ध्यान देना शुरू कर दिया। पाकिस्तान बनाने में भी यू.पी. के मुसलमानों की भूमिका प्रमुख रही। पाकिस्तान के पहले प्रधानमंत्री लियाकत अली यू.पी. के ही थे। जिन्ना तो वास्तव में गांधीजी के आने के बाद पूछ न होने से खिन्न होकर लंदन चले गए थे, ये लियाकत अली ही थे, जिन्होंने शायर इकबाल के कहने पर जिन्ना को 1933 में भारत वापस आने के लिए मनाया। जिन्ना इस बार भारत आए तो केवल मुस्लिम नेता के रूप में आए, 1920 से जो मुस्लिम लीग शिथिल पड़ी थी, उसको फिर से सक्रिय किया और 1937 के चुनावों की तैयारी में लग गए, इस बार जिन्ना जो मुस्लिम लीग के अध्यक्ष बने तो जीवन भर बने रहे। यू.पी. में कांग्रेस को 288 में से 133 सीटें मिलीं, पर एक भी मुस्लिम सीट नहीं मिली, बिहार में 152 में से 95, सी.पी. में 112 में से 71, बॉम्बे में 175 में से 88, उड़ीसा में 60 में से 36, मद्रास में 215 में से 150 सीटें मिलीं, कुल मिलाकर बिना आरक्षणवाली 1161 में से 716 कांग्रेस ने जीतीं। दूसरी ओर आरक्षित 482 मुस्लिम सीटों में कांग्रेस ने 56 पर चुनाव लड़ा और 28 पर विजय प्राप्त की। बंगाल, पंजाब और सी.पी. में कांग्रेस को एक भी आरक्षित सीट नहीं मिली। कई प्रदेशों में कांग्रेस ने मुस्लिम सीट पर चुनाव ही नहीं लड़ा। मद्रास में कांग्रेस को चार तथा पश्चिमोत्तर प्रांत में 15 आरक्षित सीटें कांग्रेस को मिलीं।

दूसरी ओर मुस्लिम लीग का परिणाम भी आरक्षित सीटों पर अलग-अलग रहा। हैरानी की बात यह थी कि मुस्लिम बहुल राज्यों में मुस्लिम लीग बुरी तरह असफल रही, एक भी राज्य में बहुमत नहीं मिला। बंगाल में 117 आरक्षित सीटों में से मुस्लिम लीग को केवल 38 मिलीं। इसी प्रकार मुस्लिम लीग को पंजाब में 84 सीटों में से 7 पर चुनाव लड़ा और केवल 2 जीतीं। सिंध में 33 में से 3 सीटें मिलीं। इन राज्यों में मुस्लिम लीग को उम्मीदवार ही नहीं मिले। इन चुनाव परिणामों के आधार पर 6 राज्यों में कांग्रेस की सरकारें बनीं, 2 में कांग्रेस ने गठबंधन सरकार बनाई। बाकी तीन राज्यों में अन्य दलों की सरकारें बनीं, लेकिन मुस्लिम लीग की सरकार कहीं भी नहीं थी। पश्चिमत्तोर (NWFP) में मुसलमानों की पार्टी रेड शर्ट तथा पंजाब में हिंदू-मुसलमान-सिक्खों की यूनियनिस्ट पार्टी की सरकारें बनीं। यू.पी. में कांग्रेस अपने दम पर सरकार बनाने की स्थिति में थी, इसलिए अपने दम पर ही बनाई। मुसलमानों को प्रतिनिधित्व देने के लिए कांग्रेस के भीतर कई मुसलमान थे।

चुनाव से पहले यू.पी. या अन्यत्र कांग्रेस और लीग में प्रतिस्पर्धा तो थी, पर कड़वाहट नहीं थी। लोग इन दोनों में ज्यादा अंतर नहीं मानते थे, लीग के नेता भी यह मानते थे कि कांग्रेस बहुमत में आई तो सरकार बनाने में लीग की मदद जरूर लेगी। जिन्ना के दाएँ हाथ तथा यू.पी. के बड़े नेता राजा महमूदाबाद लियाकत अली खान उन नेताओं में से थे, जिनको सत्ता मिलने की उम्मीद बहुत ज्यादा थी। इसी उम्मीद के कारण नेताओं ने हिंदू-मुस्लिम सहयोग का अच्छा अवसर बताते हुए कांग्रेस से मुस्लिम लीग के लोगों को मंत्री बनाने की अपील की। मौलाना अब्दुल कलाम जैसे नेता, जो कि लीग के साथ वार्त्ताकार भी रह चुके थे, ने सोचा कि इस सहयोग को शुरुआत से लेकर विजय तक में बदला जा सकता है, लेकिन नेहरू ने टाँग मार दी। नेहरू पर साम्यवाद का बहुत प्रभाव था, इसलिए साम्यवाद की ही भाषा बोलते हुए नेहरू ने लीग को जमींदारों की पार्टी बताते हुए कहा कि लीग को सरकार में लेने से भूमि सुधार कार्यक्रमों में अड़चन आएगी। भूमि सुधार कांग्रेस का महत्त्वपूर्ण मुद्दा था, उसे छोड़ भी नहीं सकती थी, इसलिए कांग्रेस ने मुस्लिम लीग के कांग्रेस में विलय का सुझाव दिया, जो कि लीग को स्वीकार नहीं था।

वास्तव में इतिहास का यही मोड़ जिन्ना को पूरी तरह अलगाववादी नेता बनाने के लिए जिम्मेदार है। 1937 के चुनावों के बाद मुस्लिम लीग के सामने जीवन-मृत्यु का प्रश्न बन गया। अगर यू.पी. में लीग को सफलता नहीं मिली होती तो मुस्लिम

लीग का क्रियाकर्म हो गया होता, इसलिए यू.पी. के दम पर ही लीग को अपना भविष्य जिंदा रखना था, लेकिन नेहरू द्वारा सत्ता में हिस्सेदारी देने से इनकार करने पर जिंदा रहना ही मुश्किल हो गया था, क्योंकि मुस्लिम लीग की स्थापना कांग्रेस की तरह देश सेवा या समाज-सेवा के लिए नहीं हुई थी, उसमें शामिल अधिकतर वो लोग थे, जो अंग्रेजों के जमाने में शासक या जमींदार रहे थे और वे अपनी सत्ता या जमींदारी को बचाए रखना चाहते थे, इसके लिए लीग का सत्ता में रहना जरूरी था। जब कोई भी रास्ता नहीं बचा तो जिन्ना तथा अन्य मुस्लिम लीग के नेताओं ने राजनैतिक हार को जीत में बदलने के लिए विलय के प्रस्ताव को मुसलमानों के अस्तित्व से जोड़ते हुए इस्लाम खतरे में है, के पुराने राग को जोर-जोर से अलापना शुरू कर दिया, जिसके परिणाम में से पाकिस्तान का जन्म हुआ। पहले जिस लीग के निशाने पर अंग्रेज हुआ करते थे, अब उसी लीग के निशाने पर कांग्रेस और हिंदू आ गए। कांग्रेस ने अपने मुसलमान नेताओं के माध्यम से मुसलमानों को समझाने की कोशिश भी की, लेकिन कांग्रेस के पास मौलाना अब्दुल कलाम के अलावा कोई बड़ा मुस्लिम नेता नहीं था, जब कि लीग में अलगाववाद को हवा देने के लिए अनेक मौलवी कब से इंतजार कर रहे थे। नतीजा यह हुआ कि जिन्ना की ताकत इतनी तेजी से बढ़ने लगी कि जिन राज्यों में लीग चुनावों में बुरी तरह हारी थी, उन राज्यों, जैसे कि पंजाब, बंगाल आदि के सी.एम. भी जिन्ना के साथ आ गए, मुस्लिम लीग में विलय होने लगे। बंगाल के.सी.एम. फजलुल हक थे। जिस जिन्ना ने स्वयं कभी 'इस्लाम खतरे में है' के नारे का मजाक उड़ाया था और खिलाफत आंदोलन के समय गांधीजी को मुल्लाओं से दूर रहने की सलाह दी थी, अब वही जिन्ना अपने राजनैतिक अस्तित्व को बचाने के लिए और सत्ता पाने की महत्त्वाकांक्षा के कारण खुद पूरी तरह मुल्लाओं की भाषा बोल रहे थे, पूरी तरह मुल्लाओं के चंगुल में आ चुके थे।

जिन्ना तथा अन्य मुस्लिम नेताओं को पता था कि गांधीजी एकमात्र ऐसे नेता थे, जिनकी कांग्रेस में बहुत इज्जत थी, इसलिए जब नेहरू ने यू.पी. में सत्ता बाँटने से इनकार कर दिया तो लीग ने गांधीजी का द्वार खटखटाया और हस्तक्षेप की अपील की। लेकिन गांधीजी अब कांग्रेस के सदस्य नहीं थे तथा रोज-रोज कांग्रेस के मामलों से नहीं जुड़े थे, इसलिए गांधीजी के पास अब न तो इतनी शक्ति थी और न ही कोई ऐसे कारण थे कि वे कांग्रेस के नेताओं से मुस्लिम लीग को सरकार में लेने के लिए कहते, इसलिए गांधीजी ने कुछ नहीं किया। सबसे बड़ी बात तो यह थी

कि पिछले 15 सालों से मुस्लिम नेताओं ने गांधीजी की एक भी बात नहीं सुनी थी और उल्टा उन पर संकीर्ण हिंदू नेता होने का आरोप लगाया था, इसलिए भी गांधीजी के पास मुस्लिम लीग की सिफारिश लेकर जाने की कोई तुक नहीं थी और कांग्रेस के नेता उनकी बात सुनते, इस बात की कोई गारंटी नहीं थी। इसलिए लीग के कहने पर जब गांधीजी ने कुछ नहीं किया तो लीग के नेता समझ गए कि कांग्रेस और गांधी अलग-अलग हो गए हैं। यह बात समझ में आते ही मुस्लिम नेताओं के सुर बदलने लगे और मुस्लिम लीग के नारे इस्लाम खतरे में है से सब सहमत नजर आने लगे।

पंजाब में सिकंदर हयात खान यूनियनिस्ट पार्टी के नेता तथा मुख्यमंत्री थे। इस पार्टी में हिंदू, सिख, मुसलमान सभी थे, इसलिए 1936-37 के चुनावों में इस पार्टी ने कांग्रेस तथा मुस्लिम लीग दोनों को हराकर सरकार बनाई थी। सिकंदर हयात खान एक समझदार और उदार मुसलमान माने जाते थे, किंतु जिन्ना ने जब 'इस्लाम खतरे में है' का नारा दिया, सिकंदर की पार्टी के मुसलमानों ने इतना दबाव डाला कि सिकंदर को मजबूरी में जिन्ना से मिलना पड़ा। यही बंगाल के मुख्यमंत्री फजलुल हक के साथ भी हुआ, वे भी जिन्ना के साथ आकर खड़े हो गए; हालाँकि चुनाव लीग के खिलाफ लड़े थे। मुसलमानों ने हमेशा की तरह कांग्रेस के नेतृत्व में विकास और गरीबी उन्मूलन के बजाय धार्मिक उन्माद को चुना और इसके बावजूद आज भारत में वे सरकार और हिंदुओं को अपने पिछड़ेपन के लिए जिम्मेदार बताते हैं। बदले हुए तेवरों की पहली झलक तब मिली, जब सिकंदर हयात खान ने उस समय पंजाब के गवर्नर के सचिव पेंडरल मून की मदद से एक प्रस्ताव तैयार करवाया, जिसमें 1935 के कानून में किए गए संघीय ढाँचे की समीक्षा करके राज्यों के अधिकार बढ़ाने की बात कही गई थी। विचार यही था कि जब मुसलमान राज्य बनें तो केंद्र उन पर हावी न होने पाए, क्योंकि केंद्र तो हिंदुओं के हाथ में ही रहनेवाला था। लेकिन इस समय तक भी सिकंदर हयात खान पाकिस्तान के विचार को लेकर गंभीर नहीं थे, केवल सत्ता में भागीदारी लेने का हथियार मानते थे। अलग पाकिस्तान के विचार को सही रूप 1940 के मुस्लिम लीग के लाहौर अधिवेशन में मिला। यहाँ बंगाल के फजलुल हक के समर्थन से अलग पाकिस्तान की माँग का प्रस्ताव रखा गया, जिसमें पंजाब, सिंध, बलूचिस्तान तथा पश्चिमोत्तर प्रांत पख्तूनिस्तान और बंगाल को मिलाकर एक मुस्लिम राष्ट्र के निर्माण की बात कही गई थी, क्योंकि इन राज्यों में मुसलमान 50 प्रतिशत से अधिक थे।

पहली नजर में यह हिंदू-मुस्लिम समस्या का सरल समाधान था, पर ठीक

से देखने पर यह पूरी तरह अव्यावहारिक था, क्योंकि जिन राज्यों में मुस्लिम 50 प्रतिशत से अधिक थे, वहाँ भी अलग-अलग जिलों में स्थिति अलग-अलग थी, किसी जिले में मुसलमान ज्यादा थे तो किसी में हिंदू, जिसका कि बँटवारा असंभव था। इस प्रस्ताव से कितनी हिंसा होनेवाली थी, इस बात का अंदाजा मुस्लिम नेताओं को था, क्योंकि इस प्रस्ताव को रखते समय जिन्ना के हाथ काँप रहे थे। काँपते हाथों से ही जिन्ना ने सर सैयद अहमद के शब्दों को अपने शब्दों में कहते हुए कहा, "हिंदू और मुसलमानों के धर्म अलग हैं, जीवनदर्शन अलग है, परंपराएँ अलग है, साहित्य अलग हैं, इसलिए संख्या में बहुसंख्यक और अल्पसंख्यक इन लोगों के एक साथ रहने से कभी-न-कभी असंतोष उभरेगा, जिससे व्यवस्था तहस-नहस हो जाएगी। यद्यपि प्रस्ताव की भाषा शालीन थी, पर आनेवाले समय की झलक इस प्रस्ताव पर हुई, मुसलमानों की प्रतिक्रिया से साफ झलकती थी। यू.पी. में यू.पी. मुस्लिम स्टूडेंट फेडरेशन ने इस प्रस्ताव के बाद घोषणा जारी की, जिसमें पाकिस्तान को मुसलमानों का सुरक्षा कवच, भाग्य और मुक्ति घोषित किया गया। इस घोषणा-पत्र में भी मुसलमानों और हिंदुओं को दो अलग राष्ट्र बताया। दस करोड़ मुसलमानों का राष्ट्र जो कि जर्मनी से भी बड़ा होगा, युद्ध के लिए तैयार है, अब मुसलमानों की एकमात्र माँग है अलग पाकिस्तान। इतिहास से इसका औचित्य है, संख्या के हिसाब से उचित है, न्याय की माँग है, इसलिए हमें पाकिस्तान मिलना ही चाहिए, इंशा अल्लाह हम पाकिस्तान लेकर ही रहेंगे, ऐ मुसलमानो! एक हो जाओ, तुम्हारे पास खोने के लिए गुलामीं की जंजीरो के अलावा कुछ नहीं है।

केवल मुसलमानों को ही नहीं, अंग्रेजों को भी अच्छी तरह पता था कि पाकिस्तान बनने पर कितना खून-खराबा हो सकता था। पेंडरल मून उस समय पंजाब के गवर्नर के सचिव थे, आई.ए.एस. सेवा के वरिष्ठ अधिकारी थे। अक्तूबर 1938 में उनकी सिकंदर हयात खान से एक वार्त्ता में जब मून ने बड़े उत्साह से पूछा कि पाकिस्तान के विचार पर उनका क्या विचार है, क्या ये हिंदू-मुसलमान समस्या का अच्छा समाधान है? सिकंदर हयात खान ने बात सुनी और सुनकर अपनी प्रकृति के विरुद्ध उत्तेजित हो गए और कठोर शब्दों में मून से कहा, "आप ऐसा सोच भी कैसे सकते हैं। आप तो पंजाब में रहे हैं, आप वहाँ के मुसलमानों को जानते नहीं क्या, पाकिस्तान बनाने का मतलब है कि वहाँ के मुसलमानों को हिंदू बनियों की गरदन काट देने का न्योता।" जब मून साहब ने कहा कि जिस तरह पाकिस्तान में हिंदू होंगे, उसी तरह भारत में मुसलमान होंगे, इसलिए बदला

लिये जाने के डर से भारत में मुस्लिम और पाकिस्तान में हिंदू एक-दूसरे पर हमला नहीं करेंगे तो सिकंदर हयात खान ने इस विचार को खारिज करते हुए कहा, "बलूचिस्तान और पश्चिम पंजाब के यवन मुसलमान इस बात की चिंता नहीं करेंगे कि भारत में मुसलमानों का क्या होगा। मुझे उम्मीद है कि आप दोबारा ऐसी बात नहीं करेंगे। पाकिस्तान का अर्थ है, हिंदुओं का कत्लेआम, लेकिन यही सिकंदर 1940 आते-आते पाकिस्तान के पक्ष में खड़े हुए थे।

केवल सिकंदर हयात खान ही नहीं, जिन्ना भी 1940 के लाहौर प्रस्ताव के बाद तक यह कहते थे कि यह प्रस्ताव वार्त्ता में शक्तिशाली बनने का अस्त्र मात्र है। प्रस्ताव पास होने के बाद सिकंदर बहुत परेशान थे, वे विभाजन नहीं चाहते थे, इसलिए उन्होंने यहाँ तक कह दिया कि अगर इससे इधर मुस्लिम राष्ट्र और उधर हिंदू राष्ट्र बनता है तो मुझे इससे कुछ लेना-देना नहीं होगा। इसी प्रकार बंगाल के मुख्यमंत्री फजलुल हक भी पाकिस्तान बनाने को लेकर दुविधा में थे। 1946 में जब कैबिनेट मिशन भारत के संविधान की बात करने आया, तब भी लीग की ओर से जो प्रस्ताव आया, उसमें भारत के विभाजन के बजाय एक राष्ट्र में दो राष्ट्र का प्रस्ताव था। उसमें कहा गया था कि पहले मुस्लिम राज्यों का संघ होगा, हिंदू राज्यों का संघ होगा और दोनों संघों को मिलाकर भारत महासंघ होगा, जिसमें रक्षा और विदेश मामलों में हिंदू और मुसलमानों को बराबर के अधिकार होंगे तथा मुस्लिम मामलों पर फैसलों के लिए 75 प्रतिशत मुसलमान नेताओं की सहमति जरूरी होगी। कुल मिलाकर भारत एक राष्ट्र ही रहता। इससे भी यह पता चलता है कि केवल सिकंदर हयात खान ही नहीं, जिन्ना भी पूरी तरह विभाजन को लेकर दुविधा में थे, व्यावहारिक नहीं मानते थे। तो फिर ऐसा क्या हुआ कि तीन प्रमुख नेताओं के न चाहते हुए भी पाकिस्तान न केवल बना, बल्कि आज भी बन रहा है।

मुसलमानों की जब हम बात करते हैं तो हमारा ध्यान आम मुसलमान की ओर जाता है, मुसलमान नेताओं की ओर जाता है, पर उलेमाओं की ओर नहीं जाता है। आम हिंदू यही समझता है कि नेता महत्त्वपूर्ण हैं, पर यह सही नहीं है। इस्लाम में सबसे ज्यादा ताकत उनके धर्मगुरुओं अर्थात् उलेमाओं के पास होती है। इस्लाम में हर बात का अंतिम फैसला उलेमा करते हैं, मजहबी व्यवस्था ऐसी है कि मुसलमान को छोटी-से-छोटी बात के लिए उलेमाओं के पास जाना पड़ता है, जिससे उलेमाओं की पकड़ मुसलमानों पर वैसी ही है, जैसी किसी जमाने में हिंदुओं पर पंडितों की होती थी। हिंदुओं में राजनीति और धर्म अलग-अलग हैं, इसलिए

पंडितों के कहने मात्र से जनता राजा के विरुद्ध विद्रोह नहीं करती थी, लेकिन इस्लाम में ऐसा नहीं है। इस्लाम में कुरान के बाद पैगंबर मुहम्मद का अनुशरण ही सबसे बड़ा धर्म है। पैगंबर साहब धर्मगुरु भी थे, राजनेता भी थे और सेनापति भी थे, इसलिए मुसलमानों के लिए राजनीति भी धर्म का ही हिस्सा है, अतः मुसलमानों में धर्मगुरुओं का स्थान सबसे उँचा है, जनता मौलानाओं पर सबसे ज्यादा विश्वास करती है। सबसे बड़ी बात तो यह है कि मुसलमानों में बहुत कम उम्र से ही बच्चों को मौलवियों से धर्म की शिक्षा दिलाई जाती है, इसलिए भी उलेमाओं का प्रभाव आम मुसलमान के जहन में बहुत गहरा होता है। ये उलेमाओं का प्रभाव ही था कि बड़े-बडे नेताओं के न चाहने के बावजूद पाकिस्तान का बनना नेताओं के काबू से बाहर हो गया।

वास्तव में इसकी शुरुआत 1937 के चुनावों से हुई थी, चुनाव घोषणा-पत्र में कांग्रेस जो मुसलमानों को दे सकती थी, उससे ज्यादा मुस्लिम लीग के पास देने को कुछ नहीं था। इसीलिए मुसलमानों ने जमकर कांग्रेस को वोट दिए। चुनावों में हारने के बाद जब जिन्ना और मुस्लिम लीग ने समीक्षा की तो देखा कि कांग्रेस से ज्यादा अगर मुसलमानों को लीग से कुछ नहीं मिला तो लीग समाप्त हो जाएगी और लीग के साथ-साथ जिन्ना का प्रधानमंत्री बनने का सपना भी दफन हो जाएगा। यह समझ में आते ही जिन्ना ने 'इस्लाम खतरे में है' के नारे का सहारा लिया। यह नारा लगाते ही उलेमाओं की पूरी ताकत जिन्ना के पीछे खड़ी हो गई और जिन्ना रातोरात भारत भर में मुसलमानों के लोकप्रिय नेता बन गए। बॉम्बे के गवर्नर लॉर्ड ब्राबॉर्न के साथ वार्त्ता में जिन्ना ने कहा कि अब आगे से उनका मकसद भारत भर में घूम-घूमकर मुस्लिम लीग को मजबूत करना, सांप्रदायिकता का प्रचार करना, मुसलमानों के लिए स्कूल, हॉस्टल खोलना और मुसलमानों को हिंदुओं से मुक्त कराना ही होगा। जिन्ना राजनैतिक हार को धार्मिक उन्माद से जीत में बदलने का मन बना चुके थे। उलेमाओं की पूरी ताकत अब उनके पीछे थी। उलेमाओं ने मुसलमानों को जेहाद का पाठ पढ़ाना शुरू कर दिया और कुरान का हवाला देते हुए कहा कि पाकिस्तान के लिए लड़ना इस्लाम के लिए लड़ना है। इस लड़ाई में जो शहीद होंगे, उन्हें जन्नत मिलेगी, जहाँ उनको 72 हूरें मिलेंगी, लौंडे मिलेंगे, शराब मिलेगी और जो जिंदा बच जाएँगे, उन्हें पाकिस्तान मिलेगा, काफिरों की दौलत मिलेगी, औरतें मिलेंगी, व्यापार में हिंदुओं से मुकाबला खत्म हो जाएगा, हिंदुओं की दुकानें, कारखाने सब मुसलमानों को मिल जाएँगे, मुसलमान रातोरात अमीर हो जाएँगे।

मुसलमानों के जहन में एक बार मजहबी जुनून सवार हो जाए तो आगा–पीछा कुछ नहीं सोचते, इसलिए सब मुसलमान अब उलेमाओं की बातों में आ चुके थे और पाकिस्तान के विचार को बाढ़ के पानी की तरह वापस करना असंभव हो गया। वास्तव में पाकिस्तान की बात करके जिन्ना खुद भी उलेमाओं के शिकंजे में आ चुके थे। सत्ता की भूख जिन्ना पर भी सवार थी, इसलिए वे आसानी से उलेमाओं के चंगुल में फँस गए, जबकि सिकंदर हयात खान ने पाकिस्तान के प्रस्ताव के पास हो जाने के बाद भी कांग्रेस से वार्त्ता की कोशिश की, लेकिन गांधीजी के अलग हो जाने के बाद कांग्रेस में कोई ऐसा नेता नहीं था, जो इस वार्त्ता को आगे बढ़ा सकता, 1942 के अंत में सिकंदर की 50 वर्ष की आयु में हार्ट अटैक से मौत हो गई, उनका स्थान सर खिज्र हयात टीवाना ने लिया, वे भी पाकिस्तान के बनाए जाने के विरोध में थे।

पूरे भारतीय स्वतत्रंता संग्राम में गांधीजी ने भले ही कितनी ही गलतियाँ की हों, पर एक बात पूरी तरह सत्य है कि भारत का स्वतत्रंता संग्राम शुरू ही गांधीजी से होता है। गांधीजी के आने के बाद ही कांग्रेस के माध्यम से आम आदमी आजादी का सिपाही बना। गांधीजी के आने से पहले तिलक तथा गोखले जैसे नेता थे, पर उनकी वे लोकप्रियता नहीं थी, जो गांधीजी की थी, उनकी एक आवाज पर लोग सड़कों पर नहीं निकलते थे। कांग्रेस कोई जन–आंदोलन गांधीजी के आने से पहले नहीं खड़ा कर पाई थी, लगभग एक NGO की तरह काम कर रही थी। गांधीजी के आने से पहले बंगाल, महाराष्ट्र को छोड़कर कहीं भी कांग्रेस बहुत ज्यादा प्रभावशाली नहीं थी। 1909 में अंग्रेजों ने मिंटो–मॉर्ले कानून के अंतर्गत मुसलमानों के लिए भारी आरक्षण और अलग चुनाव व्यवस्था लागू कर दी, पर कांग्रेस कुछ नहीं कर सकी। वास्तव में गांधीजी ही एकमात्र नेता थे, जो अंग्रेजों की चालों को समझते थे, लेकिन 1930 में नमक सत्याग्रह के बाद लॉर्ड लिनलिथगो ने सत्याग्रहियों की कमर तोड़ दी तो गांधीजी को सत्याग्रह छोड़कर चुनावों का रास्ता पकड़ना पड़ा। कांग्रेस के नेताओं के लिए गांधीजी का महत्त्व सत्याग्रहों के कारण था, इसलिए सत्याग्रह समाप्त होते ही कांग्रेस के नेताओं ने गांधीजी को किनारे करना शुरू कर दिया, जिसका परिणाम यह हुआ कि कांग्रेस और गांधी की शक्ति बँट गई, जिसका परिणाम बाद में अच्छा नहीं हुआ।

वास्तव में कांग्रेस के पास गांधीजी ही एकमात्र नेता थे, जो जिन्ना को टक्कर दे सकते थे, लेकिन गांधी अब कांग्रेस के सदस्य नहीं थे और कांग्रेस के नेता सत्ता

की राजनीति में उलझे रहते थे, नतीजा यह हुआ कि 1939 में जब द्वितीय विश्वयुद्ध शुरू हुआ तो कांग्रेस के पास कोई रणनीति नहीं थी, वह न तो अंग्रेजों के साथ थे और न ही खिलाफ। मुस्लिम लीग आँख बंद करके जिन्ना के पीछे खड़ी थी। जिन्ना ने इस मौके का फायदा उठाया और अंग्रेजों के समर्थन में खड़े हो गए, जिसके बदले में अंग्रेजों ने उनको पाकिस्तान बनाने में पूरा सहयोग दिया। अगर इस समय गांधीजी के हाथ में कांग्रेस वैसे ही होती, जैसे कि 1920 में थी तो तसवीर अलग होती। गांधीजी शुरू से ही जानते थे कि मुसलमान जिद्दी कौम है, हिंदू संख्या में ज्यादा होते हुए भी लड़ नहीं सकते हैं। गांधीजी यह भी जानते थे कि जातियों, प्रांतों, भाषाओं में बँटे हुए अशिक्षित, गरीब धर्मभीरू और शरीर से कमजोर भारतीय आजादी लेने के लिए पूरी तरह से तैयार नहीं हैं, इसलिए वे शुरू से ही अंग्रेजों और मुसलमानों के साथ ऐसे विरोध की वकालत कर रहे थे, जिसमें घृणा न हो। गांधीजी लगातार स्वायतता पर जोर देते रहे, जबकि कांग्रेस के नेता पूर्ण स्वराज की माँग पर बल देते रहे। इसीलिए 1939 में कांग्रेस की कमान यदि गांधीजी के हाथ में होती तो वे अंग्रेजों का समर्थन करके लीग को आगे नहीं आने देते।

मार्च 1942 में अंग्रेजों की हालत पतली थी, विश्वयुद्ध में जर्मनी, जापान उस पर भारी पड़ने लगे थे, इसलिए भारतीयों का समर्थन लेने के लिए लंदन से क्रिप्स मिशन को एक प्रस्ताव के साथ भारत भेजा, जिसमें युद्ध के बाद भारत को स्वायत्ता देने की बात कही गई थी, लेकिन प्रस्ताव में सबकुछ गोलमोल ही था। गांधीजी बहुत दिनों से शांत बैठे हुए थे, फिर एक बार सक्रिय हुए और क्रिप्स के प्रस्ताव को ठुकरा दिया। इतिहासकार मानते हैं कि ये अच्छा मौका था, जब हिंदू और मुसलमान फिर एक साथ आ सकते थे। बात कुछ हद तक सही भी है, पर पूरी तरह सही नहीं है, क्योंकि स्वायत्ता के बाद मुसलमानों की हिस्सेदारी सबसे बड़ा कारण बन जाती, जैसा कि 1946 में हुआ। गांधीजी के सामने सबसे बड़ी चुनौती पाकिस्तान बनाने का प्रस्ताव था। जैसे कि उस समय स्थिति थी कि युद्ध में अंग्रेजों की हालत पतली थी, उसी आधार पर गांधीजी ने सोचा कि यदि इस समय कोई बड़ा आंदोलन खड़ा कर देते हैं, जिन्ना को झुकना पड़ेगा और अंग्रेजों को स्वायत्ता कांग्रेस की शर्तों पर देनी पड़ेगी। इसी विचार से 8 अगस्त, 1942 को उन्होंने भारत छोड़ो आंदोलन की घोषणा कर दी। जन-सैलाब उमड़ा भी, एक लाख लोग जेल में गए भी पर लॉर्ड लिनलिथगो ने जो तोड़ 1932 में निकाला था, उसी को दोहराते हुए अंग्रेजों ने सत्याग्रह की कमर 15 दिन में ही तोड़ दी। सब नेताओं को जेल में डाल

दिया, जिससे आंदोलन नेतृत्व विहीन होकर बिखर गया। दूसरी बात यह हुई कि जापान ने पर्ल हार्बर पर हमला करके अमरीका को युद्ध में घसीट लिया। अमरीका आर्थिक और सैन्य दृष्टि से बहुत शक्तिशाली था, इसलिए युद्ध में उसके उतरने से अंग्रेजों की शक्ति अचानक बहुत बढ़ गई और धीरे-धीरे युद्ध में अंग्रेजों का पलड़ा भारी हो गया। भारत छोड़ो आंदोलन की असफलता और विश्वयुद्ध में अमरीका के कूदने से मुस्लिम लीग और अंग्रेजों का गठबंधन बेखौफ हो गया, अब उनको कांग्रेस के समर्थन की जरूरत नहीं थी, विभाजन में दोनों का सहयोग और भी पक्का हो गया। इस समय सी. राजगोपालाचारी ही एकमात्र नेता थे, जिन्होंने गांधीजी के भारत छोड़ो आंदोलन का विरोध किया था, लेकिन इतिहास इसी तरह बनता है, किसे पता था कि गांधीजी का युद्ध को लेकर अनुमान गलत निकल जाएगा।

घटनाएँ तेजी से घट रही थीं, विश्वयुद्ध में हारता हुआ ब्रिटेन युद्ध में अमरीका की ताकत मिल जाने से जर्मनी और जापान पर भारी पड़ने लगा था, जापानी मदद से बनाई गई आजाद हिंद फौज सुभाष चंद्र बोस के नेतृत्व में परास्त हो चुकी थी। कांग्रेस के सारे नेता जेल में थे, इसलिए मुस्लिम लीग को अंग्रेजों से नजदीकी बढ़ाने का पूरा मौका मिल गया, जिसका लीग ने पूरा फायदा उठाया और लंदन तक अपना पक्ष मजबूत कर लिया। अंग्रेजों और मुसलमानों में गठजोड़ के पीछे धार्मिक कारण भी थे। इस्लाम और ईसाइयत दोनों ही अरब में जन्में मजहब हैं, दोनों ही पैगंबर अब्राहम को पहला पैगंबर मानते हैं, दोनों ही हिंदू दर्शन को अपने लिए खतरा मानते हैं, क्योंकि हिंदू दर्शन के सवालों का जवाब उनके पास नहीं है। दोनों की ही कोशिश रही है कि हिंदुओं का धर्म-परिवर्तन कराके हिंदू धर्म को समाप्त कर दिया जाए, पर दोनों मामूली सफलता ही प्राप्त कर सके, उतनी सफलता नहीं मिली, जितनी कि अन्य देशों में मिली। सबसे बड़ी बात तो यह है कि दोनों ही महसूस करते हैं कि यदि हिंदुओं के प्रति घृणा को जिंदा नहीं रखा गया तो किसी दिन हिंदुत्व की उदार और धर्मनिरपेक्ष विचारधारा उनको आत्मसात् कर लेगी।

ब्रिटेन युद्ध से पहले भारत को स्वायत्ता देने की बात कर रहा था, लेकिन युद्ध में उसकी हालत इतनी खराब हो गई कि युद्ध के बाद वह भारत को पूर्ण आजादी देने को तैयार हो गया। इसके पीछे चार मुख्य कारण थे—

1. पाकिस्तान का प्रस्ताव पास होने के बाद सेना की सिक्ख ब्रिगेड द्वारा युद्ध में जाने से इनकार करना।
2. आजाद हिंद फौज के अफसरों पर जब मुकदमा चलाया जा रहा था तो

बंबई में नौसेना ने विद्रोह कर दिया।

3. केरल, ढाका, अंडमान, बिहार और दिल्ली में 1945-46 में अनेक बार पुलिस दलों द्वारा हड़ताल करना।
4. विश्वयुद्ध में भारी खर्चे के कारण भारत और ब्रिटेन दोनों की हालत खराब हो गई थी, भारत में लूटने के लिए कुछ भी नहीं बचा था।
5. जुलाई 1945 में हुए ब्रिटेन के आम चुनावों में कांग्रेस विरोधी, गांधी विरोधी चर्चिल की हार और भारत की आजादी की समर्थक लेबर पार्टी की जीत। लेबर पार्टी शुरू से ही भारत के स्वतंत्रता संग्राम के प्रति सहानुभूति रखती थी और उसके नेताओं तथा भारत में गांधी समेत अनेक कांग्रेसी नेताओं के बीच अच्छे संबंध थे, इसलिए उसके सत्ता में आते ही भारत में कांग्रेस तथा गांधी को सम्मान मिलने लगा। लेबर पार्टी ने सरकार में आते ही सबसे पहले भारत में 1945 के अंत तक चुनाव कराने की घोषणा कर दी, जो युद्ध के कारण 1937 के बाद नहीं हो पाए थे, लेकिन 1945-46 तक हालात बहुत बदल चुके थे, मुस्लिम लीग की ताकत बहुत बढ़ चुकी थी।

पंजाब के मुख्यमंत्री सिकंदर हयात खान को पता था कि अगर पाकिस्तान बना तो भारी कत्लेआम होगा, उनको पता था कि पश्चिम पंजाब में मुस्लिम ज्यादा होने के कारण हिंदुओं का कत्लेआम तय है। उनको यह भी अंदेशा था कि पूर्वी पंजाब में सिक्ख ज्यादा होने के कारण मुसलमान मारे जाएँगे, इसलिए वे विभाजन के पक्ष में नहीं थे। पंजाब में उस समय उनकी यूनियनिस्ट पार्टी की सरकार थी, जिसमें हिंदू और सिक्ख दोनों सदस्य थे, इसलिए थी वे विभाजन के समर्थन में नहीं थे। दूसरी ओर सिक्ख किसी भी हालत में दोबारा मुसलमानों की गुलामी करने को तैयार नहीं थे। सिक्खों को आश्वस्त करने के लिए यूनियनिस्ट पार्टी और अकाली दल के बीच 'सिकंदर-बलदेव समझौता' हुआ, जिसके बाद बलदेव सिंह को सरकार में मंत्री बना दिया गया। लेकिन 1942 में सिकंदर हयात की हार्ट अटैक से मृत्यु हो गई। उनकी जगह आए खिज्र हयात टिवाना भी विभाजन के पक्ष में नहीं थे, पर तब तक उलेमाओं के जेहादी प्रचार के कारण आम मुसलमान के बीच पाकिस्तान और जिन्ना की आँधी इतनी तेज हो चुकी थी, वे कुछ नहीं कर सकते थे। परिणाम यह हुआ कि 1945-46 के चुनावों में जिन्ना की मुस्लिम लीग को केंद्रीय विधानसभा (आज की लोक सभा) में सभी मुस्लिम सीटों पर तथा विधानसभाओं

में 495 में से 446 मुस्लिम सीटों पर मुस्लिम लीग को विजय मिलने से सिद्ध हो गया कि अब मुस्लिम लीग ही मुसलमानों की एकमात्र प्रतिनिधि है। जिन्ना को इतनी ताकत मिलने के बाद लेबर पार्टी भी अब विभाजन रोक पाने में असमर्थ थी। विभाजन को रोकने के लिए गांधीजी ने बंबई में जिन्ना के घर के कई चक्कर लगाए और वार्त्ता की, भारत के प्रधानमंत्री का पद भी देने की बात कही, लेकिन जिन्ना नहीं माने। गांधीजी ने जब कहा कि हर गाँव में हिंदू और मुसलमान हैं, गाँव-गाँव का बँटवारा कैसे होगा, तो जिन्ना ने कहा कि भारत में मुसलमान और पाकिस्तान में हिंदू बराबर के नागरिक बनकर रह सकते हैं। इस पर गांधीजी ने कहा कि जब हिंदू-मुसलमान एक-दूसरे के शासन में रह सकते हैं तो फिर विभाजन किस लिए? जिन्ना के पास इसका कोई उत्तर नहीं था।

अंग्रेजों की ओर से स्वततंत्रता देने की दिशा में पहला कदम कैबिनेट मिशन के रूप में उठाया गया। सर स्टैफोर्ड, ए.वी. एलेक्जेंडर तथा लॉर्ड पेथिक जारेंस का एक दल मार्च 1946 में भारत आया। ये तीनों ब्रिटेन की सरकार में मंत्री भी थे। इस दल का उद्‌देश्य था कि पहले कदम के रूप में चुने हुए प्रतिनिधियों में से एक मंत्रिमंडल बनाया जाए जो सरकार चलाने में वाइसराय की मदद करेगा। दूसरा उद्‌देश्य था, आजाद भारत का संविधान बनाने के लिए एक संविधान सभा का गठन करना। मई 1946 में इन लोगों ने जो प्रस्ताव रखा, उसके अनुसार एक तरफ मुस्लिम राज्य होंगे तो दूसरी ओर हिंदू राज्य। पहले हिंदू और मुस्लिम मिलकर अपने-अपने राज्य के लिए संविधान बनाएँगे, फिर हिंदू और मुस्लिम राज्य अपने-अपने संघ बनाकर संविधान बनाएँगे, फिर दोनों संघ मिलकर भारत का महासंघ और उसका संविधान बनाएँगे। भारतीय महासंघ के अधीन विदेश, रक्षा तथा संचार मंत्रालय होंगे, बाकी सभी मामले राज्यों के अधीन होंगे। इस प्रस्ताव में पश्चिम में चार मुस्लिम बहुल राज्यों को मिलाकर पाकिस्तान के विचार को ठुकरा दिया गया था। इसी प्रस्ताव में यह भी कहा गया था कि दस साल बाद राज्य यदि चाहें तो संविधान की समीक्षा की माँग कर सकते हैं। कुल मिलाकर ध्यान से देखने पर पता चलता है कि हिंदू-मुस्लिम समस्या का ये समाधान तो रोग से भी ज्यादा खतरनाक था। एक तो इस व्यवस्था में केंद्र बहुत कमजोर था, मुस्लिम बहुल राज्यों में मुस्लिम और हिंदू बहुल राज्यों में हिंदू दूसरे लोगों के साथ कुछ भी करते रहें, पर केंद्र देखते रहने के सिवा कुछ नहीं कर सकता था। दूसरी कमी यह थी कि केंद्र का निर्माण जनता के हाथ में न होकर राज्यों के हाथ में था,

जिसका मतलब था कि फिर सबकुछ नेताओं की नीयत पर था, जबकि यह नीयत ही समस्या की जड़ थी। तीसरे हर दस साल में राज्यों को समीक्षा की माँग का अधिकार का मतलब ही था कि दस साल पूरे होने के बाद रोज एक राज्य समीक्षा की माँग करता रहता और झगड़े चालू रहते, अर्थात् घूम-फिर कर फिर विभाजन पर आना। कैबिनेट मिशन ने विभाजन को यह कहकर खारिज किया था कि इससे समस्या का हल नहीं होगा। विभाजन के बाद भी भारत में 2 करोड़ मुसलमान और पश्चिमी पाकिस्तान में 48 प्रतिशत हिंदू रह जाएँगे। आयोग का कहना था कि पूर्वी पंजाब तथा पश्चिमी बंगाल में हिंदू ज्यादा हैं, इसलिए जिस आधार पर पाकिस्तान की माँग की जा रही है, उसी आधार पर ये दोनों क्षेत्र पाकिस्तान में शामिल नहीं किए जा सकते हैं। कुछ दिन पहले गांधीजी से वार्त्ता में जिन्ना ने पूर्वी पंजाब और पश्चिमी बंगाल काटकर पाकिस्तान के प्रस्ताव को यह कहकर अस्वीकार कर दिया था कि उन्हें कीड़ों द्वारा कुतरा हुआ पाकिस्तान स्वीकार नहीं है, इसलिए भी आयोग ने पाकिस्तान के प्रस्ताव पर विचार नहीं किया। वास्तव में इसके पीछे मुस्लिम उलेमाओं की अधिक से अधिक हिंदुओं को पाकिस्तान में लेने की नीयत थी, ताकि वे ज्यादा-से-ज्यादा हिंदुओं को इस धरती से खत्म करके उनकी औरतों और दौलत पर कब्जा कर सकें।

जहाँ तक जिन्ना की बात थी, उनको माँग के हिसाब से पाकिस्तान नहीं मिल रहा था, इसलिए शुरू में उत्साह कम था, लेकिन धीरे-धीरे समझ में आया कि इस प्रस्ताव में मुसलमानों का फायदा-ही-फायदा है। सबसे बड़ा फायदा तो यह था कि जिन्ना द्वारा माँगे गए 6 राज्य अविभाजित मिल रहे थे, संविधान बनाने के समय मुस्लिम वोट 50 प्रतिशत से ज्यादा होने के कारण मुस्लिम राज्यों का एक ऐसा संघ बनाने में सफल हो जाएँगे, जो हिंदू बहुल केंद्र से टक्कर ले सकता था। सबसे बड़ी बात तो यह थी कि अगर केंद्र से नहीं पटती है तो दस साल बाद अविभाजित बंगाल और पंजाब लेकर पाकिस्तान बना सकते थे। यह समझ में आते ही जिन्ना ने प्रस्ताव को अपनी स्वीकृति दे दी।

जहाँ तक कांग्रेस का सवाल था, फैसला आसान नहीं था। अंतरिम सरकार बनाने में सबसे बड़ी बाधा तो यह थी कि कांग्रेस और मुस्लिम लीग के मंत्रियों की संख्या बराबर-बराबर थी और मुस्लिम सदस्यों के नाम देने का अधिकार केवल जिन्ना को था और यह दोनों बातें गांधीजी को स्वीकार नहीं थीं। इनको मान लेने का मतलब था, यह मान लेना कि कांग्रेस केवल हिंदुओं की पार्टी है। इसलिए गांधीजी

की सलाह मानते हुए कांग्रेस ने प्रस्ताव को अस्वीकार कर दिया। जहाँ तक संविधान सभा बनाने की बात थी, अंग्रेजों ने जानबूझकर प्रस्ताव की भाषा ऐसी रखी कि कांग्रेस समझी कि वह उसके पक्ष में है और लीग समझी कि वह उसके पक्ष में है। इसलिए अंग्रेजों द्वारा यह धमकी दिए जाने के बाद कि जो पक्ष 16 मई के प्रस्ताव को स्वीकार करेगा, उसी को सरकार बनाने के लिए बुलाया जाएगा, कांग्रेस ने 25 जून को संविधान का प्रस्ताव स्वीकार कर लिया, पर सरकार बनाने का प्रस्ताव खारिज कर दिया।

कैबिनेट मिशन के नेता लॉर्ड पेथिक लॉरेंस थे। मार्च, 1946 में भारत आने के बाद समस्या को समझने और सभी का पक्ष जानने के लिए वार्त्ताओं के दौर चलाए। अप्रैल में आराम के लिए मसूरी जाने से पहले मिशन ने रियासत के राजाओं, नवाबों, सिक्खों, दलितों, मुस्लिम लीग तथा कांग्रेस के नेताओं से मिलकर उनका पक्ष जाना। गांधीजी उन दिनों दिल्ली में एक दलित बस्ती में रहते थे। मिशन के नेता उनसे मिलने के लिए खुद बस्ती में गए, हालाँकि वाइसराय वावेल को यह अच्छा नहीं लगा। मिशन ने सोचा था कि जब तक वे मसूरी में आराम करके आएँगे, तब तक सभी पक्ष कुछ-न-कुछ प्रस्ताव लेकर आएँगे, लेकिन ऐसा नहीं हुआ तो मिशन ने 27 अप्रैल को अपनी योजना की घोषणा कर दी और इसी घोषणा के आधार पर शिमला में वार्त्ता का आयोजन किया, जिसमें दोनों पक्षों को बुलाया गया। दोनों पक्ष गए भी, पर किसी ने भी अपनी सहमति नहीं दी। जिन्ना अपने 6 प्रांतों को लेकर अलग राष्ट्र का रोना रोते रहे। जैसा कि स्वाभाविक था, ऐसी व्यवस्था, जिसमें संघ में दो संघ, दो संघों में स्वतंत्र राज्य और उस पर राजाओं को यह छूट कि वे चाहें तो किसी संघ में रहें, चाहें तो अलग रहें, कांग्रेस को अजीब लगी, इसलिए सहमति नहीं दी। परिणाम यह हुआ कि 16 मई, 1946 को मिशन ने योजना की घोषणा कर दी।

घटना क्रम

1. अप्रैल 27, 1946—कैबिनेट मिशन की सोच की घोषणा।
2. शिमला वार्त्ता।
3. 16 मई, 1946—सरकार तथा संविधान सभा की रूप रेखा की घोषणा।
4. जिन्ना द्वारा प्रस्ताव स्वीकृत।
5. 16 जून, 1946—सरकार बनाने के लिए घोषणा।
6. कांग्रेस द्वारा बेमन से स्वीकृति।

7. जिन्ना यह सोचे बैठे थे कि उनको बिना कांग्रेस के भी सरकार बनाने का न्योता मिलेगा, पर वाइसराय नें अंत समय पर बिना कांग्रेस सरकार बनाने से मना कर दिया। परिणाम यह हुआ कि जिन्ना ने चिढ़कर 29 जून को अपनी सहमति वापस ले ली।
8. वाइसराय वावेल ने 8 अगस्त को नेहरू को बिना जिन्ना के सरकार बनाने के लिए कहा।
9. जिन्ना द्वारा डायरेक्ट एक्शन की घोषणा।
10. जिन्ना ने लीग मंत्रियों से संविधान सभा में न जाने को कहा।
11. 6 दिसंबर को ब्रिटेन ने साफ किया कि जिन्ना ने प्रस्ताव का जो अर्थ लगाया था, वही सही था।
12. लीग, कांग्रेस तथा बलदेव सिंह को ब्रिटिश प्रधानमंत्री ने लंदन बुलाया। कांग्रेस समझ रही थी कि रियासतें भी वोट डालेंगी, लेकिन जिन्ना समझ रहे थे कि जो उपस्थित होंगे, वे ही वोट डालेंगे।
13. विरोध के बावजूद नेहरू ने सहमति भेजी। ले-देकर 16 मई का प्रस्ताव ही था, जो स्वीकार हो गया।
14. गांधीजी द्वारा असम कांग्रेस को अलग होने की सलाह, ताकि वह स्वतंत्र इकाई के रूप में भारत में विलय का फैसला कर सके।
15. 20 फरवरी को एटली की घोषणा कि जून 1948 से पहले हर हाल में अंग्रेज भारत छोड़ देंगे।
16. 22 मार्च, 1947 को लॉर्ड वावेल की जगह लॉर्ड माउंटबेटन वाइसराय बने।
17. नए वाइसराय ने स्थिति का जायजा लेने के बाद पूर्वी पंजाब और पश्चिमी बंगाल को काटकर 3 जून को विभाजन की घोषणा की।
18. 4 जून, 1947 को आजादी की तारीख 15 अगस्त, 1947 की घोषणा।

वर्ष 1946 के चुनावों में पंजाब में मुस्लिम लीग ने 175 में से 79 सीटें जीतीं, पर सरकार नहीं बना पाई। सरकार कांग्रेस की मदद से खिज्र हयात तीवाना ने बनाई, जिसमें हिंदू, सिक्खों के साथ 9 मुस्लिम मंत्री भी थे, जिससे पता चलता है कि अभी भी मुस्लिम पूरी तरह से लीग के साथ नहीं थे। 24 जनवरी, 1947 को हिंसा के बाद इसी सरकार ने मुस्लिम लीग नेशनल गार्ड को गैर-कानूनी घोषित

कर दिया। लीग के नेता जिस प्रकार हिंदू और सिक्खों के विरुद्ध जहर उगल रहे थे, कोई भी उनको समर्थन देने को तैयार नहीं था। मुस्लिम लीग सोचे बैठी थी कि दंगे कराने की उनकी शक्ति के कारण सरकार उनकी ही बनेगी, लेकिन जब नहीं बनी तो वह बौखाला गई और मसजिदों में खिज्र सरकार के खिलाफ प्रचार शुरू हो गया, परिणाम यह हुआ कि जो खिज्र मुसलमानों के हीरो हुआ करते थे, विलेन बन गए, माहौल गरम होने लगा, मुसलमान हथियार जमा करने लगे, मुस्लिम लीग ने कहना शुरू कर दिया कि अगर मुसलमान भारत में रहते हैं तो इसी तरह षड्यंत्र करके उनको सत्ता से बाहर रखा जाएगा। ऐसे में कुछ लोगों ने खिज्र को सलाह दी कि वे जल्दी-से-जल्दी मुख्यमंत्री पद छोड़कर माहौल को शांत करने का प्रयास करें। लेकिन खिज्र ने उल्टा आग में घी डालने का काम किया। 24 जनवरी, 1947 को खिज्र ने मुस्लिम लीग नेशनल गार्ड और राष्ट्रीय स्वयंसेवक संघ पर प्रतिबंध लगा दिया और प्रतिबंध लगते ही पुलिस ने मुस्लिम लीग नेशनल गार्ड के मुख्यालय पर छापा मारकर तलाशी शुरू कर दी। मुस्लिम लीग के मँजे हुए नेताओं ने मौके का पूरा फायदा उठाया, तुरंत मुख्यालय पहुँचकर तलाशी में बाधा डालकर अपने को गिरफ्तार करवा दिया। मुस्लिम मौलाना तो ऐसे ही अवसर की तलाश में थे, खबर आते ही मसजिदों में सरकार की आलोचना भड़काऊ शब्दों में होने लगी और देखते-ही-देखते मुसलमानों की भीड़ सड़कों पर आ गई। पहले दिन तो पुलिस की सख्ती के कारण भीड़ घरों को चली गई, पर दूसरे दिन नियोजित तरीके से जब बहुत बड़ी संख्या में लोग सड़कों पर निकले, तब सरकार को स्थिति की गंभीरता का अंदाजा हुआ। अंदाजा होते ही सरकार ने समझदारी से काम लिया, सभाओं और जलूसों पर प्रतिबंध होते हुए भी बल प्रयोग की जगह समझाने-बुझाने से काम लिया गया, बहुत कम बल प्रयोग करके लोगों को हिरासत में लिया गया। यही नहीं, स्थिति को शांत करने के लिए 24 जनवरी, 1947 को गिरफ्तार किए गए लीग के नेताओं को 26 जनवरी को रिहा कर दिया गया और 28 तारीख को मुस्लिम लीग नेशनल गार्ड तथा राष्ट्रीय स्वयंसेवक संघ पर लगा प्रतिबंध वापस ले लिया गया, जुलूसों और सभाओं पर प्रतिबंध जारी रहा, पर उस पर अमल नहीं किया गया। 26 तारीख तक मुस्लिम लीगियों की भीड़ सड़कों पर आतंक फैलाती घूमती रही। तभी सरकार ने सभाओं पर से प्रतिबंध भी हटा लिया और पकड़े गए लोगों को भी रिहा कर दिया। मुस्लिम लीग ने भी बदले में आंदोलन वापस ले लिया, लेकिन अंदर ही अंदर दबाव इतना था कि 3 मार्च, 1947 को खिज्र सरकार ने यह कहते हुए

इस्तीफा दे दिया कि वह मुस्लिम लीग के लिए मैदान खाली कर रही है।

खिज्र सरकार ने इस्तीफा तो दे दिया, पर समस्या हल नहीं हुई। संवैधानिक रस्म निभाने के लिए राज्यपाल ने मुस्लिम लीग से सरकार बनाने की बात की, लेकिन सरकार तो बनी नहीं, उल्टा अफवाहों का बाजार गरम हो गया। इस बार हिंदू और सिक्ख सड़कों पर जुलूस लेकर निकल पड़े। 4 मार्च को खिज्र सरकार में वित्त मंत्री रहे हिंदू नेता भीम सेन सच्चर ने एक विरोध जुलूस निकाला, उनका कहना था कि अगर मुस्लिम लीग प्रतिबंध होते हुए जुलूस निकाल सकती है तो उनको भी हक है। सिक्ख नेता मास्टर तारा सिंह तो और दो कदम आगे निकल गए। एक जुलूस में उन्होंने 'पाकिस्तान मुर्दाबाद' के नारे लगाते हुए अपनी तलवार लहराई और घोषणा की कि राज तो खालसा करेगा। मास्टर तारा सिंह को स्थिति का सही अनुमान नहीं था, वरना इतना जोश नहीं दिखाते। उनकी इस मूर्खता से मुसलमानों को बहाना मिल गया, जिसको वे ढूँढ रहे थे और 4 मार्च से ही मुसलमानों ने दंगे शुरू कर दिए। मास्टर तारा सिंह द्वारा तलवार चमकाने के बाद पहला दंगा लाहौर में हुआ और देखते-ही-देखते दंगे मुल्तान, अमृतसर, रावलपिंडी तक फैल गए। मुसलमानों ने अच्छी तरह योजना बनाकर हेलमेट पहनकर हमले किए, ताकि उनका नुकसान कम-से-कम हो, दंगों में लूटपाट, आगजनी, हत्या और बलात्कार के लिए हिंदू और सिक्खों दोनों को निशाना बनाया गया, लेकिन चूँकि सिक्ख नेता रणजीत सिंह ने सबसे पहले मुसलमान शासन का अंत किया था और सिक्खों ने ही हिंदुओं को सबसे ज्यादा मुस्लिम अत्याचारों से बचाया था, इसलिए सिक्खों को ज्यादा निशाना बनाया गया। अमृतसर में तो दो मुख्य बाजार पूरी जरह जलकर राख हो गए। अमृतसर में हालाँकि मुस्लिम 20 प्रतिशत से भी कम थे, पर मुसलमानों की पूर्व योजना का हिंदुओं को उम्मीद न होना और टक्कर लेनेवाले सिक्खों की जनसंख्या कम होने के कारण मुसलमान इतना नुकसान करने में सफल हो गए। मुल्तान में एक कांग्रेसी मुस्लिम नेता हिंदू के घर में छुपा हुआ था, उसको अपनी जान बचाने के लिए पैजामा खोलकर दिखाना पड़ा। दंगाइयों ने उसको तो छोड़ दिया, पर शरण देनेवाले हिंदू परिवार को मार दिया। रावलपिंडी में तो दंगे गाँवों तक पहुँच गए, जहाँ कि हिंदुओं का प्रतिशत बहुत कम था, इसलिए लाचार थे, बेरहमी से काट दिए गए। सरकार ने दंगा कंट्रोल करने के लिए पुलिस और फौज बुलाई, लेकिन दंगा काबू में आने तक केवल मुल्तान में सरकारी आँकड़ों के हिसाब से 100 लोग मारे जा चुके थे। रावलपिंडी और अटोक जिले में बड़ी संख्या में हिंदू और सिक्खों का कत्लेआम

हुआ, औरतों का बलात्कार हुआ। दंगे इतने गंभीर थे कि रावलपिंडी में शरणार्थी कैंप लगाने पड़े। दंगों पर काबू पाने में 10 दिन का समय लग गया, क्योंकि एक तो अधिकतर स्थानों पर मुख्य अधिकारी अंग्रेज थे, जो उदासीन बने रहे, दूसरे पंजाब में 75 प्रतिशत पुलिसवाले मुसलमान थे, जिसमें से अधिकतर ने दंगाइयों को रोकने के बजाय उल्टा उनकी मदद की।

22 मार्च, 1947 को लॉर्ड माउंटबेटन ने पद भार सँभाल लिया। वावेल को इसलिए हटाया गया था कि वे जिन्ना का पक्ष ज्यादा ले रहे थे, लेकिन यह काम बहुत देर से हुआ, क्योंकि अब तक पाकिस्तान बनना तय हो चुका था। अगर यह काम 1946 के चुनावों से पहले होता तो शायद इतनी हिंसा नहीं होती। माउंटबेटन ने वाइसराय बनने के बाद देखा कि कैबिनेट मिशन बेकार हो चुका है। लीग और कांग्रेस के मंत्री एक साथ काम तो कर रहे हैं, पर सहयोगी की तरह नहीं, बल्कि प्रतिद्वंद्वी की तरह। मुस्लिम मंत्री मुस्लिम एजंडे को ही आगे बढ़ाने में लगे हैं।

मार्च के अंत तक हिंसा रुक गई थी, पर छिटपुट घटनाएँ जारी थीं। मौलवियों द्वारा मसजिदों में दिए जा रहे भाषणों के कारण हिंदू और सिक्खों के प्रति घृणा बढ़ती जा रही थी। पंजाब, सिंध और राजस्थान के साथ साझा सीमावाली एक रियासत थी बहावलपुर, जिसमें 83 प्रतिशत मुसलमान थे। बात 31 जुलाई, 1947 की है, सिंध सरकार में 1944-46 तक मंत्री रहे मेजर आशिक हुसैन लाहौर में अपने घर जा रहे थे। एक चौराहे पर पुलिसवाले ने रुकने को कहा तो वे रुके, पर गाड़ी रोकने में जरा देर हो गई, जिसके कारण सिपाही और मेजर में तू-तू मैं-मैं हो गई। उस समय तो बात खत्म हो गई, पर थोड़ी देर बाद मेजर आशिक हुसैन उसी रास्ते से जब लौट रहे थे तो उसी सिपाही और एक इंस्पेक्टर ने रोककर पूछा कि जाते समय वे सिपाही के इशारे पर क्यों नहीं रुके। मेजर आशिक हुसैन ने अपनी बात रखते हुए इंस्पेक्टर से सिपाही की शिकायत की, जिससे सिपाही भड़क उठा और राइफल उठाकर मेजर को गोली मार दी। आशिक हुसैन की वहीं मौत हो गई, सिपाही को बाद में फाँसी की सजा हो गई, लेकिन गोली मारने के बाद इंस्पेक्टर ने जब सिपाही को बताया कि मरनेवाला मेजर आशिक हुसैन था तो सिपाही ने कहा, ओह, मैं समझा कि वह कोई हिंदू हैं। इससे पता चलता है कि उनमें कितनी घृणा भर चुकी थी।

14 अगस्त, 1947 को पाकिस्तान बन गया और अंग्रेज अधिकारियों ने पद मुसलमानों को सौंपने शुरू कर दिए। अंग्रेजों के रहने पर जो थोड़ी-बहुत अड़चन

थी, अब वह भी समाप्त हो गई और मुसलमानों में हिंदुओं और सिक्खों के प्रति भरी गई घृणा खुलकर खून बहाने लगी। पूरे खून-खराबे में लगभग 20 लाख तक हिंदुओं को कत्ल किया गया, हजारों औरतों का बलात्कार हुआ और जान बचाने के लिए लाखों हिंदू और सिक्खों को मुसलमान बनना पड़ा। पूरी कहानी लिखने पर 500 पेज की किताब बन जाएगी, इसलिए कुछ मुख्य घटनाओं का ही जिक्र करूँगा। लेकिन यह बता दूँ कि हैवानियत के इस माहौल में भी नेक बंदों की भी कमी नहीं थी। जिन्होंने इन्सानियत और अच्छाई की मिसालें कायम कीं। पाकिस्तान में जहाँ बहुत से मुसलमानों ने हिंदुओं की जान बचाई, वहीं भारत में हिंदुओं ने मुसलमानों की जान बचाई। अधिकतर स्थानों में ऐसे लोग थे, जिन्होंने दंगाइयों को रोकने की कोशिश की, कई प्रकार की हिंसा हुई, कई कारणों से हिंसा हुई। पाकिस्तान में हिंसा के पीछे मौलवियों द्वारा मुसलमानों के दिमाग में हिंदू, सिक्ख को काफिर बताकर नफरत भरना मुख्य कारण था, पर बहुत सी हिंसा लूट, स्त्रियों के भोग तथा कारखानों और घरों पर कब्जे के लालच में भी हुई। भारत में जो दंगे हुए उनके पीछे मुख्य कारण पाकिस्तान से आए हुए लुटे-पिटे शरणार्थियों की दास्तानें थीं। भारत और पाकिस्तान की हिंसा में बहुत बड़ा अंतर था। पाकिस्तान में हिंदुओं के कत्लेआम से कोई जिला, कोई गाँव अछूता नहीं रहा, जबकि भारत में हिंसा मुख्यतः पंजाब और दिल्ली तक सीमित थी। सबसे बड़ी बात तो यह थी कि जहाँ भारत में सेना या किसी पुलिसवाले ने दंगाइयों का साथ नहीं दिया, ईमानदारी से अपनी ड्यूटी की, वहीं पाकिस्तान में सेना और पुलिस ही खुद दंगाइयों में शामिल हो गए। हिंदुओं को कत्ल किया, लूटा, उनकी औरतों का बलात्कार किया। कई जगह तो औरतों का बलात्कार उनके माँ, बाप, पति और बच्चों के सामने ही खुले में किया गया। लाहौर, रावलपिंडी, पश्चिमोत्तर प्रांत से मार्च 1947 में मुसलमानों द्वारा हिंदुओं का कत्लेआम, लूटमार, बलात्कार किए जाने के कारण बड़ी संख्या में हिंदू और सिक्ख पूर्वी पंजाब में शरणार्थी बनकर आए। उनके ऊपर हुए अत्याचारों की कहानियाँ सुनकर सिक्खों का खून खौलने लगा और कहीं-कहीं मुसलमानों पर हमले होने लगे।

इन्हीं मुसलमानों में से कुछ जब ट्रेन से बहावलपुर पहुँचे तो कस्बे में माहौल गरम हो गया। उनकी कहानियाँ सुनकर बहावलपुर के मुसलमानों ने बदला लेने का ऐलान किया और रेलवे स्टेशन से ही हिंदुओं की मार-काट शुरू हो गई। पुलिस अधीक्षक लेहारी ने अपने सीमित पुलिस दल से दंगाइयों को रोकने की कोशिश

भी की, लेकिन तभी वहाँ पर पाकिस्तान सेना के जवान आ गए। उन्होंने जिला मजिस्ट्रेट तथा पुलिस दल को एक तरफ खड़ा कर दिया और दंगाई मुसलमानों को पूरी छूट दे दी। बहावलपूर रियासत के सलाहकार पेंडर मून ने जब लेहारी से पूछा कि कितने लोग मारे गए और इनमें से कितने मुसलमान थे तो लेहारी ने बताया सैकड़ो लोग मारे गए हैं, मुसलमान केवल एक-दो हैं। एक कस्बे में तब एक ही घटना में सैकड़ों हिंदू मारे गए तो अंदाजा लगाया जा सकता है कि पूरे पाकिस्तान में कई महीनों चलनेवाले कत्लेआम में कितने लोग मारे गए होंगे। मगर यह भी सत्य है कि यहीं पर एक दबंग मुसलमान ने अपने बड़े भवन में शरण देकर सैकड़ों हिंदुओं की जान बचाई। और तो और, डॉक्टरों ने भी पक्षपात किया, पंजाब से आए मुसलमानों पर जितना ध्यान दिया, उतना हिंदुओं पर नहीं दिया। हिंदुओं के घायल होने पर या मारे जाने पर उनको या तो खुशी थी या फिर संतोष। दंगाई लूटमार में मिला कीमती सामान तो अपने घर ले गए, बाकी सड़कों पर छोड़ गए, नतीजा यह हुआ कि बहावलपुर की सड़कों पर लाशों के साथ-साथ टूटे हुए काँच, अनाज के डिब्बे आदि फैले हुए थे। हिंदुओं के डर की हालत यह थी कि जब अधिकरियों ने हिंदुओं को एक सुरक्षा दस्ते के साथ बहावलपुर शहर ले जाने की बात की तो हिंदुओ ने मना कर दिया, क्योंकि उनको लगा कि सुरक्षा दस्ते खुद उनकी जान ले सकते हैं। बहावलपुर में बहुत से हिंदू आनेवाले दिनों में इसलिए बच गए कि पूर्व वित्तमंत्री रिटायर्ड आई.सी.एस. पेंडर मून ने दिन-रात एक करके अच्छे मुसलमानों की मदद से हिंदुओं को सुरक्षा दी, लूटे गए माल और औरतों को बरामद करने का काम किया। हिंदुओं को जेल में रखकर बचाया गया। बहुत से हिंदुओं ने मुसलमान बनकर जान बचाई, औरतों की इज्जत बचाने के लिए आत्महत्याएँ कर लीं।

बहावलपुर रियासत के रहीम यार खान जिले में हिंदुओं के साथ जो हुआ उसको ट्रेलर समझकर पाठक अंदाजा लगा सकते हैं कि पूरे पाकिस्तान में हिंदुओं के साथ जो हुआ, वह कितना वहशियाना था। रियासत के वित्त तथा जन कल्याण मंत्री पेंडर मून, चूँकि अंग्रेज थे, इसलिए चाहते थे कि जिस तरह उन्होंने बहावलपुर से हजारों हिंदुओं को सुरक्षित भारत पहुँचाया है, उसी तरह रहीम यार खान के हिंदू और सिक्खों को भी सुरक्षित भारत पहुँचा दिया जाए। रहीम यार खान में लगभग 3000 सिक्ख थे, जैसे ही मारकाट शुरू हुई तो पूरे सिक्ख दो केंद्रों पर एकत्र हो गए। रियासत के प्रधानमंत्री गुरनानी इन सिक्खों की मदद करना चाहते थे, पर प्रश्न यह था कि अगर इनका जत्था भारत की ओर कूच करता है तो उसकी सुरक्षा

कौन करेगा। रियासत से भारत में जैसलमेर बहुत दूर नहीं था, इसलिए सोचा गया कि बच्चों और औरतों को गधों और ऊँटों पर बैठाकर रवाना कर दिया जाए और बहावलपुर रियासत के सैनिकों को सुरक्षा के लिए साथ कर दिया जाए। बहुत सोच-विचार के न चाहते हुए भी 26 सितंबर, 1947 को फौज की एक टुकड़ी के साथ सिक्खों को भारत के लिए जैसलमेर की ओर रवाना किया गया। फौज मुस्लिम थी, उन्होंने वहीं से रंग दिखाना शुरू कर दिया। यात्रा शुरू होने से पहले ही विरोध के बावजूद सिक्खों से उनके हथियार छीन लिये गए। रहीम यार खान से अभी कुछ दूर ही गए थे, शाम होते ही कैंप लगा दिया गया और रात होते ही सिक्खों की तलाशी के बहाने कीमती सामान छीनना शुरू कर दिया, जिसने तलाशी का विरोध किया, उसको गोली मार दी गई। सुरक्षा दस्ते के साथ सहायक पुलिस कमिश्नर भी था, उसको डर लगा कि कुछ सिक्ख भागकर वापस रहीम यार खान जा सकते हैं और उनकी शिकायत कर सकते हैं, इसलिए उसने एक खेल खेला।

कमिश्नर ने हमदर्दी जताई और कहा कि जो हुआ, वह गलतफहमी के कारण हुआ, आगे ऐसा नहीं होगा। सिक्ख लाचार थे, पता था कि शिकायत करने से कुछ नहीं होगा, इसलिए चुपचाप उसकी बात सुन ली, और आगे बढ़ने के लिए तैयार हो गए। दिन भर चलते रहने के बाद जब रेगिस्तान शुरू होनेवाला था तो फौज के कमांडर ने आदेश दिया कि सिक्ख अपना सारा सामान जमा करा दें, क्योंकि भारत से जो मुसलमान आ रहे हैं उनका सामान लूटा-छीना जा रहा है, इसलिए सिक्खों को सामान नहीं ले जाने दिया जाएगा। पूरी रात, अगले पूरे दिन सिक्खों की तलाशी लेकर उनका सारा सामान, जो जरा भी कीमती था, सिक्खों से छीन लिया गया, सामान के साथ-साथ ऊँट और गधे भी छीन लिए गए। लूट के सामान को फौज की लारियों में भरकर रहीम यार खान की ओर रवाना कर दिया गया। पूरे खेल में फौज के कमांडर और सहायक पुलिस कमिश्नर हमदर्दी का खेल खेलते रहे, यही कहते रहे कि जो हो गया वह हो गया, आगे ऐसा नहीं होगा। लाचार सिक्ख सुनते रहे और आगे बढ़ते रहे, उनको यही उम्मीद रहती थी कि किसी तरह जान बच जाए तो भी कम नहीं है। थके-हारे सिक्ख किसी तरह भारत की सीमा के पास पहुँच भी गए, लेकिन मुसलमानों का असली रंग देखना अभी बाकी था। 30 सितंबर की रात को जब भारतीय सीमा केवल दो किलोमीटर दूर रह गई थी, ठहरने के लिए कैंप लगाया गया। रात में एक बजे अचानक गोलियों की आवाज आने लगी। सिक्खों ने जब पूछा कि क्या हुआ तो पहले से बनाई झूठी कहानी बता दी कि गोलियाँ लुटेरों

के गिरोह चला रहे हैं, उनसे बचने के लिए तुरंत यहाँ से चल दो। सुरक्षा के नाम पर जवान लड़कियों और औरतों को दल से अलग कर दिया गया और ट्रकों में भरकर रहीम यार खान की ओर रवाना कर दिया गया। बचे हुए आदमियों, वृद्धों और बच्चों से कहा गया कि हूण लुटेरों से बचने के लिए भारत की सीमा की ओर दौड़ लगाओ। सिक्खों ने जब दौड़ लगाई तो पीछे से गोलियाँ चला दी गईं। भूखे-प्यासे सिक्ख अँधेरे में चारों ओर वैसे ही भाग रहे थे, जैसे भेड़ियों के आ जाने पर हिरणों का झुंड भागता है। यही नहीं, जो सिक्ख भाग निकले, उन पर आगे की टुकड़ियों ने गोलियाँ चलाईं, इस प्रकार सिक्ख आगे और पीछे दोनों ओर से गोलियाँ खाकर ढेर होने लगे। साथ चल रहे सहायक पुलिस कमिश्नर से लौटने पर जब अधिकारियों ने पूछा कि कितने सिक्ख मारे गए तो उसने कहा कि अँधेरे में कुछ पता नहीं चला।

कुछ साल बाद पेंडर मून जब भारत आए तो उसी सिक्खों के उस दल के बचे लोगों ने बताया कि 3000 में से केवल 500 के लगभग लोग बचकर भारत पहुँच सके, वो भी शायद इसलिए कि गोलियाँ अँधेरे में चल रहीं थीं। लूटी गई जवान औरतों में से कुछ तो भागने में सफल हो गईं, मगर ज्यादातर औरतों के साथ बलात्कार किया गया, मुसलमान बना ली गईं, कोठे पर बेच दी गईं या फिर गुलामों की तरह घर में काम करने के लिए रख ली गईं। कइयों के साथ तो कई दिनों तक बलात्कर करके जान से मार दिया गया। पूरे पाकिस्तान में इस तरह के हजारों नरसंहार हुए, जिससे अनुमान लगाया गया कि कम-से-कम 20 लाख हिंदू मारे गए, लाखों औरतों का बलात्कार हुआ, उनको बाजारों में बेच दिया गया।

□

विभाजन के बाद

पता नहीं यह कैसी विडंबना है कि अंग्रेजी शासन के भारत में आने के बाद, जो हिंदू विदेशों में शिक्षित हुए, उनमें बहुत बड़ा वर्ग ऐसा था, जिसने अपनी छवि उस चीज की आलोचना करके बनाई, जो भारत की संस्कृति और परंपरा से जुड़ी थी। मुसलमानों ने भी विदेश में शिक्षा पाई, पर पूरे इतिहास में जिन्ना ही एकमात्र प्रमुख मुस्लिम नेता थे, जो धर्म की दीवार तोड़ना चाहते थे, काफी लंबे समय तक प्रगतिशील रहे, लेकिन बाकी सारे मुसलमान लंदन से पढ़कर और ज्यादा निर्दयी मुसलमान हो गए। लेकिन हिंदुओं में ऐसे लोग बहुमत में थे, जो अपने को हिंदू या भारतीय कहने से बचते थे। सबसे बड़ा वर्ग तो वह था, जिनको कम्युनिस्ट, समाजवादी या वामपंथी कहा जाता है। चाहे लालू यादव हो, मुलायम सिंह हो, मायावती हो या फिर अरविंद केजरीवाल, भारत और दुनिया में अनेक लोग हुए हैं, जो आम आदमी के मसीहा के रूप में सत्ता में आए, लेकिन सत्ता में आते ही सबसे पहले आम आदमी की ही ऐसी-तैसी की। सोवियत संघ में 1917 की बोल्शेविक क्रांति भी इनमें से एक थी। इसमें बादशाह जार का शासन हटाकर आम आदमी, गरीब आदमी के नाम पर एक ऐसा शासन तंत्र आ गया, जिसमें आम आदमी को साँस लेने के लिए भी सरकार की आज्ञा लेनी पड़ती थी। सरकार की आलोचना मौत की गारंटी हो गई, ब्रेड जैसी चीज के लिए भी लोगों को लंबी-लंबी कतारों में खड़ा होना पड़ा, परिणाम यह हुआ कि सौ वर्ष पूरे करने से पहले ही यह क्रांति इतिहास में दफन हो गई।

सोवियत संघ की प्रारंभिक सफलता को देखकर भारत में भी कुछ बुद्धिजीवियों ने इसी दर्शन को हथियार बनाकर सत्ता मे आने का लक्ष्य बनाया। 26 दिसंबर, 1925 में स्थापित कम्युनिस्ट पार्टी ऑफ इंडिया ने गरीबों का समर्थन पाने के लिए न केवल पूँजीपतियों को कोसना शुरू कर दिया, बल्कि अंग्रेजों और मुसलमानों

का समर्थन और संरक्षण पाने के लिए भारत की संस्कृति व परंपराओं को भी एक तरफ से कोसना शुरू कर दिया। सत्ता के लालच में इतने गिर गए कि भारत की स्वतंत्रता का न केवल विरोध किया, बल्कि मुसलमानों के अलग राष्ट्र के अधिकार का भी समर्थन कर बैठे। इसमें दो बहुत बड़े विरोधाभास थे। पहला तो यह कि कम्युनिस्ट मेनिफेस्टो में पूरे विश्व को साम्यवाद की छतरी में लाकर एक राष्ट्र की बात की थी, जबकि भारत के कम्युनिस्ट राष्ट्र को बाँटने की बात कर रहे थे। दूसरा विरोधाभास यह था कि एक मुसलमान के लिए नास्तिक होने से बड़ा कुफ्र कोई नहीं है, फिर भी मुसलमानों ने कम्युनिस्टों को जमकर समर्थन दिया, लेकिन पाकिस्तान बनते ही मुसलमानों ने वामपंथ को वहाँ दफन कर दिया। यह संयोग ही है कि पाकिस्तान में 1960-70 के दशक में जब पाकिस्तान में वामपंथ दफन हो रहा था, भारत में वामपंथी तानाशाह प्रजातंत्र का मुखौटा पहन के पश्चिम बंगाल की सत्ता में आ गए। आ गए तो आ गए, पर अफसोस यह है कि पाकिस्तान में उनके हश्र और भारत में स्वतंत्रता संग्राम में गद्दारी के बावजूद जो प्यार मिला, उससे वामपंथियों ने कुछ नहीं सीखा, वे भारतीयता और हिंदुओं के कट्टर विरोधी बने रहे, उनकी वफादारी भारत से ज्यादा चीन और रूस के प्रति बनी रही; 1962 में चीनी आक्रमण के बाद भारतीय कम्युनिस्टों ने चीन को आक्रमणकारी नहीं माना, वे लगातार चीन और रूस से आर्थिक मदद लेते रहे। आखिर में सोवियत संघ की तरह कंगाल करके ही बंगाल से हटे।

1937 के चुनावों में मुसलमानों ने कांग्रेस को भारी बहुमत से जिताया, लेकिन 1940 में पाकिस्तान की घोषणा होते ही अधिकतर मुसलमान रातोरात जिन्ना के साथ हो गए। वे तभी तक कांग्रेस के साथ थे या यों कहें कि तभी तक सेक्यूलर थे, जब तक उनको एक इस्लामी लक्ष्य और नेतृत्व नहीं मिला था। उलेमा पहले भी थे और तब भी थे, लेकिन वे आपस में लड़ते रहते थे, इसलिए कभी कोई ऐसा नेतृत्व नहीं दे सके, जो पूरे भारत के मुसलमानों का नेता बन सकता। अलग पाकिस्तान की माँग 1940 से बहुत पहले मुल्लाओं के दिमाग में थी। मशहूर शायर इकबाल ने 1928 में भारत की पश्चिमी सीमा पर पख्तूनिस्तान, बलूचिस्तान, सिंध और पंजाब को मिलाकर एक मुस्लिम इकाई की बात की थी। लंदन में एक परचा भी प्रकाशित किया था, लेकिन नेतृत्व न होने के कारण बात आगे नहीं बढ़ी। जैसे ही जिन्ना के रूप में एक ऐसा नेतृत्व मिला, जो अंग्रेजों को समझता था, पाकिस्तान की माँग आगे बढ़ने लगी। वास्तव में जिन्ना भी उस समय विभाजन

के पक्ष में नहीं थे, लेकिन 1937 के चुनावों में करारी हार के बाद मुस्लिम लीग और जिन्ना दोनों के सामने अस्तित्व का संकट खड़ा हो गया, जिसके कारण जिन्ना ने मुल्लाओं के आगे सर झुका दिया और 'इस्लाम खतरे में है' का नारा लगाने लगे। 20 साल पहले जिस जिन्ना ने गांधीजी को मुल्लाओं के चक्कर में न पड़ने की सलाह दी थी, अब वही जिन्ना खुद उन्हीं मुल्लाओं की भाषा बोल रहे थे। जिन्ना एक बार पहले भी गांधी की राजनीति के आगे बेबस होकर भारत छोड़कर लंदन चले गए थे, वे दोबारा हारकर वापस नहीं जाना चाहते थे। इस बात का सबूत यह हैं कि जिन्ना ने गिने-चुने मौकों पर शेरवानी पहनी, वैसे वे अधिकतर सूट और टाई ही पहनते थे। 1940 में लाहौर के जिस अधिवेशन में पाकिस्तान का प्रस्ताव पास हुआ उसमें भी लोगों की माँग के बावजूद वे उर्दू में नहीं अंग्रेजी में बोले। जिन्ना और मुल्लाओं का साथ वास्तव में सिद्धांतों का नहीं अवसरवादिता का गठजोड़ था।

जिन्ना के लिए मुल्लाओं के समर्थन के बिना मुस्लिम राजनीति में टिक पाना असंभव था, जबकि मुल्लाओं को एक ऐसा नेता चाहिए था, जो अंग्रेजों और गांधी को टक्कर दे सके। आंदोलन की कमान सुन्नी उलेमाओं के हाथ में थी, जबकि जिन्ना शिया थे, वो भी ऐसा शिया जो न कुरान पढ़ता था और न नमाज। सुन्नी उलेमाओं की नजर में शिया मुसलमान तो काफिरों से भी गए गुजरे थे और हैं, फिर भी जिन्ना को बरदाश्त किया, ताकि किसी तरह काम निकल जाए। हुआ भी वही, पाकिस्तान बनते ही सुन्नी उलेमाओं ने जिन्ना को किनारे करना शुरू करके कट्टरपंथी एजेंडा आगे बढ़ाना शुरू कर दिया। यह उसी तरह था, जिस तरह मुसलमानों ने 1857 में हिंदू फौजियों और 1920 के खिलाफत आंदोलन में गांधीजी को इस्तेमाल करके फेंक देने की योजना बनाई थी। तालिबानी इस्लाम की वकालत करनेवाले मौलाना मौदूदी रातोरात पाकिस्तान के न केवल उलेमाओं, बल्कि कुछ हद तक जनता के भी हीरो बन गए। जिन्ना ने पाकिस्तान की संसद् में जब सेक्यूलर पाकिस्तान की बात की तो सुन्नी उलेमाओं ने इसको 'शैतानी दिमाग की उपज' कहकर मजाक उड़ाया अर्थात् जिन्ना को शैतान कहा। जिन्ना की आँखों में आँसू जिंदगी में दो ही बार आए। पहली बार 22 फरवरी, 1929 को अपनी तलाक शुदा पत्नी रत्ती के जनाजे में और दूसरी बार 7 जनवरी, 1948 को जब कराची के एक शरणार्थी शिविरो में उन्होंने हिंदुओं के साथ हुई हैवानियत देखी और देखकर सहम गए। देखने के बाद जिन्ना ने अपने सहायक मोहम्मद नोमन से

कहा, "अब तक लोग मुझे कायदे आजम कहते थे, अब कातिले आजम कहेंगे।" जिन्ना को यह पता था कि सुन्नी उलेमा शिया मुसलमानों से भी उतनी ही नफरत करते हैं, जितनी कि हिंदुओं से। पूरी संभावना है कि 1947 में हिंदुओं के साथ हुई हैवानियत को देखकर जिन्ना को यह खयाल आया हो कि अगर पाकिस्तान तालिबानी इस्लाम के रास्ते पर चलता है तो एक दिन शिया मुसलमानों के साथ भी वही होगा, जो हिंदुओं के साथ हुआ है। यह बात दिमाग में आते ही जिन्ना ने सेक्यूलर पाकिस्तान की वकालत की।

यह कितनी विचित्र बात है कि पाकिस्तान बनने में कम-से-कम बीस लाख हिंदू मारे गए, लाखों औरतों का बलात्कार हुआ, हजारों मुसलमान बना ली गईं, हजारों कोठों पर बेच दी गईं, इसके बावजूद हिंदुओं के दिल में मुसलमानों के प्रति न तो घृणा है और न ही बदले की भावना। दूसरी ओर सैकड़ों सालों से हिंदुओं पर अत्याचार करनेवाले मुस्लिम उलेमा और मुसलमान काफिर कह कर हिंदुओं से नफरत करते हैं, चाहते हैं कि हिंदू और हिंदुस्तान बरबाद हो जाएँ, ताकि वे यहाँ पर मुस्लिम राज स्थापित करके हिंदुओ का वही हाल कर सकें, जो पाकिस्तान में है, जहाँ रोज हिंदू लड़कियों को अगवा करके जबरदस्ती मुसलमान बनाकर किसी मुसलमान से जबरदस्ती शादी कर दी जाती है।

कहावत है कि आदमी की फितरत नहीं बदलती। आजादी के बाद भारत में मुसलमानों को पूरे सम्मान से रखा गया, लेकिन जिन उलेमाओं ने पाकिस्तान बनवाया था, उनकी फितरत नहीं बदली। उलेमाओं ने जब देखा कि हिंदू सब भूल गया है तो अलगाववाद का खेल फिर से शुरू हो गया। रातोरात जिन घरों पर चाँद-तारा लहरा रहा था, तिरंगा लहराने लगा, रातोरात कातिलों ने गांधी टोपी पहन ली और कांग्रेस के लीडर बन गए, गंगा-जमुनी तहजीब की बात होने लगी, गांधी की बात होने लगी। दूसरी ओर सरकार को दबाव में रखने के लिए दंगे फिर से शुरू हो गए। उलेमाओं ने एक षड्यंत्र भी किया कि खुद तो हिंसा में विश्वास करते रहे और हिंदुओं को कहते रहे कि हम सब तो गांधी बाबा के अनुयायी हैं, हमें हिंसा से क्या लेना। इसके पीछे मकसद था कि हिंदू को नपुंसक बनाए रखा जाए, ताकि जब मुसलमान दंगा करें तो हिंदू हथियार न उठाएँ। आज जब उनकी आबादी 15 प्रतिशत हो गई है तो अब वे गांधी की नहीं, जेहाद की बात कर रहे हैं। आजादी के बाद मुसलमानों द्वारा जो सबसे बड़ा झूठ प्रचारित किया गया, वह यह है कि मुसलमान बेचारे हैं, गरीब हैं, उनका शोषण हुआ है, इसलिए सरकार

को उनकी आर्थिक मदद करनी चाहिए। हमारी सरकारों और बुद्धिजीवियों ने भी बिना अक्ल लगाए, इसे स्वीकार करके हिंदुओं के हिस्से का पैसा उनको देना शुरू कर दिया, किसी ने भी यह नहीं पूछा कि अंग्रेजों के आने तक मुसलमान इस देश में शासक थे, क्या शासकों का शोषण गुलाम जनता ने कर लिया। किसी ने नहीं पूछा कि मुसलमानों का शोषण किसने, कब और कैसे किया? अंग्रेजों ने जो शोषण किया, वह हिंदू और मुसलमान दोनों का किया, फिर केवल मुसलमान शोषित कैसे हुआ। आँकड़ों को ठीक से विश्लेषण करें तो पाएँगे कि हिंदू गरीब की आमदनी या तो मुसलमान से कम है या फिर बराबर, लेकिन हिंदू छोटे परिवार और अपनी बचत की आदत के कारण दो पैसे बचा लेता है, लेकिन मुसलमान बड़े परिवार और खाने की आदतों के कारण पूरा खर्च कर देता है। अगर हिंदुओं ने मुसलमानों का शोषण किया है तो पाकिस्तान में मुसलमान गरीब क्यों हैं? वहाँ तो हिंदू नहीं हैं।

विभाजन के बाद पाकिस्तान

इसे हिंदुओं की खूबी कहिए या कमी कि वे घृणा को पालकर नहीं रखते, दाने नहीं डालते। इसी गुण के कारण 1947 में मुसलमानों के हाथों अमानवीय ढंग से लुटने, पिटने और कटने के बावजूद सबकुछ भूलकर फिर से भारत के निर्माण में लग गए। पाकिस्तान में हिंदुओं को मुसलमानों के बराबर अधिकार न दिए जाने के बावजूद भारत में मुसलमानों को हिंदुओं की ही तरह से न केवल बराबर के अधिकार दिए गए, बल्कि पर्सनल लॉ में भी छूट दी गई, परिणाम यह हुआ कि भारत में शांति, भाईचारे और प्रगति का रास्ता आसान हो गया। उधर हत्या, लूट, बलात्कार और जबरन धर्म-परिवर्तन के दम पर बने पाकिस्तान की यही नियति बन गई। भारत ने संविधान बनाकर ढाई साल बाद ही लागू करके पाँच साल में पहले आम चुनाव भी करा दिए। चुनावों में जनता की भागीदारी से आजादी का अहसास हुआ, विश्वास बढ़ा। वहीं दूसरी ओर पाकिस्तान में संविधान सभा बनती रही, भंग होती रही। पाकिस्तान की नीति में मुसलमानों की तरक्की से ज्यादा महत्त्व भारत की बरबादी का हो गया। भारत ने प्रेम और भाईचारे को अपने देश की नीतियों का आधार बनाया तो पाकिस्तान ने अपना भविष्य नफरत के हाथों में सौंप दिया।

पाकिस्तान बनने से पहले ही कट्टर सुन्नी उलेमा आंदोलन पर कब्जा

कर चुके थे। 11 सितंबर, 1948 को जिन्ना की टी.बी. से मौत हो गई तो इन कट्टरपंथियों की राह का अंतिम रोड़ा भी साफ हो गया। जिन्ना के मरते ही पाकिस्तान को कट्टर इस्लामी देश बनाने की कयावद शुरू हो गई। 6 महीने के भीतर ही पाकिस्तान में जिन्ना की जगह मौलाना सईद मौदूदी लोगों के हीरो बन गए। मौलाना मौदूदी ने 1941 में लाहौर में जमाते इस्लामी की स्थापना की थी। वे कट्टर इस्लाम या व्हाबी इस्लाम या जिसको आजकल तालिबानी इस्लाम कहा जाता है, के एशिया में सबसे बड़े सूत्रधार माने जाते हैं। जमाते इस्लामी की स्थापना के पीछे उनका उद्देश्य था भारतीय उपमहाद्वीप में शरियत पर आधारित इस्लामी राज्य की स्थापना करना। भारत और पाकिस्तान के कट्टरपंथी सुन्नी उलेमा आज भी मौदूदी के एजेंडे को पूरा करने में लगे हुए हैं। 1933 में मौदूदी ने 'तर्जुमन अल कुरान' नाम से एक पत्रिका का प्रकाशन शुरू किया, जिसमें मौदूदी ने लिखा था कि इस्लाम में सांसारिक-आध्यात्मिक या लौकिक-अलौकिक संसार अलग-अलग नहीं हैं, क्योंकि सबका मालिक वही अल्लाह है। उनका कहना था कि राष्ट्र और राष्ट्रीयता की परिकल्पना पश्चिमी देशों की देन है, इस्लाम में इसकी कोई मान्यता नहीं है, इसलिए इस्लाम को राष्ट्रों मे बाँटना गलत है अर्थात् पूरी धरती एक इस्लामी राष्ट्र है और इस्लाम ही हर मुसलमान की राष्ट्रीयता है।

मौलाना मौदूदी कितने कट्टर थे, उसका अंदाजा इस बात से लगाया जा सकता है कि 1937 के चुनावों के बाद कांग्रेस की सरकारों ने शिक्षा के प्रसार के लिए विद्या मंदिर योजना के नाम से नए स्कूल खोलने की एक योजना प्रारंभ की। मौलाना मौदूदी मंदिर शब्द से चिढ़ गए, क्योंकि मंदिर में मूर्तिपूजा होती है, जो कि इस्लाम में पाप है। इतनी सी बात का बहाना बनाकर मौदूदी ने इस योजना को बहुत बड़ी शुद्धि योजना घोषित करके कांग्रेस के विरुद्ध प्रचार शुरू कर दिया। मौदूदी की कट्टरता का एक और उदाहरण देखिए। जिन्ना ने जब पाकिस्तानी संसद् के पहले अधिवशन में पाकिस्तान को एक सेक्यूलर इस्लामी राष्ट्र बनाने की बात की तो मौदूदी ने उसको नापाकिस्तान कहकर खारिज कर दिया और कहा कि कांग्रेस अगर इस्लाम को झटके से खत्म करना चाहती है तो जिन्ना उसे हलाल करके खत्म करना चाहते हैं। एक धर्मनिरपेक्ष राज्य इस्लामी राज्य के बिल्कुल उलट है।

पाकिस्तान बनते ही मौलाना मौदूदी लाहौर आ गए और छात्रों, सरकारी कर्मचारियों आदि के बीच कट्टर इस्लाम का प्रचार करके अपने समर्थकों की संख्या बढ़ाने लगे। चूँकि पाकिस्तान का जन्म ही घृणा की कोख से हुआ था,

माहौल में चारों ओर हिंदू और सिक्खों के खून की गंध फैली हुई थी, जिससे पाकिस्तान के लोग भी घृणा को सफलता का मंत्र मानकर तेजी से मौदूदी के समर्थक बनने लगे। सुन्नी उलेमा तो पहले ही जिन्ना को छोड़कर उनके साथ हो चुके थे। सारे एक सुर में बोले कि अगर सेक्यूलर राज्य ही बनाना था तो पाकिस्तान बनाने की जरूरत ही क्या थी।

मौलाना मौदूदी की नजर अब पाकिस्तान की सत्ता पर थी, इसलिए सत्ताधारी जिन्ना की मुस्लिम लीग और मौदूदी की जमाते इस्लामी एक-दूसरे के विरोधी बन गए, दोनों में शीतयुद्ध चलने लगा। मुस्लिम लीग की लोकप्रियता कम होती जा रही थी और मौदूदी की बढ़ती जा रही थी। जमाते इस्लामी की नफरत की राजनीति रंग लाई; 16 अक्तूबर, 1951 को आतंकवादी मुसलमानों ने प्रधानमंत्री लियाकत अली खान की हत्या कर दी। यह पाकिस्तान में अराजकता की शुरुआत थी। मुस्लिम लीग के अन्य विरोधियों ने सत्ता हथियाने के लिए मौदूदी से गठजोड़ कर लिया, इसी गठजोड़ का नतीजा था कि 1953 में पंजाब के मुख्यमंत्री मुमताज दौलताना के इशारे पर पाकिस्तान की केंद्र की सरकार को गिराने के लिए अहमदिया मुसलमानों को गैर-मुसलमान घोषित करके उन पर प्रतिबंध लगाने के लिए आंदोलन शुरू कर दिया। मौलाना मौदूदी की जमाते इस्लामी ने आंदोलन में इतनी हिंसा की कि दो महीने के लिए सेना को कानून व्यवस्था सँभालनी पड़ी।

पाकिस्तान बन जाने पर मुसलमानों ने नारा लगाया था कि 'हँस के लिया है पाकिस्तान, लड़ के लेगें हिंदुस्तान।' हिंदुओं ने सोचा था कि माहौल गरम है, इसलिए ऐसे नारे लग रहे हैं, बाद में सब भूल जाएँगे, लेकिन हिंदू गलत थे, यही नारा पाकिस्तान की विदेश और रक्षा नीति का आधार बन गया। पाकिस्तान के शासकों को वहाँ विकास से ज्यादा भारत के विनाश में दिलचस्पी थी। विकास के लिए जिस सेक्युलरिज्म और प्रजातंत्र की जरूरत थी, वह उलेमाओं को मंजूर नहीं था। परिणाम यह हुआ कि घृणा और हिंसा ही पाकिस्तान के धर्म बन गए, सारा पैसा धार्मिक उन्माद और सेना पर खर्च होने लगा। अब पाकिस्तान की स्थिति एक लठैतवाली हो गई थी, जिसे घर चलाने के लिए रोज किसी के हाथ-पैर तोड़ने का काम चाहिए। गाँवों में जैसा कि होता है, हर लठैत आखिर में किसी जमींदार का गुर्गा बनकर अपना घर चलाता है। जमींदार और लठैत दोनों एक-दूसरे के पूरक हैं। लठैत कोई काम-धंधा नहीं कर सकता और जमींदार लाठी नहीं चला सकता। पाकिस्तान के साथ भी वही हुआ, उसको पहला जमींदार अमरीका के

रूप में मिला। लठैत को काम मिला रूस पर नजर रखने का।

हर लठैत समझता है कि वह जमींदार का खास आदमी है, पर हर जमींदार लठैत को टुकड़ों पर पलनेवाला पालतू समझता है। पाकिस्तान के मामले में भी यही हुआ। पाकिस्तान समझता रहा कि वक्त पर वह उसका साथ देंगे, पर ऐसा नहीं हुआ। 1962 के चीन-भारत युद्ध के बाद अमरीका ने पाकिस्तान के विरोध के बावजूद भारत को सैन्य मदद दी। 1965 के भारत-पाक युद्ध में अमरीका ने न केवल हथियार देने पर प्रतिबंध लगा दिया, बल्कि पुराने हथियारों के पुर्जे भी नहीं दिए। इसी प्रकार चीन ने भी पाकिस्तान का साथ नहीं दिया, लेकिन आज तक पाकिस्तान को यह बात समझ में नहीं आई है।

अंग्रेजी शासन के दौरान मुस्लिम लीग के नेताओं में अधिकतर उत्तर प्रदेश से आए थे, न तो उनको और न ही पंजाब की मुस्लिम लीग को सरकार चलाने का कोई अनुभव था। प्रजातंत्र के फेल होने का एक कारण यह भी था कि प्रधानमंत्री राष्ट्रपति या गवर्नर जनरल न तो चुने हुए प्रतिनिधि थे और न ही उनके पास कोई नीति थी, हर फैसला अपनी पसंद या नापसंद के आधार पर लिया जाता था, अर्थात् सरकार नहीं, बनिए की दुकान चलाई जा रही थी। उनका जनता के साथ कोई संवाद नहीं था, चूँकि कई शासक तो नौकरशाही से थे। इस्लाम के नाम पर बने पाकिस्तान में चूँकि अब इस्लाम मुद्दा नहीं बचा था, इसलिए अंतर्विरोध सामने आने लगे। जिसको दबाने के लिए शासकों ने आम सहमति से काम लेने के बजाय, शक्ति से काम लेना शुरू कर दिया। घृणा और असहिष्णुता पाकिस्तानी नेताओं का चरित्र बन चुके थे, परिणाम यह हुआ कि आजादी के दो हफ्ते में ही पख्तूनिस्तान की चुनी हुई सरकार को बर्खास्त कर दिया गया, क्योंकि वह मुस्लिम लीग की सरकार नहीं थी। मुस्लिम लीग को पाकिस्तान का पर्याय घोषित कर दिया गया। अक्तूबर 1950 में प्रधानमंत्री लियाकत अली खान ने मुस्लिम लीग के विरोध को पाकिस्तान का विरोध घोषित कर दिया गया, जिससे मुस्लिम लीग तानाशाह बन गई। जैसा कि तानाशाह करते हैं, मुस्लिम लीग ने खजाने का उपयोग जनता के हितों के बजाय सरकारी तंत्र और सेना को मजबूत करने में लगाना शुरू कर दिया।

पाकिस्तान के पाँच हिस्से थे। पश्चिम में पंजाब, सिंध, बलूचिस्तान, पख्तूनिस्तान और पूर्व में 1000 किलोमीटर दूर पूर्वी पाकिस्तान, जिसमें अधिकतर बंगाली थे। पाँचों क्षेत्रों की भाषा-संस्कृति अलग-अलग है। ऐसे में पाकिस्तान की तरक्की के लिए सभी राज्यों की न्यायसंगत भागीदारी जरूरी थी, यह विश्वास

जगाना जरूरी था कि वे सब देश के लिए महत्त्वपूर्ण हैं, लेकिन ऐसा नहीं हुआ। पाकिस्तान की सेना, नौकरशाही और राजनीति में पंजाबियों का दबदबा था। उनकी संख्या जनसंख्या के अनुपात में कहीं ज्यादा थी, इसलिए पंजाबियों ने सोचा, जैसे मजहब की अफीम खिलाकर पाकिस्तान बना लिया, उसी तरह पंजाबीकरण भी कर लेंगे। उर्दू को पाँचों प्रांतों पर थोपने की कोशिश की गई, पूर्वी पाकिस्तान से जूट को निर्यात करके आनेवाली विदेशी मुद्रा पंजाब डकार गया। भाषा, आर्थिक हिस्सेदारी तथा प्रशासन में भागीदारी को लेकर झगड़ा शुरू हो गए। ब्लूचिस्तान से गैस और सिंध से पानी को लेकर झगड़े तेज हो गए तो सरकार ने समस्या को बातचीत से हल करने के बजाय सेना से हल करने की कोशिश की, परिणाम यह हुआ कि ब्लूचिस्तान में विद्रोह हो गया, जो आज भी जारी है। सेना के दम पर ब्लूचिस्तान पाकिस्तान के साथ है, वास्तव में आज भी वहाँ पाकिस्तानी कानून नहीं चलता है, कबीलाई कानून चलता है। 1958 और 1962 में सेना और कबाइलियों के बीच संघर्ष हुए, लेकिन 1973 में होनेवाले संघर्ष में तो 70000 हजार फौजियों ने भाग लिया, हजारों मौतें हुईं, हर साल हो रही हैं।

बीसवीं शताब्दी के सातवें दशक में शेखों को अचानक खयाल आया कि पेट्रोल हर देश की जरूरत है, बिना पेट्रोल कोई भी देश आगे नहीं बढ़ सकता है। यह समझ में आते ही उन्होंने पेट्रोल उत्पादन करनेवाले मुस्लिम देशों का 'ओपेक' के नाम से एक संगठन बनाकर पेट्रोल की कीमत बेतहाशा बढ़ाकर अपनी तिजोरियाँ तेजी से भरनी शुरू कर दी, जो कल तक कंगाल थे, रातोरात मालामाल होने लगे। पैसा तो आ गया, पर पैसे से अक्ल तो बाजार में नहीं मिलती। शेखों के पास कोई हुनर नहीं था, उनको दो ही काम आते थे, अय्याशी करना और लड़ना। पैसा आते ही वे इन्हीं कामों में लग गए। पैसे से जेबें भरकर शेख पूरी दुनिया में अय्याशी के लिए निकल पड़े। अमरीका और ब्रिटेन जैसे देशों में गोरी वेश्याओं पर पैसा लुटाने लगे, जबकि भारत जैसे देशों में दलालों के माध्यम से गरीब घरों की 12-12 साल की लड़कियों को फर्जी निकाह करके जब तक चाहा भोगा, फिर तलाक देकर चल दिए।

इन देशों में सऊदी अरब के पास सबसे ज्यादा पेट्रोल था, इस्लाम का जन्म भी वहीं हुआ था, इसलिए उसने दुनिया के इस्लामीकरण पर भी पैसा खर्च करना शुरू कर दिया। भारत में उलेमा-ए-हिंद जैसे संगठनों को मुसलमान बनाने के लिए पैसे दिए जाते हैं। 1974 में पाकिस्तान के प्रधानमंत्री जुल्फिकार अली

भुटटो ने सारे तेल उत्पादक देशों का एक सम्मेलन पाकिस्तान में बुलाया। तभी से पाकिस्तान में सउदी पैसा आने लगा और कट्‌टर इस्लाम का प्रसार और तेज हो गया। इस प्रकार पाकिस्तान को दूसरा जमींदार सऊदी अरब के रूप में मिला। अमरीका को धीरे-धीरे समझ में आ रहा है कि वह जो पैसा पाकिस्तान को दे रहा है वह उसी की कब्र खोदने में लग रहा है। अमरीकी मदद कम होती जा रही है, इसलिए अब अमरीका की जगह चीन की दाढ़ी में हाथ डाला जा रहा है। इस प्रकार चीन अब तीसरा जमींदार बन गया है। पाकिस्तान आज भी इन तीनों का लठैत बना हुआ है। तीनों के हितों में टकराव के कारण पाकिस्तान बरबाद हो रहा है। जिस प्रकार लठैत जिंदगी भर लठैती करने के बाद भी गरीब बना रहता है, उसी प्रकार पाकिस्तान तीन-तीन अमीरों की लठैती करने के बावजूद गरीब देश है। पाकिस्तान में आतंकवाद इन जमींदारों की ही देन है।

जिन्ना पाकिस्तान को एक आधुनिक और सेक्यूलर मुस्लिम देश बनाना चाहते थे, पर यह उसी तरह से था, जैसे कोई भेड़ियों को लेकर गाँव बसाना चाहता हो। पाकिस्तान बनते ही उसमें विभिन्न शक्ति-केंद्रों के बीच सत्ता के लिए संघर्ष शुरू हो गया। एक केंद्र में सेना थी, दूसरे में मौलाना लोग थे, जिनके नेता मौलाना मौदूदी थे। तीसरा केंद्र नौकरशाहों का था, जो सरकार चला रहे थे, चौथा वर्ग जमींदरों का था, जिनके पास बड़ी-बड़ी जमीनें होने के कारण आर्थिक शक्ति थी। इन वर्गों ने अपने-अपने स्वार्थ के लिए काम शुरू कर दिया, जिससे देश दिशाहीन हो गया और अराजकता का राज शुरू हो गया। संविधान को लेकर 1949 में गठित सभा ने इस्लाम के आधार पर पाकिस्तान की पहचान का निर्णय लिया, लेकिन संविधान को अंतिम रूप कभी नहीं दिया जा सका, हर शासक ने आकर पुराने संविधान को हटाकर अपना एक संविधान दिया। 22 सितंबर, 1954 को संविधान सभा में एक प्रस्ताव आया, जिसमें गवर्नर जनरल के अधिकारों को सीमित करने की बात की गई थी। इसकी तीखी प्रतिक्रिया हुई और 24 अक्तूबर को गवर्नर जनरल गुलाम मुस्तफा ने, जो कि जिन्ना की मृत्यु के बाद गवर्नर जनरल बने थे, संविधान सभा को भंग करके आपातकाल घोषित कर दिया। प्रधानमंत्री मुहम्मद अली बोगरा ने संविधान सभा के लिए फिर से चुनाव की घोषणा कर देश चलाने के लिए एक कैबिनेट की घोषणा की, जिसमें जनरल अयूब खान रक्षा मंत्री थे। 20 दिसंबर को सुहरावर्दी को कानून मंत्री बनाकर नया संविधान बनाने की जिम्मेदारी दी गई। इस प्रकार सेना का पाकिस्तान की राजनीति में प्रवेश हुआ, जो आज तक चल रहा है।

संविधान सभा भंग करने को सिंध हाई कोर्ट में चुनौती दी गई। लेकिन 25 मार्च, 1955 को सुप्रीम कोर्ट के प्रधान न्यायाधीश मुहम्मद मुनीर ने जो फैसला सुनाया, उससे पाकिस्तान में प्रजातंत्र की कोख में ही हत्या हो गई। फैसले में संविधान सभा के भंग करने को सही बताते हुए कहा गया कि यह समय और देश की जरूरत थी, अर्थात् फैसला पूरी तरह राजनैतिक था। साथ ही अदालत ने दोबारा संविधान सभा बनाने का आदेश दिया, जिसका मतलब था दोबारा चुनाव कराना। इसी बीच प्रधानमंत्री बीमार पड़ गए। उनकी जगह नौकर शाह इसकंदर मिर्जा को प्रधानमंत्री बनाया गया। इसकंदर मिर्जा ने भी जोड़-तोड़ की राजनीति करके सरकार बनाने की बहुत कोशिश की, मगर सफल नहीं हुए। पाकिस्तान को बने हुए 10 साल से अधिक हो चुके थे, पर न तो संविधान बन सका, न चुनाव हो सके और न ही सरकार नाम की चीज सही माने में कभी बन सकी। अराजकता की इस स्थिति में पूर्वी और पश्चिमी पाकिस्तान के बीच दूरियाँ बढ़ती चली जा रही थीं। पाकिस्तान के पंजाबी हुक्मरान बंगालियों पर उर्दू थोपना चाहते थे, उनको बंगाली संस्कृति से काटकर अरबी संस्कृति में जोड़ना चाहते थे। संविधान सभा ने बंगाली को भाषा के रूप में मान्यता देने से इनकार कर दिया और कोई भी बैठक ढाका में करने से भी इनकार कर दिया। दूरियाँ इतनी बढ़ गई कि पूर्वी पाकिस्तान के मुख्यमंत्री अताउर रहमान का बयान आया कि "जब मैं पश्चिमी पाकिस्तान में होता हूँ तो मुझे लगता ही नहीं कि मैं अपने देश में हूँ, ऐसा लगता है कि मैं विदेश में आ गया हूँ।"

सत्ता में भागीदारी को लेकर भी बंगालियों में असंतोष था। 1955 में सेना में 3 ले. जनरल और 20 मेजर जनरल थे, लेकिन इनमें से एक भी बंगाली नहीं था। 34 में से केवल 1 ब्रिगेडियर, 49 में से केवल 1 कर्नल, 198 में से केवल 2 ले. कर्नल और 590 में से केवल 10 मेजर बंगाली थे, जबकि जनसंख्या के हिसाब से दोनों भाग लगभग बराबर थे। पश्चिमी पाकिस्तान में एक चिंता यह भी थी कि पश्चिम चार भागों में बँटा हुआ है, जबकि पूर्वी एकजुट है, इसलिए अगर चुनाव हुए तो सत्ता बंगालियों के हाथ में जा सकती है। लेकिन चुनाव हमेशा के लिए तो नहीं टाले जा सकते थे। 1954 में बंगाल विधानसभा के चुनावों में मुस्लिम लीग को भारी पराजय का सामना करना पड़ा। चुने गए बंगाली मुख्यमंत्री ने जब इस्लाम के सिद्धांतो से कानून बनाने से इनकार कर दिया तो उनको गद्दार घोषित करके उनकी सरकार को बर्खास्त करके गवर्नर रूल लगा दिया। बंगाली केंद्रीय

असेंबली में बहुमत में न आ जाएँ, इस डर से चुनाव टालना भी एक कारण बना। सारे कारणों को मिलाकर जनरल अयूब खान ने तख्ता पलटकर फौजी शासन लगा दिया।

अयूब खान

7 अक्तूबर, 1958 को जनरल अयूब खान ने पाकिस्तान की सत्ता पर कब्जा कर लिया। तब तक अरब के शेखों के पास दौलत नहीं आई थी, पाकिस्तान को मुख्यत: अमरीका से ही मदद मिलती थी। अयूब खान भी अमरीकी सहमति से सत्ता में आए थे। अयूब खान के पिता उनको हाफिज बनाना चाहते थे, इसलिए एक मौलवी के पास भेज दिया। मौलवी ने एक दिन अयूब को पीट दिया, अयूब बरदाश्त नहीं कर सके और मौलवी को झापड़ लगा दिया, जिससे उनका वहाँ जाना बंद हो गया। इसके बाद उनके पिता ने उनको पक्का मुसलमान बनाने के लिए एक कॉलेज भी भेजा, लेकिन खान सेना में आकर ही टिके। अयूब खान ने सेना की ट्रेनिंग अंग्रेजों से ली थी, इसलिए अंग्रेजी सोच का उन पर बहुत प्रभाव था, वे विभाजन के समय पंजाब सीमा दल के सलाहकार रहे थे, इसलिए दंगों में हैवानियत को बहुत करीब से देखा था। वे पाकिस्तान को जिन्ना की तरह एक आधुनिक देश बनाना चाहते थे, उनका मानना था कि पाकिस्तान का भविष्य उसके आधुनिकीकरण पर निर्भर करता है। अयूब ने कई मौकों पर जो विचार प्रकट किए, वे बहुत महत्त्वपूर्ण हैं। अयूब खान का कहना था कि मौलवी आधुनिक शिक्षा के दुश्मन हैं। विभाजन के बाद पाकिस्तान पहुँचे देवबंद के उलेमाओं को संबोधित करते हुए कहा, "इस्लाम की शुरुआत एक प्रगतिशील आंदोलन के रूप में हुई थी, पर अब वह असहिष्णुता का शिकार हो गया है। जो लोग भविष्य में तरक्की और परिवर्तन की बात करते हैं, उनको इस्लाम विरोधी माना जाता है और जो सैकड़ों साल पीछे की बात करते हैं, उनको सच्चा मुसलमान माना जाता है। यह जिंदगी के साथ बहुत बड़ी नाइनसाफी है कि बीसवीं शताब्दी के आदमी से ये उम्मीद करें कि वह कई सदी पीछे जाकर अच्छा मुसलमान होने का सबूत दे।"

सन् 1966 में अयूब खान ने पार्टी के लिए 6 सूत्री कार्यक्रम देते हुए कहा कि इस्लाम को देश की एकता, उच्च अध्यात्म, नैतिक मूल्य, प्रगति, समृद्धि और सामाजिक न्याय के लिए इस्तेमाल किया जाना चाहिए। जमाते इस्लामी ने जब अयूब खान के मुस्लिम परिवार कानून का विरोध किया तो अयूब खान ने कड़े

शब्दों में कहा, "मुस्लिम परिवार कानून से असहाय और गरीब औरतों तथा बच्चों को बहुत राहत मिली है और ये मूर्ख बदमाश उसे गैर-इस्लामी बता रहे हैं, ये लोग शिक्षित मुसलमानों के दुश्मन हैं, ये लोग नहीं चाहते कि शिक्षित मुसलमान पाकिस्तान की सरकार चलाएँ। इस्लाम के नाम पर ये लोग प्रगति और विचारों के दुश्मन बन गए हैं। इनकी सोच और इनके मजहब का असली इस्लाम से कुछ लेना-देना नहीं है।"

जनरल अयूब खान ने 1952 के संविधान में पाकिस्तानी कानूनों में से कट्टरता की छाप हटाने की कोशिश की थी। पाकिस्तानी प्रजातंत्र के साथ लगा हुआ इस्लामी शब्द हटा दिया था। कुरान और शरीयत के आधार को हटाकर केवल यह लिखा गया कि कोई भी कानून इस्लाम विरोधी नहीं होना चाहिए। 15 जुलाई, 1961 को मुस्लिम परिवार कानून लाकर तलाक को मुश्किल बना दिया। इस कानून में प्रावधान था कि अगर कोई तलाक के बाद फिर से शादी करता है तो उसको आरबिट्रेशन काउंसिल की इजाजत लेनी पड़ेगी, वरना 5000 रुपए जुरमाना और एक साल की जेल काटनी पड़ेगी। अपनी आत्मकथा में अयूब ने लिखा है कि इस्लाम में बहुपत्नी प्रथा के कारण बेजुबान औरतों तथा लाचार बच्चों को बहुत कष्ट झेलने पड़ते हैं। इसके कारण हजारों परिवार बरबाद होते हैं।

अयूब खान के कार्यकाल में ही इस्लामी रिसर्च संस्थान के निदेशक डॉ. फजलूर रहमान ने 'इस्लाम' शीर्षक से एक शोध ऑक्सफोर्ड युनिवर्सीटी प्रेस से प्रकाशित किया, जिसे पढ़कर पाकिस्तान के मौलवी भड़क गए और डॉ. रहमान को इस्लाम का दुश्मन बताने लगे। इस पर तीखी प्रतिक्रिया देते हुए जनरल अयूब खान ने कहा, "डॉ. फजलूर रहमान की सफाई से मौलवियों को शांत हो जाना चाहिए था, लेकिन ऐसा नहीं हुआ, क्योंकि ये मौलवी हर रचनात्मक तथा मौलिक सोच को इस्लाम का दुश्मन मानते हैं।" मौलवियों को शांत करने के लिए डॉ. रहमान ने इस्तीफा दे दिया, जिसको स्वीकार करते हुए अयूब खान ने कहा कि जरूर डॉ. रहमान को धमकियाँ दी गई होंगी, लोगों ने दबाव डाला होगा। डॉ. रहमान ने इसलिए इस्तीफा दिया होगा कि अज्ञान और पूर्वग्रह से ग्रसित आलोचकों को समझाना मुश्किल है। मैं डॉ. रहमान का इस्तीफा स्वीकार करता हूँ कि वे पद मुक्त होकर अज्ञानता और धर्मांधता के खिलाफ जंग जारी रखेंगे। इससे साफ हो जाता है कि इस्लाम में ऐसे किसी शोध के स्वीकार होने की कोई संभावना नहीं है, जिसमें नए विचार, नए अर्थ निकलकर आते हों। ये लोग इस्लाम को कभी भी

एक प्रगतिशील धर्म नहीं बनने देंगे। विज्ञान और तर्क के इस युग में ऐसे इस्लाम का क्या भविष्य होगा, यह बता पाना मुश्किल नहीं है।"

जनरल अयूब खान मुल्लाओं के खिलाफ अवश्य थे, पर इसका यह मतलब नहीं है कि वो हिंदू या भारत के दोस्त थे। वे इस्लाम को अपने तरीके से पाकिस्तान की पहचान बनाना चाहते थे। अयूब खान के ही शासन काल में पाकिस्तान के स्कूलों में 'इस्लामियत' नाम से एक पाठ्यक्रम शुरू हुआ, जिसमें मुहम्मद बिन कासिम और महमूद गजनी हीरो थे। इसीलिए 1962 में जब चीन ने हमला करके भारत को रौंद दिया तो अयूब खान के मुँह पर वैसी ही चमक आ गई, जैसी किसी घायल हिरण को देखकर भेड़िए की आँखों में आती है। अयूब खान ने सोचा कि भारत सैन्यबल और मनोबल दोनों से टूटा हुआ है, इसलिए हमला करके कश्मीर हथिया लो, ताकि पाकिस्तान के साथ-साथ पूरे इस्लामी जगत् में वह खलीफा बन जाए। इससे उनको मौलाना मौदूदी को नकेल डालने में मदद मिलती और उनकी तसवीर जिन्ना के साथ लग जाती। अयूब खान के इस सपने को हवा देनेवाले पाकिस्तान में बेशुमार थे, पर रोकनेवाला कोई नहीं था। 1962 के युद्ध के साथ-साथ चीन और अमरीका की मित्रता पर भरोसा भी एक कारण था। भारत की सेनाओं को आजमाने के लिए पाकिस्तानी सेना ने गुजरात में कच्छ के रण पर अप्रैल 1965 में हमला किया, इस युद्ध में नमक के दलदल के उत्तरी हिस्से से 8400 वर्ग मील का क्षेत्र पाकिस्तान के कब्जे में चला गया, जिससे अयूब खान ने हमले के लिए अंतिम रूप से मन बना लिया। लेकिन जब तक अयूब खान के सैनिकों ने कश्मीर में काररवाई की, भारत चीन युद्ध को तीन साल हो चुके थे। इन तीन सालों में भारत की सेना ने हार से सबक लेते हुए अपने को बहुत मजबूत कर लिया था। सबसे बड़ी बात तो यह थी कि अब जवाहर लाल नेहरू जैसा मुंगेरीलाल भारत का प्रधानमंत्री नहीं था। अब जो व्यक्ति प्रधानमंत्री की कुरसी पर बैठा था, वो भारत की माटी का लाल था, और दुर्घटनावश हिंदू विरोधी नहीं था। नए प्रधानमंत्री लाल बहादुर शास्त्री के लिए देश एक मंदिर था और जनता उसमें स्थापित देवता। इसलिए बर्फ पिघलते ही अगस्त 1965 में पाकिस्तान के घुसपैठियों ने कश्मीर में घुसना शुरू कर दिया। 1 सितंबर को भारत की वायुसेना के हमलों के साथ पूर्ण युद्ध चालू हो गया। 17 दिनों में ही भारत की सेना ने पाकिस्तान में भूसा भर दिया, कमर तोड़ दी। 22 सितंबर को दोनों देशों के बीच युद्ध विराम की घोषणा हो गई, लेकिन तब तक पाकिस्तान की

1840 वर्ग किलोमीटर जमीन भारत के कब्जे में आ चुकी थी।

10 जनवरी, 1966 को रूस के ताशकंद में हुई समझौता-वार्त्ता में अंतरराष्ट्रीय दबाव में आकर जीती हुई जमीन भी चली गई और शास्त्रीजी की जान भी। 11 जनवरी की भोर में उनको मृत पाया गया। आधिकारिक तौर पर उनकी मृत्यु का कारण हार्ट अटैक बताया गया था, पर सही कारण आज तक नहीं पता चला है। यह विडंबना ही थी कि 1962 के युद्ध के बाद नेहरू की जान चली गई और 1965 के युद्ध के बाद शास्त्रीजी की। उनकी मौत के बाद शरीर नीला पड़ गया था तथा पूरी रात वे अकेले ही कमरे में थे, इससे लोगों को शक हुआ कि उनकी हत्या की गई थी।

यों तो रूस तब भी मित्र था और अभी भी मित्र है, इसलिए शक नहीं जाता, पर दूसरे कोण से देखें तो षड्यंत्र में शामिल होने के कारण हैं। 1965 के युद्ध के पहले ही अपनी ईमानदारी के कारण शास्त्रीजी नेहरू से ज्यादा लोकप्रिय हो गए थे, युद्ध में विजय के बाद तो वे भारत के आम हिंदुओं के लिए पूजनीय बन गए थे। अगर शास्त्रीजी जीवित रहते तो भारत में आर्थिक विकास के साथ-साथ वह नैतिक विकास भी फिर से शुरू हो जाता, जो नेहरू के कारण न केवल रुक गया था, बल्कि अनैतिकता की राह पर निकल पड़ा था। चाहे रूस और चीन का उस समय का साम्यवादी विस्तारवाद हो, चाहे पश्चिम का बाजारवाद तथा ईसाइयत या फिर अरब का इस्लामी विस्तारवाद, सभी को भारत के इस नैतिक सशक्तीकरण से डर लगता था। इस नैतिक बल को वे गांधी के रूप में देख चुके थे। धरती पर इस्लाम और ईसाइयत आने के बाद से ही दोनों मिलकर हिंदुओं को बाँटकर आत्मसात् करने के चक्कर में हैं। 1918 के बाद साम्यवाद भी उनमें शामिल हो गया। तीनों ही शक्तियों को पता है कि उनके विस्तार में हिंदुओं का नैतिक बल, हिंदू दर्शन और हिंदू उदारवाद ऐसे रोड़े हैं, जिनका उनके पास कोई इलाज नहीं है। उनको शास्त्रीजी की लोकप्रियता से चिंता हो गई कि कहीं भारत का नैतिक उत्थान भारत को फिर से जगत् में प्रतिष्ठित करके उनके तब तक के किए-धरे पर पानी न फेर दे, ऐसा हो सकता था कि भारत में हिंदुत्व छोड़कर गए लोग वापस हिंदुत्व में आना शुरू कर दें। नेहरू के शासनकाल में ही भारत में अमरीका, रूस, चीन और पाकिस्तान की मदद से ऐसे वर्ग तैयार हो गए थे, जिनकी पहचान और रोजी-रोटी हिंदुओं के शोषण के कारण थी। भारत के बाहर और भीतर की इन शक्तियों ने मिलकर शास्त्रीजी को मार दिया हो, इस बात की पूरी संभावना है।

इतिहास गवाह है कि ये सारी शक्तियाँ वैसे तो आपस में एक-दूसरे का विरोध करती रहती हैं, पर जब भी हिंदू संस्कृति के उत्थान या पुनर्जागरण की बात आती है तो एक होकर विरोध करने लगती हैं। ठीक यही नरेंद्र मोदी के साथ हो रहा है।

चीनी हमले के बाद जब पाकिस्तान के विरोध के बावजूद अमरीका और ब्रिटेन ने भारत की 12 करोड़ डॉलर की मदद की तो पाकिस्तान में मुल्लाओं ने उग्र प्रदर्शन किए और अमरीकी पुस्तकालय जला दिया। अयूब खान ने मुल्ला जमात की इस ताकत को इस्तेमाल करने की योजना बनाई, जिससे मुल्लाओं और सेना के बीच भारत के विरुद्ध सहयोग के युग का सूत्रपात हुआ, यहीं से भारत पर हमले की योजना बनने लगी। 5 अगस्त, 1965 को 6 जिहादी दस्तों की काश्मीर में यह सोचकर घुस पैठ कराई गई कि उनके पहुँचते ही कश्मीर के मुसलमान विद्रोह कर देंगे, पर ऐसा हुआ नहीं। इस योजना को बनाने में सबसे बड़ा हाथ विदेश मंत्री जुल्फीकार भुट्टो का था।

1958 से शुरू हुए अयूब खान के सैनिक शासन से पाकिस्तान को बहुत लाभ हुआ था। राजनीतिक स्थिरता आ गई थी, चूँकि जनरल अयूब खान का दृष्टिकोण आधुनिक था, इसलिए सेना की देख-रेख में उद्योग-धंधे भी खूब फले। फौजी संस्थान की स्थापना हुई, जिसके प्रबंधन में तंबाकू, कपड़ा, शक्कर और जूट के कारखाने चलने लगे। इससे खुश होकर पश्चिम भी मदद करने को सहर्ष तैयार हो गया। जनरल अयूब खान को अगर भारत से युद्ध में कश्मीर जीतकर इस्लामी जगत् का खलीफा बनने की उचंग न उठी होती तो उनका शासनकाल पाकिस्तान का स्वर्णिम युग बन जाता। युद्ध में हारने के बाद ताशकंद समझौते के केवन तीन दिन बाद ही 13.01.1966 को पाकिस्तान में जमाते इस्लामी, आवामी लीग, निजामे इस्लाम और मुस्लिम लीग काउंसिल ने एक गठबंधन बनाकर अयूब खान को सत्ता से हटाने का अभियान शुरू कर दिया। पूरे देश में प्रदर्शन होने लगे। आखिर मार्च 1969 को अयूब खान ने सत्ता जनरल आगा ने मुहम्मद याहिया खान को सौंप दी। अयूब खान का शासन पाकिस्तान का अंतिम प्रगतिशील शासन था, उसके बाद आज तक पाकिस्तान कट्टरपंथ से बाहर नहीं आ सका है।

याहिया खान

अयूब खान के अंतिम दिनों में भी कट्टरता बढ़ी थी, पर सेना बची हुई थी, सेना की जीवन-शैली पश्चिमी ही रही। याहिया खान ने कट्टरपंथियों का समर्थन

पाने के लिए सेना का भी इस्लामीकरण शुरू कर दिया। पाँच समय की नमाज, शराबबंदी, दाढ़ी रखना आदि पर जोर दिया जाने लगा। जुलाई 1969 में याहिया खान ने मार्शल लॉ के नियम नंबर 51 की घोषणा की, जिसके अनुसार अगर किसी के पास कोई ऐसा कागज या किताब पाई जाती है, जिससे इस्लाम या पैगंबर का अपमान होता हो तो उसको 07 साल के कठोर कारावास की सजा दी जाएगी। भारतीय अखबार और किताबों पर प्रतिबंध लगा दिया गया, पाकिस्तानी प्रेस में जो उदार और निष्पक्ष पत्रकार थे, उनकी जगह जमाते उलेमा के कट्टरपंथियों को बैठा दिया गया। जनता में 1965 के युद्ध में हार के बाद से ही सेना के खिलाफ आक्रोश था, उसको शांत करने के लिए याहिया खान ने चुनावों की घोषणा कर दी, लेकिन दूसरी ओर चुनावों से जनता का ध्यान हटाने के लिए पटौदी खानदान के शेर खान को सूचना मंत्री बनाकर 1 जनवरी, 1970 से एक नए प्रकार का प्रचार अभियान शुरू कर दिया, जिसमें लोगों को बताया जाने लगा कि पाकिस्तान खतरे में है, इस्लाम खतरे में है। पूर्वी पाकिस्तान के सुन्नी कट्टरपंथी उलेमाओं में कुछ ज्यादा ही जोश आ गया, 31 दिसंबर, 1970 को वहाँ शौकते-ए-इस्लाम दिवस मनाया गया। पूर्वी पाकिस्तान में अवामी लीग सबसे बड़ी पार्टी थी। वहाँ 20% हिंदू थे, जो मुसलमानों के साथ मिलकर शांति से रहते हैं, बंगाली संस्कृति के अनुसार जीवन चलाते हैं, इसलिए आवामी लीग ने याहिया खान के कट्टर इस्लाम को लागू करने से मना कर दिया तथा सेक्यूलर बने रहने की बात कही। इस पर कट्टरपंथी बंगाली और बिहारी उलेमाओं ने बंगाली मुसलमानों को अधर्मी, भारतपरस्त तथा हिंदूपरस्त होने का आरोप लगाकर समाजवाद और सेक्युलरिज्म दोनों को कुफ्र घोषित कर दिया।

पूर्वी पाकिस्तरन के बंगाली 1947 के विभाजन के तुरंत बाद से ही घुटन महसूस करने लगे थे, क्योंकि पश्चिमी पाकिस्तान की सत्ता में उर्दू भाषी पंजाबी मुसलमानों का बोलबाला था, 1947 से ही बंगाली की जगह उर्दू को पूर्वी बंगाल की भाषा घोषित करने तथा हिंदुओं से दूरी रखकर बंगाली त्योहार आदि छोड़कर कट्टर इस्लाम के पालन का दबाव था। जब वहाँ 1954 में जनता द्वारा चुनी गई फजलुल हक सरकार ने यह सब मानने से इनकार दिया तो उसको देशद्रोही और इस्लाम विरोधी कहकर उसे बर्खास्त कर दिया गया। इस तरह के व्यवहार के कारण पूर्वी और पश्चिमी पाकिस्तान में मतभेद और दूरियाँ बढ़नी शुरू हो गईं। 7 दिसंबर, 1970 को पाकिस्तान में आम चुनाव हुए तो 300 सीटों में से

बंगाली पार्टी अवामी लीग ने 72 प्रतिशत वोट और 160 सीटें जीत लीं। पश्चिमी पाकिस्तान में जुल्फिकार अली भुट्टो की पाकिस्तान पीपुल्स पार्टी को केवल 81 सीटें मिलीं। कट्टरपंथियों को केवल 10 प्रतिशत वोट ही मिले। इस परिणाम के अनुसार पाकिस्तान की सत्ता बंगालियों की पार्टी अवामी लीग को मिलनी चाहिए थी, लेकिन पाकिस्तान की फौज और सत्ता में अधिकतर पंजाबी मुसलमान थे, जो बंगाली मुसलमानों को हिंदुओ जैसा ही मानते थे, उलेमा तो उनको काफिर ही मानते थे। उनको डर था कि अगर सत्ता आवामी लीग को सौंप दी गई तो पाकिस्तान में इस्लामी आंदोलन कमजोर पड़ जाएगा, जिससे सारे उलेमाओं की दुकानें बंद हो जाएँगी, वे बेरोजगार हो जाएँगे, ताकि सत्ता आवामी लीग को न सौंपनी पड़े, जनरल याहिया खान ने 'इस्लाम खतरे में है' का शोर मचाना शुरू कर दिया। आवामी लीग के नेता शेख मुजीबुर रहमान के साथ वार्त्ता करते समय याहिया खान ने शराब का गिलास हाथ में लेकर इस्लाम पर भाषण दिया और पूर्वी पाकिस्तान में शरीयत लागू करने की वकालत की, लेकिन शेख मुजीब ने पूर्वी पाकिस्तान में कट्टर इस्लाम लागू करने या यों कहें कि हिंदुओं पर हमले करने से मना कर दिया तो 25 मार्च, 1971 को पाकिस्तान के पंजाबी हुक्मरानों को बहुमत द्वारा चुनी गई आवामी लीग पार्टी को गद्दार, गैर-कानूनी, देश-विरोधी और इस्लाम-विरोधी घोषित कर दिया। ऐसा होते ही पूर्वी बंगाल में जमाते इस्लामी और सेना ने मिलकर वही हैवानियत का खेल शुरू कर दिया, जो उन्होंने 1947 में पश्चिमी पाकिस्तान में हिंदू और सिक्खों के साथ खेला था। सेना और जमात के लोगों ने मिलकर बंगाली मुसलमानों के घरों में घुसकर लूट, हत्या और बलात्कार करना शुरू कर दिया। ढाका विश्वविद्यालय की छात्राओं का सामूहिक बलात्कार किया गया। जब छात्राओं ने अपना चेहरा बालों से ढक लिया तो संगीनों से बाल हटाकर चुनाव किया गया।

ऐसे में जो परिणाम होना चाहिए था, वही हुआ। बंगालियों ने मुक्ति वाहनी के नाम से सैनिक दल का गठन किया, भारत ने उनको प्रशिक्षण दिया। अंत में भारतीय फौज की मदद से पूर्वी पाकिस्तान को आजाद करा के 16 दिसंबर, 1971 बँगलादेश का जन्म हुआ। 93000 पाकिस्तानी सैनिकों ने भारतीय सेना के सामने आत्मसमर्पण किया, 70 लाख बंगाली शरणार्थी भारत आए, जो कभी वापस नहीं गए, यहीं बस गए। इसके परिणामस्वरूप पाकिस्तान में फिर एक बार सत्ता-परिवर्तन हुआ। 20 दिसंबर, 1971 को भुट्टो ने पाकिस्तान के गैर-फौजी

मार्शल लॉ प्रशासक का भार सँभाल लिया। बाद में मार्शल लॉ हटने के बाद 1973 में वे प्रधानमंत्री बन गए।

भुट्टो 1928-1979

भुट्टो ने जब पाकिस्तान की कमान सँभाली तो लोग 1965 तथा 1971 के युद्धों में पराजय के कारण सेना से बहुत नाराज थे और बहुत सी आशाएँ लेकर पूरी तरह से भुट्टो के साथ थे। बँगलादेश के रूप में 44 प्रतिशत आबादी और 18 प्रतिशत भूभाग कम हो चुका था, जिससे प्रशासनिक चुनौतियाँ कम हो गई थीं, इसलिए भुट्टो के पास पाकिस्तान को प्रगति के मार्ग पर ले जाने का अच्छा अवसर था। भुट्टो वैसे तो 1965 के युद्ध में 'ऑपरेशन जिब्राल्टर' के नाम से इस योजना का हिस्सा थे, पर युद्ध में हार के बाद चतुर नेता की तरह इसकी जिम्मेदारी से अलग हो गए। ताशकंद में वे समझौते के समय मौजूद थे, पर पाकिस्तान लौटकर खुद को समझौते के विरुद्ध बताकर अचानक लोकप्रिय हो गए। भुट्टो ने हवा को पहचाना और भारत में समाजवाद के नारे से इंदिरा गांधी को मिली लोकप्रियता से इशारा लेते हुए पाकिस्तान में भी इस्लामी समाजवाद का नारा उछालकर, गरीबों, आर्थिक और राजनैतिक सशक्तीकरण की बात करने लगे। इसी आधार पर नवंबर 1967 में भुट्टो ने 'पाकिस्तान पीपुल्स पार्टी' की स्थापना कर डाली। उनकी इसी लोकप्रियता के कारण 7 दिसंबर, 1970 को हुए पाकिस्तानी संसद् के चुनावों में उनको पश्चिमी पाकिस्तान में 81 सीटों पर विजय मिली।

सत्ता में आने के बाद भुटटो की सरकार ने कुछ भूमि सुधार, गरीबों के लिए सहायता के रूप में पेंशन, मेडिकल सहायता आदि कार्य शुरू भी किए, लेकिन इससे व्यापारी और जमींदार वर्ग नाराज हो गया, लेकिन शरिया अदालत ने जब फैसला दिया कि इस्लाम में भूमि रखने की कोई सीमा नहीं है तो भूमि सुधार रोक दिए गए। (1947 में 80 परिवारों के पास 30 लाख एकड़ जमीन थी) इसी बीच भुट्टो को भी मुस्लिम देशों का लीडर बनने की सनक सवार हुई और ओपेक देशों को अपने यहाँ बुलाने की गलती कर बैठे। सऊदी अरब के पैसे से नई मसजिदें, मदरसे खुलने लगे। आखिर वही हुआ, मुल्ला सैनिक गठजोड़ ने उनको न केवल सत्ता से हटाया, बल्कि फाँसी पर लटका दिया।

भुट्टो रोटी, कपड़ा और मकान के नारे से सत्ता में आए थे, पर सत्ता मिल जाने के बाद उनमें भी मुसलमानों का खलीफा बनने की ललक जाग गई। सबसे

पहले उन्होंने 1 सितंबर, 1972 को ईसाई स्कूलों का राष्ट्रीयकरण किया। बँगलादेश बनने के बाद इस्लाम के रोल पर फिर एक बार बहस छिड़ी, जिसका नतीजा फिर वही सामने आया कि इस्लाम ही पाकिस्तान की पहचान है। 10 अप्रैल, 1973 को भुट्टो ने पाकिस्तान को तीसरा संविधान दिया, जिसमें इस्लाम को देश का धर्म घोषित किया गया। यही नहीं, भुट्टो ने सेना के ऊपर खर्च को भी कम नहीं किया, न ही सेना के महत्त्व को कम किया गया। यों तो पाकिस्तान में गैर-मुसलमान प्रधानमंत्री बनना असंभव था, पर इस संविधान में बाकयदा लिख दिया गया कि कोई भी गैर-मुसलमान देश का प्रधानमंत्री या राष्ट्रपति नहीं बन सकता है। 'Council of Islamic Idealogy' बनाई गई, जिसका काम था, यह देखना था कि पाकिस्तान का हर कानून इस्लाम सम्मत हो। लेकिन मौलाना मौदूदी इससे भी खुश नहीं हुए और सैनिक विद्रोह की वकालत करने लगे। भुट्टो ने उनको खुश करने के लिए उनके प्रतिनिधि मौलान कौसर नियाजी को कैबिनेट मिनिस्टर बना दिया। नियाजी ने मौलवियों को वक्फ बोर्ड से वेतन दिलवाना शुरू कर दिया। तभी भुट्टो को खयाल आया कि मुसलमानों के पास एटम बम नहीं है। यह विचार आते ही उन्होंने इस्लामी जगत् के सामने एटम बम बनाने का प्रस्ताव रखा और ओपेक की बैठक बुला ली। 1974 में फिर एक बार मौलाना मौदूदी ने अहमदिया मुसलमानों के खिलाफ आवाज उठाई, इस बार मौलाना मुहम्मद यूसुफ बिनावरी के नेतृत्व में 100 दिन आंदोलन चला। भुट्टो ने आखिर उनकी माँग मानते हुए अहमदिया लोगों को गैर-मुसलमान घोषित कर दिया और उनको अपने आपको मुसलमान कहने पर प्रतिबंध लगा दिया।

जियाउल हक

जियाउल हक एक मौलवी के बेटे थे और खुद भी बचपन से ही मौलवी जैसे ही थे। स्कूल में जब दूसरे बच्चे खेलते थे तो वे नमाज पढ़ने चले जाते थे, इसलिए मौलाना मौदूदी और उनके विचारों में केवल इतना अंतर था कि मौदूदी सत्ता से बाहर थे और जिया सत्ता में थे। जिया ने सत्ता में आते ही पाकिस्तान को कट्टर इस्लाम के रास्ते पर डाल दिया, वे याहिया खान से आगे ले जान चाहते थे। सत्ता में आते ही बिना समय गँवाए इस दिशा में काम करना शुरू कर दिया। सरकारी पत्रों पर अब सबसे ऊपर बिस्मिल्लाह लिखा जाने लगा, रमजान के महीने में खाने-पीने की दुकानों को बंद रखा जाने लगा, दफ्तरों में चाय आदि ले जाने

पर रोक लगा दी गई। 2 दिसंबर, 1978 को एक कानून बनाकर चोरी, नशाखोरी, गलत यौन संबंध आदि के लिए शरीयत के अनुसार दंड का प्रावधान किया गया। इसी कानून में यह भी प्रावधान किया गया कि अगर कोई मुसलमान किसी हिंदू की हत्या कर देता है तो उसको तब तक सजा नहीं हो सकती, जब तक चार मुसलमान इस बात की गवाही न दे दें, हिंदू की गवाही अमान्य थी। चूँकि चार मुसलमानों का ऐसे मामलों में मिलना लगभग असंभव था, इसलिए हिंदू की हत्या करने पर किसी मुसलमान को सजा होना भी लगभग असंभव हो गया। इसके साथ ही मुल्लाओं की शरीयत के अनुसार औरतों के लिए बुर्का पहनना अनिवार्य हो गया। इस्लामीकरण के अगले कदम के रूप में जियाउल हक सरकार ने पाकिस्तान चुनाव आयोग को आदेश दिया कि जो भी पार्टी इस्लामी पाकिस्तान के पक्ष में नहीं है, उसकी मान्यता रद्द कर दी जाए। इस कदम से पार्टियों के लिए अनिवार्य हो गया कि आधुनिकता की बात न करें अन्यथा उनकी मान्यता रद्द हो सकती है। जियाउल हक ने संविधान का महत्त्व भी कम कर दिया, आदेश दिया गया कि राष्ट्रपति संविधान नहीं, बल्कि मजलिसे सुरा की सलाह के अनुसार काम करेंगे। सबसे बड़ा इस्लामीकरण स्कूल में इतिहास की पुस्तकों में हुआ। इतिहास से हिंदुओं का हजारों साल का इतिहास गायब हो गया, केवल हिंदू समाज की कुरीतियों और अंधविश्वासों को पढ़ाकर यह बताया गया कि इस्लाम ने आकर हिंदुओं का उद्धार किया। पाकिस्तान के इतिहास में से मोहनजोदड़ो, सिंधु घाटी सभ्यता को हटाकर इतिहास की शुरुआत 712 में मुहम्मद बिन कासिम से पढ़ाई जाने लगी।

1986 में जिया ने ईश निंदा कानून बनाया, जिससे पाकिस्तान में हिंदुओं और अन्य गैर-मुसलमानों का जीवन पूरी तरह मुल्लाओं के रहम पर हो गया। इस कानून के अनुसार पैगंबर, कुरान या इस्लाम की किसी भी रूप में निंदा या अपमान करनेवाले को मृत्युदंड की सजा का प्रावधान था। इस कानून के आने के बाद हिंदुओं और ईसाइयों को जमीन-जायदाद या व्यक्तिगत शत्रुता या गैर-मुसलमानों से घृणा के कारण झूठे आरोप लगाकर फँसाया जाने लगा और मारा जाने लगा। मजहबी उन्माद इतना बढ़ गया कि अदालत में मुकदमा चलते हुए ही कोई-न-कोई मुसलमान आरोपित व्यक्ति को इसलिए मार देता था कि काफिर को मारने पर जन्नत पक्की हो जाती थी। इस कानून के आने के बाद दिसंबर 1994 में तीन ईसाई बच्चों पर चला मुकदमा मशहूर है। तीन भाई सलामत मसीह, मंजूर मसीह और रहमत मसीह पर आरोप लगा कि उन्होंने पैगंबर का अपमान किया है।

सेशन कोर्ट ने तीनों को दोषी ठहराया, लेकिन लाहौर हाई कोर्ट ने उनको बरी कर दिया, लेकिन तब तक मंजूर मसीह को अदालत में पेशी के दौरान ही मार दिया गया। इस कानून का विरोध करनेवाले सलमान तसीर को तो उनके अंगरक्षक ने 4 जनवरी 2011 को मार दिया।

इसी प्रकार के आरोप लगाकर हिंदू विरोधी दंगों में कई हिंदुओं को मार दिया गया, उनके घर जला दिए गए, लूट लिये गए। बाद में गवाह ने बताया कि साफ नहीं था कि वह मुहम्मद लिखा था या मनोज लिखा था। हिंदू ही नहीं, जायदाद हड़पने के लिए मुसलमानों को भी निशाना बनाया जाने लगा। अगले निशाने पर शिया मुसलमान आ गए। इस्लाम में पाँच जरूरी चीजों में से दान अर्थात् जकात भी है। सभी मुसलमान अपनी हैसियत के अनुसार दान देते आ रहे थे, लेकिन जियाउल हक ने इसको 2.5 प्रतिशत टैक्स का रूप दे दिया, हर मुसलमान के लिए अपनी आमदनी का 2.5% सरकारी खजाने में जमा करना अनिवार्य हो गया। इस कानून से पाकिस्तान की आबादी में दस प्रतिशत शिया मुसलमान सहमत नहीं थे, भयंकर विरोध प्रदर्शन के बाद उनको इस कानून से छूट दे दी गई। इसी बात से सुन्नी उलेमा शिया मुसलमानों के दुश्मन बन गए और उन पर हमले होने लगे, जो आज तक जारी हैं। अप्रैल 1988 में एक विमान दुर्घटना में जनरल जियाउल हक की मौत हो गई। वे 11 साल पाकिस्तान के शासक रहे, इन 11 सालों में पाकिस्तानी समाज, सेना और राजनीति पर कट्टरपंथी इतने हावी हो गए कि बाद में आनेवाले शासकों ने जब-जब खुलापन लाने की कोशिश की, तब-तब उनको मुल्लाओं से विरोध का सामना करना पड़ा और अंत में सत्ता छोड़नी पड़ी।

जिया के शासन में वह भी हुआ, जिसकी किसी ने कल्पना नहीं की थी। 1978 में लाहौर में चार पत्रकारों ने भुट्टो की पी.पी.पी. पार्टी के अखबार 'मुशावत' को बंद करने का विरोध किया। अक्तूबर 1979 मार्शल लॉ का नया नियम नंबर 48 लाया गया, जिसके अनुसार किसी भी राजनैतिक गातिविधि में भाग लेने पर 25 कोड़ों की सजा थी। शासन की नीतियों का विरोध करनेवाले संपादकों के लिए 10 कोड़े और 25 साल की सजा थी। 1981 और 1983 में दमन इतना बढ़ गया कि पूरी दुनिया में उसकी निंदा हुई। 1978 में जिया ने विरोध कुछ कम करने के लिए जन नेताओं को भी सरकार में ले लिया। सिंध के मुस्लिम नेता मुहम्मद खान जुनेजो को रेल मंत्री बनाया गया। 1981 में एक और कदम बढ़ाते हुए एक सलाहकार परिषद् का गठन किया गया, जिसको 'मजलिसे सूरा' का नाम दिया

गया। फरवरी 1985 में हुए नेशनल असेंबली के पार्टी विहीन चुनावों में जिया ने खुद को जिताकर राष्ट्रपति बना लिया। एक आदेश के द्वारा अहमदिया समुदाय को खुद को मुस्लिम बताने पर रोक लगा दी गई। रेप पीड़ित महिला को कोड़े लगाने की सजा होने लगी, जिसका दुरुपयोग खूब हुआ। मसजिद और मदरसों की भरमार हो गई, जिससे कट्टरवाद नीचे तक पहुँचने लगा, जिसका असर आज भी है।

जियाउल हक जब सत्ता में आए तो पाकिस्तान की जनसंख्या वृद्धि की दर विश्व में सबसे अधिक 3 प्रतिशत वार्षिक थी। आजादी के बाद पैदा हुई पीढ़ी जवान हो चुकी थी, पर उनके लिए रोजगार नहीं था, ऊपर से खेती में मशीनीकरण के कारण गाँवों में भी काम कम हो गया। इस कारण लोग गाँवों और छोटे शहरों से बड़े शहरों की ओर तेजी से पलायन करने लगे। जिस तरह बंबई में बाहरवाले लोग मराठियों से ज्यादा हो गए, उसी तरह कराची में भारत से गए मोहाजिर, ब्लूच सिंधियों से ज्यादा हो गए। यह जियाउल हक के लिए बहुत बड़ी समस्या बन सकता था, लेकिन अरब में आए तेल के पैसों के कारण पाकिस्तान से गए हुए लोगों के द्वारा भेजे गए पैसों (22 बिलियन डॉलर प्लस हवाला के पैसे) से यह समस्या नहीं आई, ऊपर से जियाउल हक की लाटरी तब लग गई, जब 22 दिसंबर, 1979 को रूसी सेनाएँ अफगानिस्तान में घुस गईं। अमरीका ने इसको रूसी प्रसारवाद का हिस्सा मानते हुए रूस को अफगानिस्तान से बाहर निकालने के लिए पाकिस्तान को सैनिक और आर्थिक सहायता देना शुरू कर दिया। अगले 6 साल में पाकिस्तान को अमरीका से 33 बिलियन डॉलर की सहायता मिली, जिससे पाकिस्तान में पैसा-ही-पैसा हो गया, क्योंकि पाकिस्तान के शासकों ने यह पैसा और हथियार अफगानिस्तान में कम इस्तेमाल किए, जेहादियों में ज्यादा बाँटे, बहुत बड़ा अंश सेना के अधिकारियो की जेब में चला गया, जो बाजार में आया। यह अच्छा मौका था, जब जिया पाकिस्तान में अर्थव्यवस्था को इस पैसे से उद्योग-धंधे खड़े करने में लगा सकते थे, लेकिन नहीं हुआ, क्योंकि पाकिस्तान को 1947 में हिंदुओं को लूटने के बाद लूटकर खाने की आदत पड़ गई थी, अब मेहनत करना उनके बस की बात नहीं थी। अफगानिस्तान युद्ध से एक और खराब चीज हो गई कि जेहादी, आई.एस.आई. तथा सेना के बीच हुआ तालमेल हमेशा के लिए बन गया।

बेनजीर

अप्रैल 1988 में एक वायुयान दुर्घटना में जियाउल हक की मौत हो गई। इस

समय पाकिस्तान की जनता के बीच पूर्व प्रधानमंत्री जुल्फिकार अली भुट्टो की बेटी बेनजीर बहुत लोकप्रिय हो चुकी थीं, जिसका कारण यह था कि जियाउल हक ने बेनजीर को बहुत सताया था, जेल में डालकर रखा था। सबसे ज्यादा लोकप्रिय होने के कारण जिया की मौत के बाद सत्ता बेनजीर को ही मिली। बेनजीर जब सत्ता में आईं तो पूरे विश्व तथा भारत को विशेष रूप से बहुत आशा थी। चूँकि बेनजीर पश्चिम में पढ़ी थी, जवान थी, स्त्री थी, इसलिए लोगों को आशा थी कि बेनजीर के आने से पाकिस्तान में प्रजातंत्र मजबूत होगा; जाति, प्रांत, भाषा के झगड़ों पर अंकुश लगेगा, गैर-मुसलमानों की हालत सुधरेगी और जियाउल हक के समय में स्त्रियों का जो इस्लामी शोषण शुरू हुआ था, वह समाप्त करके बराबरी का दर्जा दिया जाएगा। उम्मीद यह भी थी कि कट्टरपंथियों पर अंकुश लगाकर भारत के साथ रिश्ते बेहतर होंगे, लेकिन ऐसा कुछ भी नहीं हुआ। चाहे भारत से संबंधों की बात हो या पाकिस्तान में गैर-मुसलमानों को जीने का हक देने की बात हो, हर सुधार का सेना, नेताओं और नौकरशाहों की ओर से विरोध हुआ। इस विरोध के सबसे बड़े नेता नवाज शरीफ थे, जो इस समय इस्लामी जम्हूरी इत्तेहाद गठबंधन के नेता थे।

बेनजीर 1986 में जब विदेश से लौटी तो पहला काम यह किया कि उनके पीछे से जो लोग पार्टी चला रहे थे, उनको हटाकर अपने विश्वासपात्रों को लगा दिया। यह नेता भी विरोध में जाने का मौका देख रहे थे, इसलिए जैसे ही नवाज शरीफ के नेतृत्व में 'इस्लामी जम्हूरी इत्तेहाद' गठबंधन बना, यह नेता उसमें शामिल हो गए, जिससे बेनजीर की मुश्किलें और बढ़ गईं। बेनजीर और नवाज शरीफ की इस रस्साकसी ने न्यायपालिका को भी लपेट लिया। राज्यों में जहाँ नवाज की मुस्लिम लीग की सरकारें थीं, हाईकोर्ट में दोनों ने अपने-अपने वफादारों को जज बनाना शुरू कर दिया, जिससे अदालतें भी राजनीति का हिस्सा बन गईं। अब पाकिस्तान की राजनीति में चार पक्ष हो गए थे। एक सेना, दो सरकार, तीन नवाज शरीफ का कट्टरपंथी गठबंधन और चौथा अदालतें। परिणाम वही हुआ कि पाकिस्तान में सुधार फिर टल गए। झूठे बहानों को आधार बनाकर 1990 में राष्ट्रपति ने बेनजीर की सरकार को बर्खास्त कर दिया और चुनावों की घोषणा कर दी। 1991 में हुए चुनावों में नवाज शरीफ जीतकर आए और प्रधानमंत्री बने। लेकिन इस बार राष्ट्रपति ने नवाज की सरकार को भी 1993 में बर्खास्त कर दिया, लेकिन अदालत में विवाद के कारण राष्ट्रपति को भी जाना पड़ा। एक बार फिर

बेनजीर आईं और 1997 में फिर बर्खास्त हुईं, फिर नवाज शरीफ आए, लेकिन जब नवाज शरीफ ने 8वें संशोधन से राष्ट्रपति के आधिकारों को कम करने की कोशिश की तो परवेज मुशर्रफ ने तख्ता पलट दिया।

जिया के जमाने में ले. जनरल हामिदगुल आई.एस.आई. प्रमुख थे और सेना, तालिबान, आई.एस.आई. तथा अमरीका की सी आई ए के बीच अफगानिस्तान युद्ध में तालमेल बिठाते थे। बेनजीर ने आते ही उनको हटाकर अपने आदमी सेवानिवृत मेजर जनरल शमशुल रहमान को बिठा दिया। इससे सेना और आई.एस. आई. दोनों नाराज होकर बेनजीर के विरुद्ध हो गए। पाकिस्तान के इतिहास में यह बात लगातार उभर के आती है कि सत्ता पलट उन्होंने ही किया, जिनको सत्ता ने सत्ता में लिया था। अयूब खान को रक्षामंत्री बनाने का परिणाम हुआ कि अयूब खान ने पहली बार फौजी शासन लागू किया। अयूब खान ने जुल्फिकार अली भुट्टो को मंत्री बनाया तो भुट्टो ने ही बुरे वक्त में उनके विरुद्ध बयान दिए और याहिया खान से सत्ता पलट करवा दिया, जिनको अयूब खान ने ही जनरल बनवाया था। जियाउल हक ने जमाते इस्लामी को सत्ता में भागीदार बनाया, पर वह भी कुछ दिन के बाद उसके खिलाफ हो गई। नवाज शरीफ भी 1991 में जब प्रधानमंत्री बने तो सेना और कट्टरपंथियों के चहेते थे, लेकिन सत्ता में आते ही मई 1992 में सिंध में ऑपरेशन को लेकर और इराक युद्ध में नवाज के अमरीका को लेकर मतभेद हो गए, परिणाम यह हुआ कि उनकी सरकार बर्खास्त हो गई।

पाकिस्तान बनने से लेकर आज तक राजनीति, सेना और आतंकवाद में पंजाबियों का ही दबदबा रहा है, इसलिए आर्थिक सत्ता हो या राजनैतिक दोनों में पंजाबियों को उनकी आबादी से कहीं ज्यादा लाभ हुआ, इसलिए पाकिस्तान की क्षेत्रीय राजनीति में पंजाबियों के विरुद्ध अविश्वास और तनाव को स्पष्ट रूप से देखा जा सकता है। पंजाबियों ने कभी भी सलाह–मशवरा किए बिना ही राज्यों के बारे में फैसले किए हैं। 1977 में चुनावों के बाद अलग बलूचिस्तान की माँग स्वायत्ता में बदल गई, लेकिन तभी ऐसा कुछ हुआ कि फिर से अलग राष्ट्र माँग उठने लगी। पहली घटना में नेशनल फाइनेंस कमीशन में बलूचिस्तान की रायल्टी को लेकर भयंकर मतभेद हो गए, दूसरा पाकिस्तान की सरकार ने बलूचिस्तान में परमाणु परीक्षण करने से पहले राज्य सरकार से सलाह तक नहीं की।

हिंदू हमेशा कहते और मानते आए हैं कि मजहब राष्ट्रीयता का आधार नहीं हो सकता। राष्ट्रीयता का आधार संस्कृति होती है, इतिहास होता है। एक

ही मजहब के कई राष्ट्र होना, वह भी एक-दूसरे से सटे हुए होना, इस बात का सबसे अच्छा प्रमाण है। इस्लाम के नाम पर कितने ही राष्ट्र हैं, पर सबमें आपस में मतभेद हैं, कुछ तो एक-दूसरे के दुश्मन भी हैं और युद्ध कर चुके हैं। इस्लाम इनको एक सूत्र में बांधने में असफल है, क्योंकि इनकी संस्कृति अलग है, भूगोल अलग है, इतिहास अलग है, भाषा अलग है। मुसलमानों ने इस बात को न तो समझा है और न ही स्वीकारा है। इसी का परिणाम है बँगलादेश का पाकिस्तान से अलग होना और पूरे मुस्लिम जगत् में फैली और बढ़ती हुई हिंसा। पाकिस्तान बनने के बाद जो मुसलमान भारत से पाकिस्तान गए, उनको मुहाजिर कहा जाता है। मोहाजिर शब्द अरबी भाषा का है, पैगंबर मोहम्मद के साथ जो लोग मक्का से मदीना गए थे, उनको मोहाजिर कहा जाता था, जिसका अर्थ है—दूसरे कबीले से आए लोग। पाकिस्तान में आज तक मोहाजिरों के साथ सौतेला व्यवहार किया जाता है। भारत में एकता और शांति का रहस्य है कि यहाँ हर प्रांत के लोगों को अपनी संस्कृति के हिसाब से जीवन जीने की छूट है।

भारत से गए मोहाजिरों का सबसे बड़ा केंद्र सिंध प्रांत है। उनका संगठन 'मोहाजिर कौमी मूवमेंट' भी वहाँ शक्तिशाली है। 1988 में एम.क्यू.एम. ने केंद्र में बेनजीर को समर्थन देकर सरकार बनवाई, बदले में बेनजीर की पी.पी.पी. ने सिंध में एम.क्यू.एम. को सरकार में हिस्सेदारी दी। बेनजीर के एक समझौते से जैसे ही सिंध में बँगलादेश से बिहारी मुसलमानों को लाकर बसाने की बात आई तो सिंधी मुसलमानों के कान खड़े हो गए, उनको खतरा पैदा हो गया कि वे अल्पमत में आ जाएँगे। बेनजीर पर समझौता तोड़ने का इतना दबाव पड़ा कि आखिर समझौता तोड़ना पड़ा, जिससे पी.पी.पी. और एम.क्यू.एम. के बीच ठन गई। परिणामस्वरूप कराची में हुई हिंसा में 57 लोग मारे गए। 27 मई, 1990 को एम.क्यू.एम. के शांतिपूर्ण जुलूस पर गोलीबारी और बाद की हिंसा के कारण सेना आ गई, जिसका मोहाजिरों ने स्वागत किया और सैनिक शासन की माँग कर दी, जो उनको 6 हफ्ते बाद मिल गया। मुसलमान होते हुए भी बिहारी मुसलमानों का न तो बँगलादेश में, न ही पाकिस्तान में स्वागत हुआ।

पाकिस्तान के हर शासक में, चाहे वह फौजी हो या गैर-फौजी, एक इच्छा जीने की इच्छा से भी प्रबल रही है और वह है किसी तरह भारत को परास्त करके कश्मीर छीनकर इस्लामी दुनिया का हीरो बनकर खलीफा का पद प्राप्त करना, क्योंकि इस्लाम में पैगंबर के बाद खलीफा ही सबसे बड़ा होता है। इस बात के

सबूत कई तरह से मिलते हैं। जनरल अयूब खान इस्लाम में आधुनिकीकरण के पक्षधर थे, लेकिन जैसे ही 1962 में भारत–चीन युद्ध में भारत की हार हुई, उनको वैसे ही मांस की गंध आने लगी, जो भेड़ियों को दूर से आने लगती है। सारी उदारता भूलकर वे मौके का फायदा उठाने में लग गए। अयूब ने समझा कि भारत घायल और असहाय है ,मौका अच्छा है, शिकार कर लो। लेकिन भारत की किस्मत अच्छी थी कि नेहरू जैसा मुंगेरीलाल तब तक प्रधानमंत्री के पद से हट चुका था। 62 और 65 के बीच तीन साल के समय में सेना ने काफी तैयारियाँ कर ली थीं। इसलिए जब 1965 में पाकिस्तान ने हमला किया तो भारतीय फौज ने उसको रौंद दिया।

जुल्फिकार अली भुट्टो असैनिक नेता थे, किंतु वे भी खलीफा बनने के मोह से नहीं बच सके। पाकिस्तान को एक अच्छा देश बनाने के बजाय इस्लामी बम बनाने में लग गए, ताकि भारत का सत्यानाश कर सकें। जनरल जिया का कार्यकाल अफगानिस्तान में सोवियत सेनाओं से लड़ने में ही निकल गया, इसलिए वे भारत पर ध्यान नहीं दे सके। उनके बाद आई बेनजीर वैसे तो दोस्ती की बात करती रहीं, पर कश्मीर में भारत विरोध को 1989 में गड़बड़ी के बाद हवा देती रहीं। नवाज शरीफ एक तरफ तो अटल बिहारी के साथ दोस्ती का नाटक करते रहे, दूसरी ओर मुशर्रफ को कारगिल में लगा दिया। 1990 को दिए गए एक भाषण में बेनजीर ने अपने बाप के 1000 साल तक युद्ध की बात को फिर से दोहराया। ओसामा बिन लादेन के अलकायदा को खड़ा करने में सबसे बड़ा हाथ बेनजीर का ही था। बेनजीर जब सत्ता में आई तो सोचा जा रहा था कि महिला होने के नाते वे महिलाओं को लेकर कुछ करेंगी। लोग जानते हैं कि न तो पाकिस्तान की महिलाओं ने, न ही किसी अन्य देश की महिलाओं ने पाकिस्तान में हिंदू महिलाओं पर हो रहे अत्याचारों के खिलाफ कभी आवाज उठाई। मुसलमान पुरुषों की तरह मुस्लिम स्त्रियों में भी बहुत बड़ा वर्ग है, जो हिंदुओं की बरबादी की दुआ करता है। 1990 में पाकिस्तान की सीनेट में शरीयत बिल पास हुआ तो बेनजीर प्रधानमंत्री थीं। नवाज शरीफ ने तो इस बिल को केवल लागू किया। नवंबर 1997 में LET के मुराडिक मुख्यालय से घोषणा की गई कि पाकिस्तान में प्रजातंत्र खत्म कर देना चाहिए, क्योंकि जनता के राज्य की कल्पना इस्लाम के विरुद्ध है, राज्य केवल अल्लाह का हो सकता है।

परवेज मुशर्रफ

परवेज मुशर्रफ को अक्तूबर 1998 में ही नवाज शरीफ ने सेना अध्यक्ष बनाया था। ठीक एक साल बाद परवेज ने शरीफ का ही तख्ता पलट दिया। कारगिल युद्ध में शर्मनाक हार के बाद दोनों में बहुत तनाव था, दोनों इसका दोष एक–दूसरे पर डालने की कोशिश में लगे थे। पाकिस्तान में जैसे कि परंपरा है, किसी–न–किसी को तो बकरा बनना ही था। उस दिन परवेज मुशर्रफ का हवाई जहाज कोलंबो से कराची लौट रहा था। नवाज शरीफ ने एक टी.वी. वार्त्ता में ही परवेज मुशर्रफ को बर्खास्त करने की घोषणा कर दी। लेकिन परवेज मुशर्रफ ज्यादा स्मार्ट निकले, हवा में से ही तख्ता पलट दिया। परवेज जब सेनापति बनाए गए, उनकी राजनीति में कोई रुचि नहीं थी, लेकिन मजबूरी में सत्ता पलट करना पड़ा, क्योंकि एक पाकिस्तानी मुसलमान होने के नाते उनको पता था कि पाकिस्तान की परंपरा के अनुसार मामला केवल बर्खास्तगी पर नहीं रुकेगा। इसके बाद उनको कारगिल का विलेन बनाकर गिरफ्तार किया जाएगा और एक दिन भुट्टो की तरह फाँसी दे दी जाएगी। नवाज शरीफ ने इसके माध्यम से भारत को भी यह बताने की कोशिश की कि कारगिल कांड में वे दोषी नहीं हैं, पर यह असंभव है कि इतनी बड़ी घटना बिना प्रधानमंत्री की सहमति के हो जाए।

पाकिस्तानी सत्ता में परवेज मुशर्रफ की छवि किसी कट्टरपंथी मुसलमान की नहीं थी, लोग उनको जिन्ना और अयूब खान की श्रेणी में रखते थे, आशा करते थे कि उनके आने से पाकिस्तान का आधुनिकीकरण होगा, लेकिन वह भी अयूब खान की तरह चाहकर भी असफल रहे। वास्तव में अयूब खान के समय तक पाकिस्तान में कट्टरवाद उतना नहीं फैला था, जितना कि मुशर्रफ के आने तक फैल चुका था। अफगानिस्तान युद्ध में आई.एस.आई. तथा सेना के कट्टरवादियों के साथ सहयोग के कारण रोज का उठने–बैठने से और जनरल जिया की नीतियों से कट्टरवाद का जहर पाकिस्तान के बच्चे–बच्चे के खून में फैल चुका था, इसलिए अब किसी भी शासक के लिए तालिबानियों और विरोधी नेताओं को साथ लिये बिना सरकार चला पाना असंभव था। इससे पहले कि परवेज मुशर्रफ कुछ कोशिश भी करते कि 11 सितंबर, 2000 को अमरीका पर आतंकवादी हमला हो गया, जिसमें पाकिस्तान भी लपेटे में आ गया।

9/11 परवेज मुशरर्फ के लिए सबसे कठिन समय था। उनको फैसला करना था कि वे अमरीका का साथ दें या अपने भाई–बंधु आतंकवादियों का,

जिनका सरगना था अफगानिस्तान की सत्ता में काबिज ओसामा बिन लादेन। इस समय भारत में अटल बिहारी वाजपेयी प्रधानमंत्री थे। आदत के अनुसार परवेज मुशर्रफ ने तो सोच-समझ और सलाह-मशविरा करके अमरीका का साथ देने का फैसला किया, पर अटलजी ने फौरन बिना माँगे ही बिना शर्त अमरीका को सभी सुविधाएँ और समर्थन देने की घोषणा कर दी। अटलजी के बयान से लग रहा था कि जैसे कोई थका हुआ आदमी चाह रहा हो कि कोई फौज आए और उसकी लड़ाई लड़ ले। परवेज मुशर्रफ के सामने दुविधा यह थी कि अगर अमरीका का समर्थन करें तो खतरनाक अलकायदा और तालिबान से दुश्मनी हो जाती है और अगर अमरीका का समर्थन न करें तो पाकिस्तान पर इराक की तरह हमले से देश बरबाद हो सकता था। परवेज मुशर्रफ की इससे भी बड़ी चिंता यह थी कि अगर अमरीका का साथ नहीं दिया तो अमरीका पूरी तरह भारत के साथ हो जाएगा, जिससे पाकिस्तान को मिलनेवाली आर्थिक मदद पूरी तरह बंद हो सकती थी और अमरीका कश्मीर के मामले में भी भारत के पक्ष का समर्थन करके पाकिस्तान का पूरा खेल बिगाड़ सकता है। समर्थन करने के कारण पाकिस्तान को 2002 में अमरीका से 60 करोड़ डॉलर जैसी बड़ी राशि मदद में मिली, जिससे पाकिस्तान की खराब माली हालत भी ठीक हो गई। 2000 में पाकिस्तान के पास केवल 9 करोड़ डॉलर बचे थे, जिससे केवल एक महीने का आयात किया जा सकता था, लेकिन 2004 तक यह बढ़कर 110 करोड़ डॉलर हो गया। यही नहीं, पेरिस क्लब से भी आसान किस्तों में ऋण मिल गया।

पाकिस्तान में शासक कोई भी रहा हो, दुनिया की आँखों में धूल झोंकने की कला उनके खून में आ चुकी है और इसी कला के दम पर पाकिस्तान आज तक जिंदा है। मुसलमानों को एक से ज्यादा पत्नी सँभालने की कला से ही यह कला आई है कि कई देशों को एक साथ बेवकूफ बनाकर सबसे फायदा उठाता रहता है। इस बार भी परवेज मुशर्रफ ने यही किया। एक ओर अमरीका को अफगानिस्तान सीमा पर हवाई अड्डे बनाने की इजाजत दे दी तो दूसरी ओर अमरीका से मिला पैसा और हथियार आतंकवादियों को देकर भारत के विरुद्ध लगा दिया। यही नहीं, पाकिस्तान की सेना ने अमरीका को दिखाने के लिए आतंकवादियों के गढ़ वजीरिस्तान में उन लोगों पर हवाई हमले करवाए जो पाकिस्तान के शासकों के शत्रु थे। हमले के बाद घोषणा कर दी कि आतंकवादी मारे गए। यही नहीं, पाँच मारे गए तो पचास बताए गए, अकसर ऐसा हुआ कि मारे गए लोग कुछ दिन

बाद जिंदा घूमते देखे गए। इसी काल में भारत में अक्षरधाम, लालकिला, संसद् और मुंबई में ट्रेन पर आतंकवादी हमले कराए गए। इन हमलों से पाकिस्तान ने कई लक्ष्य साधे थे। एक तो अफगानिस्तान में हो रहे हमलों से तालिबानियों को बचाने के लिए भारत में लगा देना, दूसरा भारत के हिंदुओं को यह संदेश देना कि भारतीय जनता पार्टी सत्ता में आकर भी हिंदुओं या भारत की रक्षा नहीं कर सकती, तीसरा भारत को यह बताना कि पाकिस्तान कितनी भी मुसीबत में हो, भारत उसकी ओर आँख उठाकर न देखे, अनुचित लाभ उठाने का प्रयास न करे, वह भारत की परवाह नहीं करता है।

अयूब खान की तरह मुशर्रफ ने भी आर्थिक सुधार लागू करने की कोशिश की, लेकिन फिर तानाशाही पर ही वापस आना पड़ा, क्योंकि कट्टरपंथियों का दबाव और तालिबान के हमलों ने आपातकाल लगाने पर मजबूर कर दिया। उदाहरण के लिए मुशर्रफ ने जब निजी चैनलों, टी.वी. और रेडियों के लाइसेंस दिए तो लोगों ने बहुत तारीफ की, पर जैसे ही निजी चैनलों ने सरकार और सेना की पोल खोलनी शुरू की, विशेषकर 2007, 08 में जब वजीरीस्तान में सेना और जेहादियों के बीच खूनी संघर्ष में 80000 लोगों को घर छोड़ना पड़ा। इसी प्रकार 10 जुलाई, 2007 को इस्लामाबाद की लाल मसजिद ऑपरेशन में 150 जेहादी मारे गए। इसी प्रकार परवेज मुशर्रफ द्वारा सुप्रीम कोर्ट के न्यायाधीश चौधरी इफ्तिकार मुहम्मद को हटाए जाने पर भी मीडिया ने मुशर्रफ की आलोचना की तो 2004 में आपातकाल लगाकर प्रजातांत्रिक संस्थाओं की आवाज को बंद कर दिया गया। मुशर्रफ के बाद भी चाहे आसिफ जरदारी हों या तीसरी बार प्रधानमंत्री बने नवाज शरीफ, भारत को लेकर सबकी यही नीति रही कि बातें अमन की करते रहो और रोज आतंकवादी भेजते रहो।

पाकिस्तान पर किस्मत की सबसे बड़ी मार तब पड़ी, जब 2014 में नरेंद्र मोदी भारत के प्रधानमंत्री चुनकर आए। इससे पहले मोदीजी गुजरात राज्य में मुख्यमंत्री के रूप में 14 साल काम कर चुके थे, 2002 के गुजरात दंगों के कारण उनकी छवि एक उग्र हिंदू की बन चुकी थी। भारत में मुसलमानों से परेशान हिंदू इसी कारण उनसे प्यार करते थे, पर मुसलमान इसी कारण से उनके जानी दुश्मन थे। चूँकि राज्य के मुख्यमंत्री को विदेश और रक्षा मामले नहीं देखने पड़ते हैं, इसलिए चिंता के बावजूद पाकिस्तान यही समझता रहा कि जैसे अटल बिहारी वाजपेयी को मूर्ख बना लिया था, वैसे ही इसको भी बना देंगे, परंतु नरेंद्र मोदी बहुत

ही शातिर खिलाड़ी निकले, उन्होंने रक्षा और विदेशी मामलों के बहुत ही चतुर और अनुभवी लोगों की एक टीम बनाई और एक निश्चित रणनीति के अनुसार काम करने लगे। कार्यकाल के आरंभ में पुरानी सरकार की नीति पर चलते रहे, पाकिस्तान से पिटते रहे और दोस्ती का हाथ बढ़ाते रहे। सच बात तो यह है कि मोदीजी को पता था कि भारत और पाकिस्तान के बीच का संघर्ष दो देशों का नहीं, दो विचारधाराओं का संघर्ष है, इसलिए कुछ भी कर लें पाकिस्तान बाज आनेवाला नहीं है, फिर भी उन्होंने प्यार की पींगें बढ़ाई, क्योंकि वे तीन लक्ष्य साधना चाहते थे—

1. पाकिस्तान को भ्रम में रखना कि मोदीजी भी अटलजी की तरह केवल कविता में शेर हैं।
2. जब मोदीजी सत्ता में आए तो सेनाओं की हालत बहुत खराब थी, सोनिया गांधी को भारत से प्यार न होने के कारण शायद विदेशी इशारों पर जानबूझकर भारत की सेनाओं को खोखला करने का षड्यंत्र रचा गया, ताकि एक दिन भारत की फौज सीमा पर युद्ध हार जाए और देश दंगों की चपेट में आकर टूट जाए। मोदीजी सेनाओं को सशक्त करने के लिए समय चाहते थे, यह दूसरा लक्ष्य था।
3. मोदीजी का तीसरा लक्ष्य था, आर्थिक समझौतों से दुनिया के सभी राष्ट्रों को पाकिस्तान के खिलाफ करके अपने पक्ष में लाम बंदकरना, ताकि जब फौजी काररवाई हो तो कोई पाकिस्तान के साथ न हो।

मोदीजी के तीनों लक्ष्य जब पूरे हो गए तो पाकिस्तान पर नकेल कसनी शुरू कर दी, आज स्थिति यह है कि पाकिस्तान एक कैदी की तरह कसमसा रहा, पर उस पर रहम खानेवाला कोई नहीं है। पाकिस्तान पर नकेल लगते ही कश्मीर के आतंकवादियों का नंबर आया, तीन महीने में ही उनको भगदड़ के लिए मजबूर कर दिया, बदहवास भटक रहे हैं। इस प्रकार भारत के इतिहास में 70 साल में नहीं हुआ मोदीजी ने तीन साल में कर दिखाया। आज यदि पाकिस्तान की मीडिया में यू ट्यूब पर चर्चा देखें तो वहाँ नरेंद्र मोदी का आतंक छाया हुआ है। दूसरी तरफ आर्थिक मोर्चे पर पाकिस्तान ने अपनी बरबादी अपने आप लिख ली है। अमरीका को जब पाकिस्तान की जरूरत नहीं रही तो अमरीका ने पाकिस्तान को दी जानेवाली मदद धीरे-धीरे कम करनी शुरू कर दी, चूँकि पाकिस्तान अपनी अय्याशी को कम नहीं कर सकता था, इसलिए उसने कमी की भरपाई के लिए

चीन को निचोड़ने की योजना बनाई, लेकिन चीन यों ही ड्रैगन नहीं कहलाता है, उसने भी देखा कि पूरी दुनिया में इनको कोई पैसा देनेवाला नहीं बचा है तो उसने भयंकर योजना बनाकर पाकिस्तान को निगलना शुरू कर दिया। अंतरराष्ट्रीय सौदों में एक या दो प्रतिशत का ब्याज बहुत होता है, पर चीन ने पाकिस्तान को 7 प्रतिशत पर लोन दिया है, ऊपर से पाकिस्तान का रुपया 20 प्रतिशत हर साल गिर जाता है, जिससे यह ब्याज 20 प्रतिशत से ऊपर बैठेगा। पाकिस्तान के अर्थशास्त्री अब खुद यह कह रहे हैं कि अगले तीन सालों में पाकिस्तान दिवालिया हो जाएगा, जिसका मतलब है कि भयंकर महँगाई और चीजों की कमी हो जाएगी, जिससे पूरे पाकिस्तान में दंगें होंगे और पाकिस्तान टूट जाएगा, अगर किसी तरह बच भी गया तो मोदीजी तोड़ देंगे। आज 4 अक्तूबर, 2017 को जब मैं इस पुस्तक की ये अंतिम पंक्तियाँ लिख रहा हूँ तो मेरा अनुमान है कि हालात यही रहे तो 2022 तक पाकिस्तान टूट जाएगा।

□

संदर्भ-पुस्तकें

1. *MOHANDAS* by Raj Mohan Gandhi published by Penguin Books.
2. *THE OMNIBUS with introduction* by Mushirul Hassan Authored by David Page, Anita Inder Singh, Penderal Moon & G.D. Khosala Published by Oxford India.
3. *A SURVEY OF INDIAN HISTORY* by K.M. Panikkar, Asia Publishing House.
4. *HISTORY OF MEDIEVAL INDIA* by Satish Chandra, Orient Blackswan.
5. *PAKISTAN, A NEW HISTORY* by Ian Talbot, Published by Amaryllis.
6. *THE PEOPLE VS MUHAMMAD* by J.K. Sheindlin.
7. *TINDERBOX* by M.J. Akbar, Harper Coollins.
8. *THE WORLD OF FATWAS,* by Arun Shorie.
9. ***हँस के लेंगे हिंदुस्तान,*** लेखक डॉ. किशोरी लाल व्यास।
10. ***दंगों का इतिहास,*** लेखक शैलेश कुमार वंद्योपाध्याय, प्रकाशक—सर्व सेवा संघ वाराणसी, राजघाट।
11. ***राजनीति के उपेक्षित प्रश्न,*** लेखक विजय कुमार एवं शंकर शरण।
12. *BIOGRAPHY OF PROPHET MUHAMMED,* by Rogerson.